Nichts für Niemanden

Polemisches Pamphlet von Max vom Orlandshof

- Radikaler Abbau / Stutzung aller Subventionen
- Soziale Leistungen nie als „Geldleistungen" und wenn überhaupt, dann ausnahmslos für alle Bürger, denn jede Sonderregelung schafft weitere Ungerechtigkeiten und verursacht Verwaltungskosten und Prozesse
- „Öffentlichkeit" und „Wahrheit und Klarheit" in der Politik und in der Wirtschaft und in möglichst vielen Bereichen
- Ein verständliches Rechtssystem, das dem Rechtsgefühl der Menschen entspricht und nicht Paragrafenreiterei und Verscheisserung bedeutet
- Ein Schulsystem, das der real vorhandenen „Ungleichheit" der Menschen Rechnung trägt und gerade dadurch Chancen eröffnet
- Deutschland ohne Bundesländer aber mit Mehrheitswahlrecht
- Recht auf und Pflicht zur Arbeit
- Steuerfreiheit für Gehälter und Renten
- Vererbbare Renten auf Kapitalbasis
- Nur Politiker mit Berufs- und Lebenserfahrung
- Keine (verbale, finanzielle oder kriegerische) Einmischung in die Belange anderer Länder
- „Deutliche Aussprache" und „aufrechter Gang"

Nichts für Niemanden statt Betrug an den Fleißigen

Das Foto entstand bei meiner Verabschiedung in den Ruhestand 2010

Max vom Orlandshof ist natürlich ein Kunstname. Hier schreibt kein Adliger oder der frühere Besitzer des Orlandshofes in Westpreußen (seit 1920 Grumowo in Polen). Auf diesem Gutshof der Herren Orlando wurde 1912 mein Vater Maximilian als Sohn des früh verunglückten oder bereits verkrüppelten (?) Kutschers (?) geboren, der auf der Geburtsurkunde für Max noch mit „XXX" unterschrieb. Aus der großen Armut und Unwissenheit konnte sich mein Vater aus eigener Kraft (und mit Hilfe von Frau Prof. Dr. Simovic in Tusla) herausarbeiten bis zum Hauptlehrer. Ich konnte viel von ihm lernen und habe meine Herkunft nicht vergessen.

Mein erstes Buch war: **Pilgerfahrt nach Santiago de Compostela und bis ans Ende der Welt mit der Kawasaki Estrella (2015), Verlag BoD, ISBN: 9783734753756**

Meine weiteren geplanten Bücher:

- **Der weite Weg zu Onkel Erichs Grab auf der Krim**
- „Brandenburg, Westpreußen und Masuren", über die Wurzeln eines „Heimatlosen"
- „Hanna goes Montana", Besuche bei Auswanderern

Und vielleicht später noch:

- „Seidenstraße mit dem Motorrad"
- „Australien"

FSC
www.fsc.org
MIX
Papier aus verantwortungsvollen Quellen
Paper from responsible sources
FSC® C105338

Bibliografische Information der Deutschen Nationalbibliothek

Die Deutsche Nationalbibliothek verzeichnet diese Publikation in der Deutschen Nationalbibliografie, detaillierte bibliografische Daten sind im Internet über abrufbar

Impressum:

Herstellung und Verlag:

BoD - Books on Demand, Norderstedt

ISBN: 9 783743101654

Inhaltsverzeichnis

Vorwort (Seite ff)

Einführung (Seite 7 ff)

I. Grundsätzliches Problem der Welt: Die Überbevölkerung (Seite 11 ff)

II. Der „Klimawandel“ als Keule (Seite 28 ff)

III. Politiker, Realität und Ideal (Seite 42 ff)

IV. Wie Manager sein sollten (Seite 70 ff)

V. Uno, EU und die etwa 200 „Staaten“ dieser Welt, reale Missstände und bisweilen kaum lösbare Probleme, die BRD künftig als Zentralstaat (Seite 81 ff)

VI. Verfassungsfragen: Persönliche Rechte, Menschenrechte, Wahlrechte, Recht auf Arbeit und Auskommen und das Recht auf individuelle Gestaltung des eigenen Lebens und auf „Ruhe“ (Seite 115 ff)

VII. Wirtschaftssystem, Steuersystem ohne Steuern auf Arbeit, vererbbare Rente als Kapitalbildung, Krankenversicherung (Seite 124 ff)

VIII. Verkehr (Seite 172 ff)

IX. Stadtplanung, Bauen und Wohnen (Seite 202 ff)

X. Rechtssystem (Seite 224 ff)

XI. Qualitätssicherung, Nachhaltigkeit und Öko schaffen sinnvoll eingesetzt auch Arbeitsplätze in Deutschland und der EU (Seite 246 ff)

XII. Schulsystem – Fördern heißt zuerst einmal einfordern von eigener Leistung im Rahmen der vorhandenen Fähigkeiten (Seite 259 ff)

XIII. Zusammenfassung (Seite 281 ff)

Vorwort

Überlege einmal, bevor du gibst,

zweimal, bevor du nimmst

und tausendmal bevor du verlangst.

Dieser Spruch von Marie von Ebner-Eschenbach zeigt schon sehr nah den Tenor meines Buches auf.

Und John Fitzgerald Kennedy hatte ebenfalls einen guten Spruch für die damalige Zeit:

Frage nicht, was der Staat für dich tun kann,

sondern frage dich selbst, was du

für den Staat tun kannst.

Wobei für mich mehr die Betonung auf der „Eigenverantwortlichkeit" liegt, als auf dem Dienst für den Staat. Der Staat ist notwendig zum Funktionieren unseres Zusammenlebens, er darf aber nie zum Selbstzweck werden, wie auch Religionen oder Ideologien für mich eher „Hilfswerkzeuge" für unser Leben sind, man kann auch sagen „Krücken" oder Rettungsringe.

Ich verweise dabei auf einen der wenigen richtigen Sätze von Karl Marx: „Religion ist Opium für das Volk."

Heute scheinen das Internet und die „Sozialen Medien" diese Rolle übernehmen zu wollen.

Gehören Sie auch zu den etwa 70% der Bevölkerung, die als Arbeiter, Angestellter, Beamter oder kleiner Gewerbetreibender 40 bis 50 (60) Jahre lang brav jeden Morgen aufstehen, mehr oder minder erfolgreich 40 oder teilweise auch 70 Stunden in der Woche arbeiten?

Ihr Nettoeinkommen reicht je nach Status gerade so bis zum Monatsende oder aber ist für das, was Sie in Ihrem Leben geracker haben, eher unangemessen niedrig. Und mit dem Rentenalter wird alles noch einmal knapper.

Und dann gibt es noch die Sozialschmarotzer an beiden Enden der Gesellschaft. Unternehmensvorstände, die sich für das „Freistellen“ von 20.000 bisher ordentlich arbeitender Mitarbeiter eine Extraprämie in Millionenhöhe auszahlen lassen. Und dies zusätzlich zu Jahresgehälter, die bereits jenseits jeder moralischen Scham- und Schmerzgrenze liegen.

Von Verbrechern, die es innerhalb von 10 Jahren aus dem Nichts zum Milliardär schaffen, nicht erst zu reden. Zudem sollen 2016/17 lediglich 8 (acht!) Superreiche so viel besitzen, wie die halbe Menschheit.

Aber immerhin will die „Linke“ ja nun den „Millionären“ an den Kragen. Der Höchststeuersatz von 53% soll bereits bei einem Bruttoeinkommen von 70.000 € gelten!!! Das verdient ein Oberstudiendirektor oder ein Amtsleiter in einer Großstadt. Ein (überbezahlter) Spezialist für irgendetwas kann das in einem halben Jahr bereits erhalten.

Am Ende unserer Gesellschaft gibt es dann die „Berufssozialhilfeempfänger“, die dieses Spielchen zum Teil bereits seit Generationen betreiben und von den öffentlichen Geldern (plus Schwarzarbeit) bisweilen deutlich besser leben als Facharbeiter, mittlere Angestellte und Beamte oder Kleinselbstständige mit hohem

persönlichen Risiko. Oder besser als Menschen, die nun wirklich völlig unverschuldet auf Hartz IV gefallen sind, weil es denn unser Haifischkapitalismus mit Hilfe der „Globalisierung“ und gewisser Politiker so verursacht haben.
Dazu kommt dann bei den „Berufsschmarotzern“ noch das „Recht auf lebenslanges Ausschlafen“ bei gleichzeitigem Wehklagen.

David Precht sieht die Etablierung moralferner Milieus in der Oberschicht ebenso wie in der Unterschicht als grundlegendes Problem bei den Fragen nach der Verteilungsgerechtigkeit.

„Legalisiert“ wird dieses Unrecht aber von Politikern, die „Probleme“ suchen, die eher marginal aber publikumswirksam sind und diese genau wie die wahren Probleme unserer Gesellschaft eher „verschlimmbessern“ als lösen.

Entstanden sind diese genannten Missstände aufgrund historischer Entwicklungen, einem kaum noch durchschaubaren Wust von diversen Seilschaften von Parteien, Gewerkschaften und Verbänden und Filz auf allen Ebenen. Heute kommt da heute noch die „Gender-Vernetzung“ als „Sahnehäubchen“ hinzu.
Es scheint fast unmöglich, diesen „Gordischen Knoten“ zu lösen, da die, die ihn lösen könnten, ja die Verursacher und Nutznießer dieses Systems „Bananenrepublik Absurdistan“ sind.

Die einzige Möglichkeit besteht darin, dass die Bevölkerung sich befreit vom herkömmlichen Denken, das bestimmt ist durch eine Reihe von Ideologien, die uns alle

den Himmel auf Erden versprechen, aber wie der kritische Rationalist Karl Popper schreibt, meist die Hölle auf Erden verursacht haben.
Hierzu zähle ich neben den diversen Formen des Sozialismus/Kommunismus, den Auswüchsen des Haifisch- oder Heuschreckenkapitalismus, den wahnhaften Glauben an das stetige Wachstum als „alternativlose" Notwendigkeit, die Pervertierung des Nationalgedankens als Faschismus oder Nationalsozialismus auch die „allein selig machenden" Formen aller religiösen Glaubensrichtungen mit Missionierungseifer (oder sogar Todesdrohungen wegen Blasphemie oder Austrittswünschen) und ohne jegliche Toleranz gegenüber Andersgläubigen bzw. Ungläubigen (sind generell dann alle anderen). *

- De jure ist er (der Islam) eine Religion, die die Weltherrschaft anstrebt. Wie kann ich es zulassen, dass mich jemand als „ungläubig" bezeichnet, wenn seine Religion die Ausrottung der Ungläubigen befiehlt. (Werner Schneyder im Interview mit Matthias Röder)

Und neben radikalen evangelischen Gruppierungen kocht auch in der katholischen Kirche wieder das Rückwärtsgewandte hoch. So wird Papst Franziskus zurzeit bei seinen zaghaften Reformbemühungen schon dermaßen unverschämt öffentlich von senilen Hardlinern angegangen, dass man sich fragt, „was erlauben Meisner, Brandmüller u. a."?

Trotzdem werde ich einzelne, durchaus richtige Aussagen aller dieser Denkrichtungen oder deren (teilweise kriminellen Vertreter) mitverwenden.

Erwarten Sie dabei keine allzeit korrekte „Zitierweise“. Dies ist keine Dissertation.

Ich verwende Aussagen, wenn ich sie für richtig halte, oder wenn diese hier m. E. zu einzelnen Themen passen. Der geneigte Leser sollte dabei ebenfalls darauf verzichten, zuerst einmal die (moralische) Reputation des Zitatgebers zu berücksichtigen oder deren absolut unerträgliche kriminelle Energie oder Dummheit.

Da ich vom „Verein für deutliche Aussprache“ bin, werden meine Formulierungen bisweilen so radikal sein, dass Sie bei häufig vorkommender Denkfaulheit und Ignoranz einfach eine Schublade aufmachen werden, statt über das Geschriebene selbst nachzudenken.

Deshalb mache ich es so wie bei Homepageseiten:
Ich distanziere mich vorab und grundsätzlich von Marx, Wilhelm II., den serbischen Terrorristen vom 28. Juni 1914, Mussolini, Stalin, Mao, Hitler, Adenauer usw. als Person und von deren Gedanken und Handlungen. Nachdrücklich auch vom Hetzer Höcke! Man kann Denkmäler und auch Religionen ablehnen, aber ich denke, man sollte niemals Opferdenkmäler, Kirchen, Moscheen, Synagogen oder Tempel jeglicher Art zerstören, „entweihen“ oder sich da nackert produzieren (wie die Femen, oder wie die kleinen Säue heißen). Es muss so etwas wie Respekt und Anstand gegenüber jedem „Andersgläubigen“ herrschen.

Ich distanziere mich von (Neo)Nazis jeglicher Machart, von Stalinisten-SED-PDS-Linken, „Autonomen“, Piraten, Grünen, AfD, Pegida, FDP oder „Reichsbürgern“.

Trotzdem werde ich Zitate von dem einen oder anderen verwenden.

Sollte ich vergessen haben, jemanden zu beleidigen, bitte ich um Entschuldigung. Vielleicht war es das Gedächtnis eines alten Mannes, vielleicht waren Sie mir auch keinen Satz wert.

Noch ein Warnhinweis:

Wenn es Gott wirklich gibt, dann ist er nach den Erfahrungen der Menschheit ein böser alter Mann mit dem galligen Humor eines galizischen Rabbiners.

Und da wir ja nach seinem Ebenbilde geschaffen worden sein sollen, müssen Sie in jedem Kapitel rechnen mit Ironie und galligem Humor bis hin zum Sarkasmus. Also beim Lesen immer ein Glas Wasser gegen den Schluckauf dazustellen!

P.S. Nachgedacht habe ich über mein Buch seit vielen Jahren, begonnen habe ich es unter diesem Titel am 06.09.2007, aber eigentlich erst ab Oktober 2016 weitergeschrieben, denn

„Es ist Zeit, der Sommer war so voll…“

Meine Gratulation aktuell an Herrn Steinmeier. Er hat das Vertrauen der Bürgermehrheit.

Beendet und beim Verlag eingestellt letztendlich am 13.02.2017 und am 17.02. erneut, da meine Formatierungen nicht i. O. waren.

Ich hoffe, Ihnen sagt wenigstens der Inhalt zu.

Einführung in das Thema

„Die Demokratie ist die schlechteste aller Regierungsformen, aber ich kenne keine bessere“

soll Winston Churchill gesagt haben.

Ich selbst bezeichne die BRD bisweilen als „Bananenrepublik Absurdistan“, die neben einer Reihe von Fehlern auch keine vom Volke beschlossene Verfassung hat,

trotzdem zähle ich dieses Land von den etwa 200 Staaten der Welt zu dem knappen Dutzend Staaten, in denen es sich zu leben lohnt und ich halte sogenannte „Reichsbürger“ eher für wirre Fantasten oder nur egoistische Klein-kriminelle.

Als Danton nahegelegt wurde, Frankreich zu verlassen, da starb er lieber unter der Guillotine, denn

„das Vaterland nimmt man doch nicht an den Schuhsohlen mit…“

Und auch Sacharow blieb nach seiner Freilassung 1986 in der SU.

Da bisher hier bereits viel Negatives stand, einige für mich positive Personen, die mir spontan einfallen.

Friedrich der II. (Enkel Barbarossas) als weltoffener Herrscher statt dumpfen Eroberers.

Napoleon mit der Schaffung eines modernen „Bürgerlichen Rechts / Code Civil". (Seine Kriege lassen wir da mal weg.)

Marschall Petain, der in beiden Weltkriegen versuchte, das Blutvergießen zu minimieren (und dafür dann 1945 als Hochverräter verurteilt wurde).

Gustav Stresemann, der eisenharte Nationalliberale, der trotzdem nach dem 1. Weltkrieg den Ausgleich und die Versöhnung mit Frankreich suchte.

General Dietrich von Choltitz, der 1944 als Stadtkommandant von Paris diese wunderbare Stadt eben nicht dem Erdboden gleich machte, wie es der „Irre aus dem Führerbunker" befohlen hatte.

Kurt Schumacher (SPD), dem die deutsche Einheit wichtiger war als dem Herrn Adenauer (der schon in der Weimarer Zeit deshalb argwöhnisch beäugt wurde).

Helmut Schmidt (SPD), bei dessen Abwahl 1982 Helmut Kohl als neuer Kanzler „in diesem unseren Lande" einen eher devoten Diener machte und Friedrich Nowotny vom WDR meinte, „ein Großer geht, ein Langer kommt".

Wolfgang Schäuble (CDU), der immer loyal für dieses Land wichtige Dinge und Entscheidungen voran brachte (und trotzdem nun 2017 auch aufhören können sollte.)

Karl Popper als Hauptdenker des „Kritischen Rationalismus".

Friedrich Nowotny nannte ich schon und nun auch noch Claus Kleber vom ZDF sowie weitere hervorragende Pressemenschen wie Ulrich Wickert (über Selbstzensur im Journalismus und falsche Toleranz).

Interessanterweise (bei meiner bekannten Einstellung) auch Boris Palmer und Winfried Kretschmann. *Dazu noch viele mehr* und das ist auch „wirklich gut so". (Zitatfragment des Berliner Partylöwen.)

Aktuell fand ich Artikel von Gabor Steingart zum „Populismus" interessant, von Michael Seemann zur „Globalen Klasse", von Jens Jessen zum „Kränkungswahn", Iris Radisch zu Gesprächen mit Schriftstellern und Philosophen in hohem Alter und von Matthew Crawford, der ein Recht einfordert, in Ruhe gelassen zu werden.

Ich möchte mich bedanken bei einer Reihe von Menschen, die mir in entscheidenden Schnittpunkten meines Lebens einfach nur Gutes getan haben. Und Dank auch an immer wieder vorhandenes Glück, denn ohne Glück wäre ein Leben, das persönliche Fortkommen und eine gewisse Zufriedenheit nicht zu erreichen.

Und bei allen berühmten und gescheiten Leuten aber nicht zu vergessen:

Menschen wie meinen früheren Nachbarn, Heimatvertriebener, mit 27 begonnen ein Siedlerhäuschen in Eigenleistung zu bauen (von 1951 bis 1957), statt „Stall oder Garage" einen Edeka Laden aufgemacht (er war dort Lagerarbeiter gewesen), diesen bis zum 65. geführt und nahtlos in die 5 Jahre lange Pflege seiner Ehefrau statt in den Ruhestand gegangen. Ja, und dann kamen da noch Enkel, die er betreute, zum Kindergarten bzw. zur Schule begleitete und wieder abholte, sowie bekochte mit einer Engelsgeduld, bis diese ihn nicht mehr benötigten.

So geht es Großeltern fast immer, aber es ist schön, denn Kinder und Enkelkinder sind ein Quell ständiger Freude. Manchmal plätschert es nur so dahin und bisweilen kommen tosende Wasserfälle, Stromschnellen oder sogar Überschwemmungen. Und auch Großeltern müssen „los lassen“ lernen.

Danach versorgte Herr X * sich halt nur noch selbst, ging weniger werdende Schritte am Stock und starb 2007 im Alter von fast 83. Ich persönlich habe ihn nie klagen gehört oder hadern mit dem Schicksal.

- Name auf Wunsch seiner Kinder anonym

Tausende, wenn nicht Millionen Menschen in vielen Gesellschaften dieser Erde „halten so den Laden zusammen“. Sie sind der Kitt für so Manches.

In anderen Gesellschaften sind dies häufiger die Frauen, die Mütter, oder die „Babuschkas“.

Andere, wie ich, sind halt eher die „Widder“, die immer wieder mit dem Kopf durch die Wand wollen und glauben, die fallenden Mauern von Jericho seien alltägliche Realität. Und so wurde ich auch mal benannt als „Minenhund der Fraktion“, während der Fraktionsvorsitzende stets klug vor Entscheidungen erst am Ende der Diskussion die Mehrheitsmeinung zusammenfasste.

I. Grundsätzliche Probleme der Welt - Überbevölkerung

Faszinierend, wenn man das Hin und Her großer Fischschwärme sieht, oder die Flugformationen diverser Vogelarten.

Ihre enorme Anzahl und die interessanten und schnellen Bewegungen sorgen für ein Überleben der Art bei all den Bedrohungen durch ihre Jäger. Auch die Wanderung der Lachse zu ihren Fortpflanzungsrevieren gelingt nur durch ihre große Anzahl.

Vieles aus der Natur ist für den Menschen sehr lehrreich (oder könnte es sein). Bei anderen Dingen sträuben sich Menschen, naturgegebene Verhaltensweisen als gegeben hinzunehmen.

Aber nun sollte der Mensch endlich begreifen, dass endloses Wachstum in allen Bereichen des Lebens eher kontraproduktiv ist und letztendlich in der Zerstörung aller unserer Lebensbedingungen enden wird.

David Precht spricht hier nur von der (negativen) Verpflichtung von Wirtschaft und Politik auf stetiges Wirtschaftswachstum.

Aber die Reduzierung der Weltbevölkerung scheint für viele ein Tabuthema zu sein. Da kommen dann schnell irgendwelche moralischen Keulen von Leuten, die vom Ablauf der Geschichte herzlich wenig wissen und auch nichts von den Eigenarten des Menschen, seinen Stärken und auch seinen Schwächen. Und noch weniger von der Feigheit (oder vorsichtigen Klugheit?) des größten Teiles in allen Völkern und Schichten. Besonders aber ist diese

Feigheit oder Vorsicht ausgeprägt bei Politikern, die sich ständig irgendwelchen Wahlen stellen müssen, besonders in unserem föderalen System mit Wahlen im laufenden Takt.

Nicht umsonst funktioniert und funktionierte die „Collaboration“ immer und überall prächtig, dieser Widerstand reduziert(e) sich aber meist auf wenige. Diese Wenigen waren dann auch oft noch Eigenbrötler oder Menschen, die ganz andere Ziele hatten, als die Mehrheit des Volkes es sich gewünscht hätte.

Als Beispiel dient mir da das (verspätete) Attentat einer konservativ-adligen Offiziersclique gegen Hitler. Auch wenn ich manchem dabei weh tue, die Durchführung und der Rückhalt bei der Armeeführung waren eher suboptimal. Aber für einen der vielen sinn- und nutzlosen Gedenktage taugt er allemal.

Erinnert irgendwie an den (inszenierten?) Putsch gegen den Sultan vom Bosporus.

Was haben denn bisher Denkmäler oder Gedenktage mit frommen Reden zu unsäglicher Musik bewirkt?

Fast nichts! Neue Verpackung, neue Parolen, neue „Führerfiguren“ und das Volk folgt. Es jubelt und bepinkelt sich vor Freude.

Und wenn man halt Schalke-Fan ist, dann muss man eben dem Borussen-Fan auf die Schnauze hauen – und umgekehrt. Aktuell eben den Leipzigern. Und die USA als selbsternanntes Weltgewissen und Weltpolizei zetteln seit über 200 Jahren überall Unruhen an, um davon zu profitieren.

2015 gab es weltweit 33 Kriege bzw. regionale Konflikte. 2016 waren es „lediglich noch“ 32!

Die Folgen auslöffeln dürfen die Menschen und Staaten in den Unruheregionen bzw. mittlerweile auch tausende Kilometer weiter durch neue „Völkerwanderungen“ und dies bei gleichzeitig naiven Damen hier, die dabei freudig erregt bei der Willkommensbegrüßung und bei Umarmungsritualen Spalier stehen.

Früher waren dies nur „Alter-Naive“, nun sind auch andere Pastorentöchter auf diesem Trip, ohne dabei an die Fol-gen, Befindlichkeiten oder Nachteile für andere Menschen der eigenen Bevölkerung zu denken.

Ich achte jeden, der freiwillig mit seinem eigenen Geld – nach Steuern – anderen Menschen in Not hilft.

Aber warum müssen „Couchwohltäter“ immer nach den Steuergeldern anderer – aus welchen Gründen auch immer unwilliger oder zahlungsunfähiger - Bürger schreien?

Das „wir schaffen das“ ist häufig doch das „ihr schafft das schon“, ansonsten kneift halt die Backen zusammen, es könnte euch ja schlimmer treffen.

Ich hatte ja von Anfang an die „Grünen“ als ausgeflippte Bürgerkinder angesehen, Pastorentöchter, die endlich mal etwas anders machen wollten als ihre moralinsauren und verkniffenen Eltern.

Nun leben diese Menschen saturiert mittlerweile selbst in ihren Eigenheimen fernab der sozialen Brennpunkte. Aber anderen die Moralkeule vorhalten wie es überzeugte Evangelische halt gerne so tun, können sie bestens.

„Wer kann mir etwas über die Puritaner erzählen“, fragte der Lehrer.

„Die Puritaner gingen nach Amerika, um dort ihren Glauben frei ausüben zu können und andere zu zwingen, das gleiche zu tun.“

Und während es früher hieß, alles, was Freude bereitet, verbietet einem der Pfarrer, der Doktor und die Ehefrau, so sind da heute die Grünen sehr wirksam hinzugetreten.

Paradoxer Weise sehen sie aber andere Dinge weit lockerer.

Rauchen verboten, aber Freigabe von Marihuana und Fixerstuben für Abhängige.

Natürlich ist da „Vaginalfachverkäuferin“ ein ehrenwerter und schützenswerter Beruf, aber der Freier laut Gesetz möglicherweise schon ein Krimineller mit Knastandrohung.

Über deren sonstiges Verhältnis zum Sex, wer und mit wem und ab welchem Alter lasse ich mich nicht weiter aus. Dies könnte zu persönlich und zu heftig werden.

Kein Witz, keine Karikatur, keine Parodie kann da die Absurdität der Welt auch nur annähernd wiedergeben.

Zurück zur Überbevölkerung, einem der Grundübel:

Wer braucht denn nun wirklich 15 oder 30 Milliarden Menschen auf diesem einem Erdball mit begrenzten Ressourcen?

Ja, die „Shareholders", die jedes Wachstum als Götzen anbeten.

Immer noch die Industrie/der Handel, die sich in jedem Lande freuen über „Lohndrücker" (ob legal oder illegal im Lande, oder das wachsende einheimische Prekariat), das gleichzeitig aber auch „Verbraucher" der teilweise völlig sinnfreien Waren sind.

Die Diktatoren freuen sich, die Mutterkreuze verleihen können, damit sie mehr junges „Kanonenfutter" für ihre Kriege bekommen.

Es freuen sich die korrupten Herrscher diverser Staaten, denen jede Hungersnot oder Naturkatastrophe alleine durch die übergroße Anzahl von betroffenen Menschen Milliarden über Milliarden weiterer „Hilfsgelder" mit einem kleinen Schlenker dann auf deren Privatkonten in diversen „Schurkenstaaten" (Steueroasen) schwemmen.

Auch die Vertreter der verschiedenen Volksgruppen (sowie Religionsgruppen!) in einigen Staaten mit gemischter, aber stark getrennter Bevölkerung freuen sich.

Wächst meine Volksgruppe / Ethnie / Religion, wächst auch mein Einfluss, meine Macht und meine (privaten) Mittel. Gerade in Staaten und Organisationen, die auf Quoten, Anteile, Mehrheits- und Minderheitsrechte etc. fixiert sind, blühen dann eher Unfähigkeit, Verschwendung, „Vetterleswirtschaft", „Filz", „Vernetzungen" und Korruption.

Ich dagegen sage, 1 Milliarde insgesamt auf der Welt wären absolut genug und es könnte so zu einer wirklich „blühenden Landschaft" überall kommen mit Wohlstand und Frieden und ohne Verteilungskämpfe / Kriege um knappe Rohstoffe, Wasser, Nahrungsmittel etc., wenn dann noch der Verstand und die Moral mitmachten.

Ein alter Spruch über die moralisch so hochgelobte Entwicklungshilfe sagt:

Bei der Entwicklungshilfe wandert das Geld der armen Leute der reichen Länder in die Taschen der reichen Leute in den armen Ländern.

Der „Fortschritt" nach 60 Jahren Entwicklungshilfe ohne Sinn und Verstand besteht lediglich in einem enormen und explosionsartigen Bevölkerungswachstum bei gleichzeitiger Zerstörung der Natur, Forcierung des Klimawandels durch Rodungen jeglicher Art, Zerstörung heimischer Naturräume, Zerstörung der heimischen Landwirtschaft und Nahrungsmittelproduktion, Ausverkauf der Ressourcen, Verlust jeglicher eigener Kultur und Identität usw.

Oder sollten Coca Cola, Mac Doof und Nike mittlerweile schon als „Weltkulturerbe" zählen?

Ausfuhrsubventionen der EU oder der USA sind absolut tödlich für die Landwirtschaft (und auch für die kaum konkurrenzfähige Industrie) der sogenannten Entwicklungsländer.

Auch die Subvention bestimmter Güter in den Entwicklungsländern selbst – mit Mitteln der Entwicklungshilfe ganz locker zu schaffen – führt nicht gerade zu sinnvollem Handeln.

Da wurde vor vielen Jahren in Tunesien der Preis des Weißbrotes um 100 % erhöht. Heftiger Aufruhr und der Präsident des Landes musste gehen.

Fakt: Der Preis war von 10 Pfennig auf 20 Pfennig je Kilogramm gestiegen. Hier in Deutschland zahlte man damals etwa 6 DM für diese Menge.

Aber das Prestige, Weißbrot zu essen wie die Franzosen – statt Hirsefladen aus eigenem Anbau oder ähnliches – war eben sehr wichtig.

Heute haben sich die Bedürfnisse und Ansprüche dieser Länder in unendlich höhere Regionen bewegt.

(Je mehr er hat, je mehr er will. Nie stehen seine Klagen still. Gilt weltweit nach allen Erfahrungen.)

Kartoffelsorten eines bekannten Herstellers, die nicht vor Ort nachgezüchtet werden können, sind ein Verbrechen an der Menschheit und mit schuld am Hungertod vieler Men-schen bzw. mit Schuld an Wanderbewegungen, die kaum jemand mehr aufhalten kann. Die Vertreter dieser Firmen sind für mich Schwerstkriminelle und nicht die Super-marktkassiererin, die ein Brötchen der Firma ohne Bezah-lung isst und dafür fristlos „fliegt“.

Ein Nomade hatte früher so viel Vieh, wie er mit der Kraft seiner Arme tränken konnte.

Unsere unüberlegten Hilfen sorgen seit Jahrzehnten z. B. für Dieselpumpen, die das Wasser der 300 Meter tiefer liegenden Reserven hochpumpen. Die Tiefenwasserreserven unter der Sahara und unter den australischen Wüsten sind stellenweise schon auf ein Drittel ihres bisherigen Volumens geschrumpft.

Aber am Uluru / Ayers Rock werden (im Sommer und im Winter) Freischwimmbecken vorgehalten und keinerlei Sparmaßnahmen bei den Duschen der Millionen von Touristen in Erwägung gezogen.

(Übrigens gehört dieses Gebiet seit Jahren wieder den „Aborigines“, denen dieser Raubbau offensichtlich am Selbigen vorbeigeht. Hauptsache, die Pacht stimmt. Dies zu den „guten“ Naturvölkern.)

Nun hat dieser und jeder andere Nomade 10 Mal so viel Vieh, 10 Mal so viel Kinder und die Sahelzone hat sich seitdem um gut 5 Millionen qkm vergrößert.

Die Überweidung, der Verlust der unterirdischen Wasserreserven, Kampf um Weideflächen und Wasser führen regelmäßig zum (Völker)Mord und Totschlag zwischen Hutus und Tutsis, zwischen den Stämmen Nigerias schon seit dem Biafrakrieg 1960 ff., nun auch im Südsudan, wo dann - wie meist bei Abspaltungen - Rohstofffunde die Abspaltung (mit Hilfe interessierter ausländischer Kreise) beschleunigten, so wie vor über 50 Jahren im Falle Katanga / Kongo. Zur Not wird dann halt ein einheimischer Politiker ermordet oder man verhängt ein (jahrzehntelanges) verheerendes Embargo gegen Länder, die lediglich ihren eigenen Weg gehen wollen. Die Leidtragenden sind immer die Völker, die „kleinen Menschen“.

Die Umstellung von Weidewirtschaft auf Ackerbau zwecks Mehrertrags für die neuen Menschenmassen hat in Trockenzonen zu weiteren Zerstörungen und Katastrophen geführt.

Aber wie wurden in Westernfilmen häufig die Rinderzüchter dargestellt? Als böse Menschen, die den nachrückenden Menschenmassen von der Ostküste die Flächen für Ackerbau vorenthalten wollten und natürlich das Wasser.

Steppe ist zuerst einmal Weideland.

(Und selbst im EU-Land Spanien versündigt man sich dagegen auf übelste Weise. Der Weizenanbau oder die Herstellung von Bio-Gemüse unter Plastik wären dort in einigen Regionen meines Erachtens sofort einzustellen. Hier entsteht zudem wieder die Wasserfrage, fortschreitende Erosion und was ist denn an diesem Gemüse „Bio“ oder „Öko“, wenn es 3000 km entfernt vom Verbraucher angebaut wird?)

Alle Transporte müssen kosten, was sie verursachen!

Die Weltwirtschaftskrise von 1929 ff beruhte ja nicht nur auf der Spekulationsblase auf Pump, sondern auch auf dem landwirtschaftlichen Raubbau, der in diesem Jahre schlagartig zu Tage trat.

Schon der Konflikt zwischen Kain und Abel basiert auf diesem Widerspruch zwischen Ackerbau und Viehzucht und auf der Änderung der Klimaverhältnisse * zu dieser Zeit im Garten Eden (Nordwestiran).

- **Wie, damals schon?**

Die Katastrophen bei der landwirtschaftlichen Nutzung der Steppen Zentralasiens durch künstliche Bewässerung und anschließende Versalzung des Landes und Rückgang der großen Seen kann heute jeder sehen. Das sind wirkliche, reale Katastrophen gigantischen Ausmaßes und nicht nur die verbalen Maximierungen von „Werbefuzzis“ oder Politikern.

Für die Statistikfanatiker einige Zahlen zur Entwicklung der Weltbevölkerung an Hand einiger Vergleichsdaten:

Als Quellen dienten mir das „allwissende“ Internet (z.B. Wikipedia u.a.), „Echo der Welt“ in 3 Bänden aus den 50er Jahren vom Metz Verlag Zürich und das 12 bändige Lexikon des Herder Verlages Freiburg aus den 50er Jahren, sowie der „Grosser Herder Atlas“ von 1958.)

Europa			
	2015/2016	50er Jahre	
BRD + DDR	82.310.000	70.000.000	
Frankreich	60.656.000	44.000.000	
Großbritannien	60.209.000	51.500.000	
Italien	58.883.000	48.400.000	
Luxemburg	600.000	300.000	
Polen	38.536.000	28.000.000	
Rumänien	21.714.000	18.000.000	
Spanien	46.000.000	29.400.000	

Australien	2015/2016	50er Jahre	
Australien	23.900.000	8.500.000	
Amerika			
	2015/2016	50er Jahre	
Kanada	35.800.000	16.600.000	
USA	322.000.000	170.000.000	
Mexico	127.000.000	31.500.000	
Dom. Rep.	10.500.000	2.700.000	
Haiti	10.900.000	3.400.000	
Kuba	11.100.000	6.400.000	
Argentinien	42.400.000	17.200.000	
Brasilien	204.500.000	61.300.000	
Chile	18.000.000	7.100.000	
Ekuador	16.300.000	3.900.000	
Kolumbien	48.200.000	13.200.000	
Peru	31.200.000	9.900.000	
Uruguay	3.600.000	2.600.000	
Venezuela	30.600.000	6.200.000	

Afrika			
	2015/2016	50er Jahre	
Ägypten	89.100.000	20.700.000	
Äthiopien	98.100.000	zusammen	
Eritrea	4.560.000	20.000.000	
Algerien	39.000.000	8.900.000	
Angola	25.000.000	4.100.000	
Ghana	27.700.000	4.700.000	
Kamerun	23.700.000	4.700.000	
Kenia	44.300.000	6.200.000	
Madagaskar	23.000.000	4.900.000	
Marokko	34.100.000	9.800.000	
Nigeria	181.000.000	33.800.000	
Somalia	11.100.000	1.940.000	
Südafrika	55.000.000	12.500.000	
Sudan	40.900.000	zusammen	
Süd-Sudan	12.200.000	11.000.000	
Tansania	52.300.000	8.600.000	
Uganda	27.300.000	5.700.000	
Zaire/Kongo	73.000.000	12.900.000	

Asien			
	2015/2016	50er Jahre	
Afghanistan	32.200.000	12.000.000	
Bangladesh	160.400.000	zusammen	
Pakistan	199.000.000	84.800.000	
China	1.380.000.000	602.000.000	
Indien	1.314.000.000	392.500.000	
Indonesien	255.000.000	83.500.000	
Irak	37.100.000	6.500.000	
Iran		21.000.000	
Israel	8.400.000	1.900.000	
Japan	126.900.000	92.000.000	
Jemen	26.700.000	2.000.000	
Katar	2.400.000	17.000	
Korea Süd	50.700.000	22.300.000	
Korea Nord	25.000.000	8.200.000	
Kuweit	3.800.000	170.000	
Myanmar	52.100.000	20.000.000	
Nepal	28.000.000	8.400.000	
Philippinen	103.000.000	22.700.000	
SaudiArabien	31.600.000	7.000.000	?
Sri Lanka	20.900.000	8.900.000	
Syrien	17.100.000	4.200.000	
Taiwan	23.500.000	9.100.000	
Thailand	65.000.000	21.000.000	
Türkei	78.200.000	24.800.000	
Vietnam	91.700.000	26.600.000	

Interessanterweise waren die Zahlen, die ich fand, doch sehr unterschiedlich, da ich an verschiedenen Tagen im Netz blätterte und hier eintrug. Zuerst hatte ich da Zahlen, die angeblich von 2015 waren. Schließlich nahm ich die Zahlen des berüchtigten „Wikipedia" Lexikons. Die waren dann aber seltsamer Weise mal um 5 Millionen Einwohner höher, um 10 Millionen und in einem Falle sogar über 50 Millionen Einwohner.

Ich kann so jedenfalls nichts aussagen über die Genauigkeit und Validität der Zahlen von 1950 ff. und von heute.

Hatte man damals schon die Möglichkeit einer genauen Erfassung?

Immerhin benötigte man noch im November 2016 etwa 3 Wochen, um die Wählerstimmen in Michigan für zwei „hochkarätige" Präsidentschaftskandidaten zu ermitteln.

Im Lande, das sich führende Weltmacht nennt.

Und in Deutschland mit Meldewesen und weitgehend funktionierender Verwaltung könnte man alle Zahlen genau haben. Könnte! Wäre da nicht unsere völlig übertriebene Vorstellung vom Datenschutz.

Volkszählungen bestehen ja nur noch aus einem 1% Minizensus, bei dem zwar keinerlei Staatsdiener bei den Befragungen mitwirken dürfen (sie könnten ja für den Staat etwas erfahren, oho!), aber da darf dann ein „Vermögensberater" genau diesen Job machen ohne „jegliche Interessenkollision".

Wir haben nämlich mehr denn je eine „Europäische Wirtschaftsgemeinschaft" mit den Bestrebungen, mit Hilfe der Globalisierung den vollen Zugriff der Aasgeier auf den „Otto Normalverbraucher" und die „Lohnabhängigen" zu bekommen, auf seine Daten (ja, da geht alles!), seine Gewohnheiten etc., um zielgerichtet bei ihm Kaufinteressen zu schüren, die er sonst vielleicht nie gehabt hätte.

Ich habe es allerdings eh nicht mit der simplen Argumentation durch Zitate von Statistiken (die ich nicht selbst gefälscht habe – angebliches Zitat von Churchill) etwas beweisen zu wollen.

In der leeren 4. Spalte können Erbsenzähler ihre eigenen Zahlen eintragen, um mir „Fehler“ nachzuweisen.

Würde dies etwas am Trend ändern?

Ob ein Staat nun innerhalb dieser Zeit die dreifache Anzahl bei der Bevölkerung hervorbrachte, die siebenfache oder zehnfache Menge. Es ist zu viel und offensichtlich fast explosionsartig dank gut gemeinter, aber fehlgeleiteter Hilfe.

Bei etlichen Staaten muss man sich nur einmal die Beschaffenheit des Landes ansehen. Im Gegensatz zu meinen Kindheitszeiten können wir doch heute ständig genau sehen, wie es in anderen Ländern (gerade) aussieht, ob da Wüste ist oder Tropenwald, im Moment ein Vulkan ausbricht, oder ob da gerade in China ein Sack Reis umfällt.

Wenn man denn will, kann man sich schon recht genaue Bilder der verschiedenen Gegenden machen, es sei denn, man vertraut nur den Bildern des „Traum-schiffes“ oder diverser „Fantasy- oder Ballerserien“.

Im Bildschirmtext der ARD kamen Ende November 2016 die neuesten Zahlen der Bevölkerungsstiftung der Vereinten Nationen: 2016 wuchs danach die Weltbevölkerung um weitere 84 Millionen Menschen (mit Hunger und weiteren Bedürfnissen).

Für mich ein Paradoxon: Wirtschaftliche Ausbeutung der Entwicklungsländer bei gleichzeitiger Almosengewährung und Unterstützung der Korruption und der Milliardäre dort vor Ort.

Ich will hier nicht die Steigerungsraten der einzelnen Länder begutachten, kritisieren, erklären und sonst wie filetieren. Dies könnte zu sehr dazu führen, dass man das Totschlag-Argument „Deutsches Wesen“ gegenüber jeder Kritik anführen würde.

Dieser Hochmut stand weder Wilhelm II. zu, schon gar nicht dem österreichischen Verbrecher A. H., auch nicht der Kanzlerin, die sich nun halt als Vorreiterin des „Gutseins“ in eine Rolle gedrängt hat, die der Rest Europas nur schwer nachvollziehen kann, wir aber alle * auszubaden haben.

* Alle? Nun, ja, da gibt es immer Menschen, die „gleicher“ sind, denen statt Zumutungen Gewinnstei-gerungen zuwachsen.

Im Übrigen herrschen nicht nur in den „Bevölkerungswachstumsstaaten“ Korruption, Raffgier oder politische Blödheit. Diese Untugenden sind leider weltweit verbreitet und seit Jahrtausenden auch bei uns nachweisbar.

Und noch ein böser Seitenhieb:

Früher führten Könige Kriege, wenn es innenpolitische Probleme gab. Das Volk scharte sich um ihn. Sogar beim Massenmörder Stalin half der „Vaterländische Krieg“ zu „Friede, Freude und Eierkuchen“, obwohl gerade kein Friede da war. Kam der dann, war man mit dem Wiederaufbau beschäftigt und nörgelte für etwa eine Generation nicht mehr so viel rum.
Als Kohls Stuhl wackelte, da versprach er „blühende Landschaften in 10 Jahren“ aus der Portokasse – und

Soli nur für 10 Jahre. Beides dauert wohl noch für weitere Generationen.

Wer spricht denn heute noch über die Bankenrettung?

Wer redet noch über die Milliarden, die uns der abrupte und überfallartige Ausstieg aus der Atomenergie kosten wird?

Und wer möchte an die Zusammenhänge und enormen Zusatzkosten dabei denken, die durch die nun tatsächlich dringende Einführung alternativer Energien für die kleinen Verbraucher mit sich bringen? Die Industrie dagegen bekommt, wie früher schon, horrende Rabatte!

Wer spricht denn noch über das (unverschämte) Fass ohne Boden = Griechenland?

Wenn man Politik nicht mehr dem Bürger vermitteln kann, dann muss man eben ablenken.

Die ebenso spontane und unüberlegte Freigabe aller Grenzen für jeden der kommen wollte, wird allerdings so schnell nicht vergessen werden können. Die Folgen werden uns sehr lange beschäftigen und unseren Staat möglicherweise total umkrempeln.

II. Der „Klimawandel“ als Keule

Unbestritten, das Klima wandelt sich.

Ständig

und dies seit Milliarden Jahren mit großen und kleinen Pendelausschlägen.

Hierdurch entstand erst einmal Leben, Millionen Arten verschwanden, andere kamen neu hinzu.

Der Mensch entstand vor 2,3 Millionen Jahren so aus den anderen Primatenarten und entwickelte sich besonders, als er die Wälder verlassen musste und in den weiten und offenen Steppen überleben lernte. Andere Tiere waren stärker oder schneller, der Mensch wurde klüger, wenn man mal die „Kreatio-nisten außen vorlässt,

denn sein Gehirn wuchs durch die Umstellung auf fleischliche Nahrung.

Und weil er bei der Geburt eben nicht alleine lebensfähig ist, wurde die Betreuung durch die Mütter (und Väter) unabdingbar.

(Bisweilen hat man aber das Gefühl, es sei mal wieder der Rückwärtsgang drin und der Trend ginge Richtung Verblödung. Pendel halt, wie fast alles im Leben.)

Ohne das Ende der letzten Eiszeit sähe es ganz anders aus. Die Sesshaftigkeit, Städtebildung, große Gemeinschaften bis hin zu Staatengebilden – alles wäre zu Eiszeitbedingungen undenkbar gewesen.

Es wurde immer wärmer, (dem Pendel sei Dank!) das Eis schmolz, der Meeresspiegel stieg an. Landbrücken verschwanden. Keinerlei direkte Verbindungen mehr von Sibirien nach Alaska oder von Neuguinea nach Australien. Die Themse mündete nicht mehr in den Rhein, der Ärmelkanal entstand. Und es verschwand viel festes Land, besiedeltes Land an den bisherigen Küsten. Es gibt ja rund um die Welt die Geschichten um verschwundene Städte wie Vineta oder Atlantis etc.

Der gigantische Gletscher, der fast die Hälfte Nordamerikas bedeckte, wurde in der Mitte zum riesigen See/Meer, dessen Kante vor etwa 7000 Jahren wegbrach. Seltsamerweise nicht Richtung Süden, sondern in Richtung Nordost zur Hudson Bay. Eine gewaltige Flutwelle rollte danach etwa 2 Jahre lang rund um die Welt.

Eine Erklärung für die diversen „Sintflut"- Geschichten in vielen Gegenden der Welt?

Jedenfalls verschwanden die neuen menschlichen Siedlungsgebiete nach dem Ende der Eiszeit wieder, wenn sie an den Meeresrändern lagen. Die Straße von Gibraltar war schon offen, das Mittelmeer füllte sich, die Ränder waren nun plötzlich unter Wasser. Als der Durchbruch zum Schwarzen Meer kam, soll es den gewaltigsten Wasserfall der Geschichte gegeben haben.

Nun lief auch dieses Randmeer voll und die Küstensiedlungen verschwanden im Wasser.

Ich will dazu keinen längeren Exkurs schreiben.

Wir werden, so lange noch Inlandsgletscher, riesige Eisfelder an Nord- und Südpol und auf Grönland auftauen können, weitere Randgebiete der Meere wieder an das Wasser verlieren. Zwangsläufig, denn so ist halt das Klimapendel. Und war es auch schon vor der Industrialisierung.*

- **„Auch bei sofort einsetzendem effektivem Klimaschutz würde der Anstieg des Meeresspiegels in den nächsten Jahrzehnten kaum gebremst werden.“ (Wikipedia)**

Ob mit oder ohne Abgasnorm 6, 7, 8 oder X in der Musterschülerrepublik BRD.

Und wir werden Bodenschätze in eben diesen neuen „eisfreien“ Regionen abbauen können.

Wenn wir in unserem Wahn („alternativlos“) weiter so wie bisher machen, werden wir diese Abbaugebiete auch bitter benötigen.

Zur Römerzeit (vor 2000 Jahren) war Nordafrika die Kornkammer des Reiches. Vor 1000 Jahren war es schon einmal wärmer als heute. Nicht umsonst nannten die Wikinger diese große Insel „Grönland“ = grünes Land. Man konnte an deren Rändern leben, wie auch in Neufundland, wie ein gewisser Leif Ericson, der rote Eric, der dort 20 Jahre in der Verbannung leben musste. So von 980 bis 1000, also 500 Jahre vor Columbus in Amerika, aber etwa 12.000 Jahre nach den „Inuit“ und den „Indianern“, die aus Sibirien gekommen waren.

Im Südwesten der heutigen USA gab es Hochkulturen, die um 1350 herum plötzlich spurlos verschwanden. Es war nun zu heiß und trocken geworden.

Heute verbrauchen dort die „Snowbirds“ in riesigen Reisemobilparks über Winter in Arizona und New Mexico die Grundwasserreserven.

An der deutschen und niederländischen Nordseeküste gab es derweil mehrere „Manndränken“. Heftige Sturmfluten, die Teile des Festlandes einfach wegschwemmten, Zehntausende Menschen töteten und so sämtliche Friesischen Inseln schufen.

Aber das Pendel schlug zurück. Die „Kleine Eiszeit“ kann man gut auf den Gemälden der holländischen Maler sehen. Die Menschen laufen Schlittschuh auf den Grachten.

Der Winter 1739/40 war arg kalt. (Im wahrsten Sinne des Wortes...) In Deutschland gab es 8 Monate Dauerfrost von Oktober 1739 bis zum Juni 1740. Der Januar 1740 zeigte in Berlin 52 Grad Kälte an.

Das Wintergetreide und das Sommergetreide waren hin. Das Volk in Brandenburg/Preußen drohte zu verhungern. Da wurde der „Schöngeist“ Friedrich II. König ebendort.

Zwei Maßnahmen musste er sofort treffen:

- Jeder Bürgermeister im Lande hatte für Lebensmittellager zu sorgen.

- Das reiche Schlesien gehörte zwar zu Österreich, aber, wenn man es denn einfach okkupierte, dann hätte man mehr Nahrungsmittel. So gab es halt den ersten Schlesischen Krieg 1740, den zweiten 1745 und noch den „Siebenjährigen Krieg“ von 1756 – 1763.

Reine Vernunft statt Gutmenschentums.

Er hatte zu aller erst für sein Staatsvolk zu sorgen. *

- *Wie war das noch einmal mit dem Eid der Kanzlerin?*

Und dieses Staatsvolk bestand bei weitem nicht nur aus „Edelariern“ bevor hier jemand auf falsche Gedanken kommt. In diesem Lande konnte „jeder nach seiner Fasson selig werden“ und so waren halt immer wieder z. B. Neusiedler aus Frankreich (Hugenotten) oder auch sonst woher zu gezogen.

Auch und gerade nach der Pest 1698, bei der bereits 50% der Bevölkerung dahingeschieden waren. So war auch meine Familie (väterlicherseits) aus den Ostalpen nach der Hungersnot in Österreich 1698 über Schwaben nach Westpreußen gekommen.

Meinen Vater hatte man einmal in der Kneipe gefragt, ob er der Bruder Kissingers sei. Ich selbst wurde schon „einsortiert“ als der französische Kollege, der spanische Kollege, der türkische Kollege und auch als Grieche.

Und bei meiner „Pilgerfahrt nach Santiago“ * dann auch schon mal als Brite.

- (ISBN: 9783734753756)

Meine Mutter kam ebenfalls aus Westpreußen. Sie und die Geschwister hatten alle sehr dunkle Haare.

Wie konnten meine Eltern da nur im Jahre 1936 heiraten dürfen (Ariernachweis)?

Und dazu noch eine Bemerkung, den Monolog zu den durchmischten Rheinländern in „des Teufels General“ von Carl Zuckmayer halte ich für völlig zutreffend, bevor mich jemand in die „Völkische Schublade“ stecken will.

Eine weitere Katastrophe (von unzählig vielen) ohne menschliches Zutun war das Jahr ohne Sommer 1816.

Da war 1815 ein Vulkan in Indonesien praktisch explodiert. Gegen diese Explosion war der Ausbruch des Krakataus 1884 lediglich „Peanuts“. Etwa zwei Jahre lang hatten sich die Aschewolken weltweit vor die Sonne geschoben. Ernteausfälle und Hungersnöte sowie die immer wieder kehrenden „Endzeitpropheten“ waren die Folge.

Jährlich haben wir aber weltweit

etwa 100 Vulkanausbrüche.

1980 kam es im Nordwesten der USA zum Ausbruch des Mount St. Helen.

Die giftigen Schadstoffe, die dieser Ausbruch allein in die Luft schleuderte, entsprachen ziemlich genau dem weltweiten Schadstoffausstoß der Industrie für komplette 2 Jahre. Dazu kommen halt noch die anderen (99) in diesem Jahr ausgebrochenen Vulkane.

Methangas ist eine weitere Ursache, die natürlich vorhanden ist, aber nur zum Teil durch den Menschen in der Menge beeinflussbar.

Steigende Erwärmung lässt zudem die Permafrostböden in Sibirien, Kanada etc. oberflächlich auftauen und das gebundene Methan wird freigesetzt. Hierbei ist es zuerst einmal egal, wodurch die Erwärmung verursacht wurde.

Reisanbau und jegliche Art von Sumpfpflanzen - egal ob natürlich vorhanden oder als Anbau – erzeugt eben Methangas.

Je mehr Menschen auf dieser begrenzten Welt leben, je mehr wird auch der Anbau dieser Art forciert.

Jedes Lebewesen und auch der Mensch „atmet" Gase in die Luft, bisweilen mit Geräusch verbunden oder auch „locker durch die Hose". Viele Milliarden von Menschen bedeuten dabei noch mehr Milliarden von Nutztieren.

Ins Gerede kommt da aber besonders die Rinderhaltung. Wiederkäuer lassen ja wohl vermehrt „Luft" ab.

Fanatiker verlangen deshalb den (völligen) Verzicht auf Fleisch. (Dabei kann fleischloses Essen nachweisbar zur Verblödung führen – was ja so selbst bewiesen wurde.) *

- „Fleisch machte Menschen schlau" Überschrift eines Artikels im ST vom 01.11.14 zur Ausstellung im Neandertalmuseum.

Gerade erst gelesen, dass zudem die Produktion eines Kilogramm Fleisches auch noch 15 Liter Wasser erfordert. Die Produktion von 1 kg „äußerst nahrhafter" Maden erfordere dagegen lediglich 3 Liter Wasser.

Bei den meisten Menschen unseres Kulturkreises kommt da doch eher der Spruch hoch „heute schon gekotzt?".

Dschungelcamp als Pflicht für alle?

Geht es noch?

Ich würde mich auch nicht blutig geißeln, um mich selbst für meine „fiktive und herbeigeredete Erbsünde" zu bestrafen.

Da sind sich die Menschen in den Entwicklungsländern zu schade, ihre heimischen Produkte (z. B. Hirse) zu essen, vermehren sich dabei rasant, ohne eine Chance zu haben, die neuen Menschenmassen satt zu bekommen. Dafür sollen nun die Menschen der Länder, die sich locker selbst ernähren können, Maden runterwürgen.

Wie krank ist das denn?

Wie heißt das schöne Lied? „Ich bin reif, reif, reif für *die Anstalt* …"

Ich selbst wäre da – neben der erheblichen Reduzierung der Weltbevölkerung – bereits damit zufrieden, wenn „alles kostete, was es an Kosten verursacht" und wenn man grundsätzlich Folgen von Handlungen einzuplanen hätte.

Heißt in diesem Falle:

Strikte Reduzierung der Massentierhaltung, und besonders der industriellen Nahrungsmittelproduktion. Kein Transport von Nahrungsmittel über mehr als etwa 50 bis maximal 100 km. Weitgehend nur Nahrungsmittel der Region und der passenden Jahreszeit benutzen. Subventionen, wenn überhaupt, nur an bäuerliche Familienbetriebe. Und kein Land sollte mehr Menschen haben, als es selbst ernähren kann. Jedes Jahr, auch bei Dürre!

Krabben aus der Nordsee in den Niederlanden nun nicht mehr von holländischen Hausfrauen pulen zu lassen ist ein weiterer Wahnsinn unserer überbordenden EU? - Vorschriftenwelt.

Nun werden die Krabben halt per Kühl-LKW mehr als 3000 km weit nach Marokko gefahren, dort in Fabriken gepult, wieder 3000 km mit dem LKW zurück und dann „fangfrisch" nochmals an die Verbraucher in Europa verteilt – per LKW natürlich wieder und auch sonntags.

Die Arbeitsplätze für die Frauen in den Niederlanden sind dafür ersatzlos weggefallen. Aber immerhin haben wir eine Frauenquote in den Vorständen der DAX-Unternehmen in der BRD.

Auch der Transport der Unmengen von Gülle in andere Gebiete und die dortige Verseuchung des Grundwassers sind für mich eher kriminelle Handlungen.

Auch was da so alles von weit her in unserer örtlichen (Müllverbrennungsanlage) pardon: Heizkraftwerk von weither ankommt, ist gar nicht mehr schön. *

- Ich werde noch öfter auf die Verniedlichungsbegriffe und bisweilen wirklichen Verdummungsbegriffe eingehen.

  So heißen die Krankenkassen nun ja Gesundheitskassen, Gasbetonsteine halt Porenbeton usw.

Und wenn jahrelang der Begriff „Lebensarbeitszeit" statt für die Gesamtdauer der Lebensarbeit immer für das „Renteneintrittsalter" benutzt wurde, dann kam mir immer die Galle hoch. Wollte man damit doch vorrangig verdunkeln, dass man auf keinen Fall diskutieren wollte über das „Arbeitseintrittsalter" unserer nachfolgenden Generationen.

Da herrscht doch seit längerem der Wahn, das immer mehr Menschen immer „höhere" Abschlüsse haben müssten. Alternativlos, weil in der Ukraine und anderswo doch schon die Ausbildung zur Kosmetikerin an der UNI erfolgt. Gilt doch so für etliche Länder.

(Ist das denn wirklich richtig? Wofür hat die BRD das hervorragende duale Ausbildungssystem, um das uns alle beneiden?)

So bekommen mittlerweile Leute ein (Fach)Abi im Alter von Ü20 ff und können trotzdem nicht richtig lesen und schreiben.

Da „studieren" andere so lange, bis sie Ü40 / Ü50 und

„Dr. Ing. arbeitslos" sind.

Da wird der Jugend etwas an Chancen vorgegaukelt, was nicht einlösbar ist.

Der Absturz ist dann gewaltig und die Unzufriedenheit noch größer. Dabei hätte man als Handwerker z. B. bereits 20 Jahre gutes Geld verdient und in die Sozialkassen eingezahlt, statt sich so lange auf Kosten der ehrlichen, steuerzahlenden Werktätigen den Hintern vor dem PC und in Internetforen platt zu sitzen.

Die mittlerweile fehlenden und qualifizierten Facharbeiter holt "Mutti" halt per öffentlicher und rechtswidriger Einladung und mit ungedecktem Blankoscheck aus Nahost, Nordafrika und Schwarzafrika.

Menschen, die an die Unmöglichkeit und Folgen solcher Spontanhandlungen denken, zucken nun bei jedem ihrer Auslandsbesuche zusammen, wen sie denn nun freundlich ermuntern will.

Zu diversen Änderungen hinsichtlich der Ökologie werde ich noch in einem anderen Kapitel kommen.

Ich sehe nur, dass gerade auf diesem Gebiet ein umfassender Betrug die Menschheit verblödet und gleichzeitig ausbeutet.

Gut gemeinte Maßnahmen, die irgendwelche „Dumpfbackenökos" durchgesetzt wurden, gingen häufig genau in die falsche Richtung los. Alles nach dem Spruch „gut gemeint ist meist schlecht gemacht".

Hier bei uns setzten die „Grünen" in meiner damaligen eigenen Zeit als Ratsmitglied (ich war „kaisertreuer Sozialdemokrat" bis mir Lafontaine 1990 den Rest gab) – wie auch in vielen anderen Städten - durch, dass in öffentlichen Gebäuden keinerlei Fenster mehr aus tropischen Edelhölzern eingebaut werden dürften.

Folgen dieser Tat von ignoranten Dilettanten:

Die hiesige Schreinerei, die bislang 40 Jahre Garantie auf Tropenholzfenster gegeben hatte, existiert nicht mehr. (Ich will jetzt nicht behaupten, dass dies der alleinige Grund gewesen sei…)

Was also nehmen?

Plastik/Kunststoff? Besteht doch aus Erdöl, geht also nicht.

Aluminium? Hat einen enormen Energieverbrauch bei der Herstellung. Geht auch nicht.

Bleiben also heimische Nadelhölzer, die den „Vorteil" haben, dass sie ohne regelmäßigen Anstrich so ab 10 Jahren aufwärts anfangen, weg zu faulen.

Da Gemeinden Neubauten gerne mit Fördermitteln errichten, aber selten an die Folgekosten jeglicher Investitionen denken, fehlt dann halt nach 10 Jahren bereits das Geld für das Gerüst, den Anstreicher, die Farbe.

Noch viel schlimmer für mich sind die Folgen für die Tropenländer, die bisher dieses Merantiholz etc. lieferten und dadurch geregelte Einnahmen hatten.

Ganze Urwälder wurden nun also (brand)gerodet und an deren Stelle Olivenplantagen angelegt.

Warum wohl zahlt die EU so viel Subventionen für den Olivenanbau? Weil Olivenöl ein Mangelprodukt ist? Demnächst bei 30 Milliarden Menschen bestimmt.

Aber das ist ja nur Subventions-Geld (der ehrlichen Steuerzahler). Während, wie bei praktisch allen Subventionen der Subventionsbetrug andere Menschen ohne Moral reich macht. Satellitenaufnahmen wiesen nach, wie groß die Oliven-Anbauflächen in Italien wirklich sind. Nach den Abrechnungen und Einforderungen hätte Italien nämlich von Sizilien bis zu den Alpen fast ausschließlich aus Olivenhainen bestehen müssen.

Auch in Teilen Spaniens geht es den Regionen mit Olivensubventionsbeziehern offensichtlich überragend gut.

Ein Tropenurwald dagegen hält den Regen und hält den Boden zwischen den Bäumen und Pflanzen fest. In Plantagen dagegen kommt es zu heftigen Erosionen (Boden- und Nährstoffverlusten) und der weltweite Klimaausgleich fehlt.

Verlust der Urwälder durch solche „Wahnsinnstaten“, Verlust der Urwälder durch Brandrodung für noch mehr Ackerbauflächen für immer mehr hungrige Menschen, Verlust der Urwälder durch illegale oder „völlig legale“ Rodungen zum Abbau von Rohstoffen ohne Rücksicht auf die Folgen und (nicht nur für die dort lebenden) Menschen (oft indigene Völker).

Die Feuer der riesigen Brandrodungsflächen konnten die Raumfahrer aus dem All ständig sehen und auch bildlich dokumentieren.

Der Kreis schließt sich immer wieder. Zu viele Menschen, zu viele (oft nur eingeredete) Bedürfnisse (muss ich haben!). Gewinnsucht und Habgier ohne Moral.

Und die Moralapostel, die sich immer als die „besseren“ Menschen in Pose setzen, sind letztendlich diejenigen, die verhindern, dass kriminelle Handlungen zu Lasten der Menschheit, dann auch wirksam bestraft und verhindert werden könnten.

Irgendwie hat man das Gefühl, dass die „Menschenwürde“ dieser und anderer Verbrecher deutlich wichtiger ist, als die Würde und das Wohlergehen all der Millionen (oder Milliarden) Opfer dieser „Wachstumspolitik um wirklich jeden Preis“.

Um die Verhungernden und Perspektivlosen der ganzen Welt können sich dann ja bitte die Armen der reichen Länder kümmern bzw. sich ebenfalls auf das „Weltniveau der Armut“ weiter hinunterbewegen aus reiner Solidarität.

Schon bei einem Heimatbesuch in der DDR im Oktober 1964 musste ich bei den Werbebannern mit Sprüchen wie „Weltniveau der DDR“ an die „Dritte Welt“ und ihren Zustand denken. (Und nun sieht es auch in einigen Teilen Westdeutschlands so aus. Führend: NRW.)

Aber das „Schönreden“ ist erkennbar das Einzige, was bei Tagträumern klappt, die sich die Welt und die Menschen nur so vorstellen können, wie sie es sich wünschen.

III. Die Kaste der Politiker seit dem Altertum in „Demokratien“ sowie in „Diktaturen“ scheint irgendwie in Teilen immer gleich zu sein

Warum wohl verbergen einige Politiker schon immer ihre Herkunft oder ihre bisherigen tatsächlichen (Minder)Leistungen?

Spektakuläre Außenwirkung scheint das häufigste Ziel jener Menschen zu sein, „mit denen schon als Kind niemand spielen wollte“ und sich bei manchen ab der Jugend auch kein Wesen des anderen Geschlechtes für sie ernsthaft interessierte.

Könige und Generäle benötigten schon immer mindestens einen – natürlich gewonnenen – Krieg, damit sie „in die Geschichte eingingen“. Dazu noch in jeder Stadt ein Denkmal oder einen Prachtpalast auf Knochen der Bevölkerung erbauen lassen.

Prunkbauten sind auch beliebt bei französischen Präsidenten und nun wirklich absolut bombastisch der Präsidentenpalast mit 1400 Zimmern des „Sultans von Großosmanien auf Lebenszeit = 2034?“. Auch er für mich ein Beispiel, dass man Menschen <u>vorher</u> ins Gesicht sehen sollte.

Auch wir hier in der BRD * (Ich nicht, aber fragt uns jemand?)

lieben Elbphilharmonien oder Flugplätze, die auf Grund von Inkompetenz und ständigen Änderungen wohl nie fertig werden. Aber wenn einmal das Volk für Stuttgart 21 stimmen darf, dann müsste es doch gelacht sein, wenn die grünen „Oberdemokraten“ nicht in der Lage wären, den Geldhahn zuzudrehen, obwohl sich eine Mehrheit gerade eben für Stuttgart 21 entschieden hatte.

Perverses Demokratieverständnis.

Aber übersteigertes Sendungsbewusstsein, Heuchelei und Hinterfotzigkeit scheinen irgendwie eineiige Drillinge zu sein.

Das mit den Kriegen schafft noch heute so jeder US-Präsident ganz locker, auch wenn es seit 1945 keinen wirklich gewonnenen Krieg mehr gegeben hat.

Die meisten dieser „regionalen“ Kriege bedeuteten lediglich mehr Umsatz der Waffenindustrie und brachten Tod und Verderben ohne Verbesserung gegenüber der vorherigen Situation in diese Gebiete.

Diese Damen und Herren umgeben sich mit der Aura von „Superstars“ wie im Gewerbe der (überbezahlten und überbewerteten) Gaukler, Narren und (Pseudo)-künstler. Die Frisur von Herrn Mooshammer wird zurzeit ja gerade in Übersee locker getoppt.

Dies schlägt durch bis ins „Proll- und Dummtussenfernsehen“, wo viele völlig unbegabte Personen (sogar offensichtlich Gestörte) meinen, sie müssten sich exhibitionieren bzw. selbst bloßstellen (lassen von dem Herrn mit den „Camp David“ Fummeln).

Warum also verweigern so viele Politiker so jegliche ehrliche und vollständige Auskunft bzw. Einblicke in ihr tatsächliches, reales Leben, ihre Herkunft, ihre Schulbesuche und besonders Abschlüsse und wann?

Hitler hatte alles daran getan, dass niemand etwas über seine „Inzucht (?) familie erfuhr. Jedenfalls war sie wohl nicht vorzeigbar. Er selbst war ein fauler Nichtstuer, der in Obdachlosenasylen Wiens etc. den Kriegsausbruch 1914 freudig begrüßte, damit er endlich mal etwas „Sinnvolles" machen konnte. Seine Leistungen im Kriege waren „überragend". Als Meldegänger (und Freiwilliger!) war er nach 4 Jahren bis zum Gefreiten gekommen. Immerhin hatte er ja sogar die Realschule besucht, was damals schon etwas bedeutete und so die Türen für eine „Karriere" offen gestanden hätten. *

- Als sich 1912 die Bürger von (Köln)Deutz beim Standortkommandanten über das schlechte Benehmen der Offiziere beschwerten, da verwies der Kommandant darauf, „daß seine Herren Officiers alle mindestens auf einen Volksschulabschluß blicken können..."

Als Adolf Hitler 1918 wohl erstmals ernsthaft selbst in Kampfhandlungen kommt, meldet er sich sofort als „erblindet nach Giftgasangriff" ins Lazarett ab. Direkt mit dem Kriegsende endet plötzlich und sofort auch seine „hysterische Blindheit".

Allerdings hatte dieses Schreckerlebnis meines Erachtens zur Folge, dass er selbst bei den letzten Kämpfen um den „Endsieg" davor zurückschreckte, die 55.000 Tonnen Giftgas Deutschlands zum Einsatz zu bringen. (Diese Fässer liegen nun leider als tickende Zeitbomben in der Ostsee, wohin sie die Sieger 1945 geschüttet hatten.)

Am 9. November 1923 zieht dieser „Gröfaz“ mit einigen Hanseln und Weltkriegsgrößen wie Generalfeldmarschall Ludendorff und Hermann Göring durch München. Er will seinem Vorbild Mussolini folgen und mal eben die Zentralregierung in Berlin stürzen.

Dies hatten vergeblich 1919 schon die kommunistischen „Spartakisten“ versucht und 1920 die rechten Freikorps um den Herrn Kapp.

In München reichen eine oder zwei Salven der „Gendarmerie“ und der feige Hühnerhaufen verkriecht sich in alle Ecken.

Leider war nur die Polizei konsequent im Handeln, die Justiz bettete diese Kanaille wie die „Prinzessin auf der Erbse“ in die wirklich „schreckliche“ Festungshaft, wo er dann mit Hilfe von Rudolf Heß seinen „Krampf“ schreiben konnte.

Wie überheblich schauen viele auf diese schwierige Weimarer Zeit und ihre Menschen.

Heute muss ja sogar die Polizei in unserem „Absurdistan“ mit Wattebäuschen werfen, bevor die Justiz den Tätern dann den Popo ölt.

Aber die Beschimpfungen einiger „Menschenrechtler“ gegen die Polizei nach deren gelungenem Einsatz zu Sylvester 2016 in Köln lassen doch daran zweifeln, ob diese Dauernörgler oder Empörungsbeauftragte wirklich noch bei Verstand sind.

Wieso fallen mir beim „Pudern und Ölen“ da so nebenbei auch einige Wirtschaftsverbrecher ein, denen man einen doch recht erträglichen „Freigang-Gefängnis-Aufenthalt“ gönnte? So irgendwie mit bloßem Wochenendarrest und so weiter.

Als der Reichsrundfunk am 30. April 1945 den „Heldentod des Führers“ verkündete, da lag der Berliner Stadtkommandant schon deutlich näher an der Wahrheit. Er forderte die Soldaten auf, die Waffen niederzulegen, da der Führer „Fahnenflucht durch feigen Selbstmord“ begangen hätte. Niemand sei nun mehr an seinen Eid gebunden.

Und da war noch so ein Tölpel in Deutschland. Erich Honecker. (Den Sozialismus in seinem Lauf, hält weder Ochs noch Esel auf…) Ha, ha, ha, dieses Glanzstück der Poesie während seiner Götterdämmerung im Herbst 1989.

Dieser Herr, der gerne so andeutete, er sei Dachdeckermeister gewesen, hatte aber schon die Lehre nach einem Jahr geschmissen.

Die 12 Jahre im Zuchthaus bei den Nazis hatte er überlebt, ach, ja. Vielleicht Zufall oder große „Anpassungsfähigkeit“? Aber die brauchte man dann ja auch im Stalinismus. Also vorher nur geübt.

(Auch in den KZs waren so viele ehrliche, unschuldige Menschen gequält und ermordet worden. Bei den Überlebenden waren aber eben auch viele „Kapos“, die sich fast ausschließlich aus den Reihen der Berufsverbrecher und der Kommunistischen Zellen rekrutiert hatten.)

Hiermit will ich um Himmels Willen nicht die Überlebenden generell diskreditieren. Viele hatten einfach nur

„Glück“, wenn man bei solch einem unerträglichen Leid davon sprechen kann.

Und niemand von uns kann sagen, wie er in diesen Zeiten reagiert hätte. Niemand weiß, auf welche Seite ihn das Schicksal gestellt hätte und wie er selbst gehandelt hätte. Alles andere wäre Arroganz und Überheblichkeit.

Mein Vater meinte, als ich ihn nach seinem Überleben in über 5 Jahren Krieg fragte, er hätte bisweilen nach der Devise gehandelt: Lieber 5 Minuten lang feige, als ein Leben lang tot.

Aber ein besonders anpassungsfähiger und dabei eher schwach begabter Mensch bestimmte nun lange die Geschicke des (Vasallen)staates DDR. (Meiner Geburtsheimat.)

Seine irgendwie noch schlichtere Ehefrau wurde Bildungsministerin.

Trotz alle dem konnten sich die Leistungen der DDR-Schüler im Vergleich sehr gut sehen lassen, obwohl gerade die DDR große Verluste an „Intelligenzlern“ hatte, die man entweder selbst vertrieben hatte, oder die dann doch eher freiwillig gingen (sofern sie noch über die Grenze kamen, wie unsere Familie 1953).

Schulischer Erfolg hat eben weniger mit „Pädagogischem Schnickschnack“ zu tun oder mit immer neuen Säuen, die man durch das Dorf treiben kann, sondern sehr viel mit Zielgerichtetheit, eigener Energie und Leistungswillen.

Warum führe ich hier Verbrecher oder Vollidioten an?

Ich will hier mitnichten unsere heutigen Politiker in den gleichen unmoralischen Sumpf stellen.

Schon gar nicht möchte ich die Arbeit von so vielen Tausenden Abgeordneten von der Bezirksvertretung bis hin zu den Parlamenten diskreditieren.

Die ehrlich überzeugte Mehrheit dieser Politiker darf sich schon genug beschimpfen lassen von „Bürgern", die selbst den Arsch für die Gemeinschaft nicht hochbekommen, aber dafür mit noch mehr Unkenntnis aber Bestimmtheit alles für falsch halten, was „die da oben machen".

Auf allen Ebenen gibt es ja reichlich Politiker – ob ich denn deren Meinung teile, oder ob die nun in mein „Idealtypschema" passen – die mit viel Rückgrat, viel Sachverstand und hoher Intelligenz und Sprachmächtigkeit ihre Arbeit tun. Natürlich auch für sich *, aber meist auch für das Amt, die jeweiligen Probleme und echten Bedürfnisse ihrer Klientel.

- Der Antrieb jeglichen wirtschaftlichen Handels ist der Eigennutz. (Adam Smith vor etwa 300 Jahren).
    - Dazu zählt für mich ganz berechtigt auch der Politikbereich.

Die ganz Starken unter ihnen können sogar alleine mit dieser „Suchtkrankheit“ Politik aufhören. Dabei denke ich aktuell an die Herren Lammert und Bosbach. (Weniger an Frau Steinbach, die mag ich persönlich nicht.) Auch in anderen Parteien sind davon einige vorhanden.

Ich werde aber aufzeigen, dass man auch in der Demokratie – besonders, wenn einen der Datenschutz beschützt – jeden Bürger und Wähler „verscheissern“ kann, wenn man es denn so will.

Bisweilen hat unsere Presse * halt nicht nur die berühmte Schere im Kopf, manchmal deckt sie ja auch schon mal auf, wenn es eine Schlagzeile bringt.

- Die keine Lügenpresse ist, nur manchmal etwas „verzagt“.

Dann erfährt man – ich wundere mich nicht mehr darüber, denn im Studium sah ich so Einiges – dass so mancher Abgeordneter bei seiner Doktorarbeit „gefuscht hat“, dass andere gar kein Studium absolviert hatten, obwohl sie dieses immer angaben.

Ich selbst habe Ende November 2016 mal die Angaben des Herrn Martin Schulz (Europa) – die wandelnde „Wahrhaftigkeit“ in den Augen der Bürger - im Internet gegoogelt (da ich ihn schon von seiner Physiognomie nicht leiden konnte *).

- Ich sage immer, schaut den Leuten ins Gesicht und oftmals werdet ihr erkennen, wer da vor euch steht. Auch wenn man niemandem hinter die Stirn blicken kann.

Stand da doch etwas von Abitur und Beruf... im Handbuch des EU-Parlamentes. Einen Tag später wollte ich es ausdrucken, da war es schon geändert. Auch sein sonstiger wirklicher beruflicher Werdegang und sein Bezug zur Staatsknete würden mich ernsthaft interessieren, wenn man denn da ungeschminkt drankäme.

Leider hat die örtliche Zeitung bis heute nicht auf meinen Leserbrief hierzu reagiert, trotz meiner Erinnerung.

Leider habe ich auch von Herrn Martin Schulz bzw. seinem Büro (und auch nicht von seiner Schwester) irgendeine Antwort erhalten auf folgende Fragen:

Ich hätte da gerne folgende Fragen ehrlich beantwortet:

Ist es richtig, dass bis Ende November 2016 in einem Lebenslauf noch der Begriff „Abitur" erschien, dann aber gelöscht wurde?

Haben Sie nur eine Buchhändlerlehre oder auch die Abschlussprüfung dazu bestanden?

Für welche Verlage waren Sie nach der Lehre 5 Jahre tätig? Buchverlage, Zeitungsverlage, Buchclubs?

In welchem Zeitraum waren Sie im Rat der Stadt Würselen als Sachkundiger Bürger, Ratsmitglied und Bürgermeister tätig?

Waren Sie Alleininhaber der Buchhandlung in Würselen, oder zusammen mit Ihrer Schwester?

Haben Sie während der Tätigkeiten im Rat der Stadt W. „Verdienstausfallentschädigungen" erhalten und in welcher Höhe?

Ist es richtig, dass Sie während 4 oder 5 Jahren sowohl Bürgermeister als auch EP-Abgeordneter waren?

Erhielten Sie in dieser Überschneidungszeit sowohl Ratsgelder, Abgeordnetengelder als auch Verdienstausfallentschädigungen?

Stimmen die Pressemeldungen, dass Sie während eines Wahlkampfes trotz Abwesenheit Tagegelder des Parlamentes bezogen haben?

Danke für eine Antwort

Manfred Wahl Direktor i. R. (früher kaisertreuer Sozialdemokrat)

Und wie war es beim grünen Fischer, der weder Schulabschluss noch Berufsabschluss vorzuzeigen hat, dafür aber wohl seinen Lebensunterhalt durch Bücherdiebstahl auf Bestellung sicherte, während er sich zumindest im Umfeld der RAF bewegte. Bei ihm „reichte" es halt nur bis zum Steinewerfer.

Jede Menge Leute halten ihn wegen seiner Eloquenz für einen der „besten Außenminister". Nun, ja....

Schein und Sein halt oder Kleider machen Leute. Und wenn gerade Turnschuhe bei der eigenen Klientel „in" sind, dann halt auch mit diesen ins Parlament und den Präsidenten als „Arschloch“ titulieren.

„Wenn`s denn der Karriere nützt.“

Es gibt halt nicht nur Salonsozialisten oder die Toscanafraktion, auch bei den Grünen „menschelt“ es heftig.

Der Herr Westerwelle (FDP) gab ja gerne zum Besten, dass es der Traum jedes Grünen sei, nach 20 Semestern Soziologie „Fahrradbeauftragter“ in Hamburg zu werden.

Ist ja man schon was dran (und ich habe auch herzhaft darüber gelacht), aber ...

der Herr Westerwelle hatte ja selbst und wirklich gearbeitet, als selbstständiger Rechtsanwalt.

Fakt ist, dass es ganze 1 ½ Jahre waren in der Anwaltssozietät des eigenen Vaters. Woanders nennt man dies Lehre oder Praktikum.

Als man in NRW endlich den Job des (Ober)stadtdirektors mit dem des bisherigen „Grüßonkels“ (Ober)-bürgermeister zusammenlegte, hatten die verfilzten Parteien nichts Besseres zu tun, als die Anforderungen an dieses Amt auf ein nicht mehr erkennbares unterstes Niveau festzulegen, damit man sich selbst umso besser bedienen könne.

In meiner Wohnstadt konnte ein Fraktionsvorsitzender – ein sehr kluges Köpfchen übrigens – der meines Wissens nach ganze 3 Semester Jura „belegt“ hatte, für zwei Jahre Oberbürgermeister der Stadt werden. Er war und ist, wie so viele Politiker, die sich an die Spitze „mendelten“ lediglich Berufspolitiker ohne Berufserfahrung, oft auch ohne Familienerfahrung.

Besonders schlimm finde ich, dass solche Personen trotz hoher Intelligenz und Begabung so völlig abhängig werden von ihrer Partei und dem immer gleichen (steril zustimmenden) Umfeld.

Sie bleiben immer „Versorgungsfälle“ und können sich so erst im rentennahen Alter Widerspruch und eine „Quermeinung“ leisten. Bis dahin hat man sich ja hoffentlich eine Altersversorgung beschafft, von der normale Berufstätige nur träumen können.

Danach wurde dann ein Mann mit Berufserfahrung, Familie und Verstand zum OB gewählt und der erwarb sich auch allgemeine Anerkennung.

Das war gut für die Stadt.

Sein Nachfolger war dann meines Erachtens eher wieder ein „Unterbringungsfall“ seiner Partei mit unpassender Ausbildung.

Dieses - in Verbindung mit der unsäglichen Zersplitterung der Organe durch Wegfall von Sperrklauseln – führte zu „Gestaltungsmehrheiten“ im Rat ohne Beteiligung des OB und an ihm vorbei.

Sechs oder mehr verschiedene Gruppierungen im Stadtrat, teils mit radikalen Exoten wie der MLPD, und Mandatsträgern, die mittlerweile in der 3. Partei oder Gruppierung gelandet sind, halte ich für unerträglich für eine sinnvolle Ratstätigkeit zum Nutzen der Stadt.

Praktisch Limbo unterhalb der Erdoberfläche.

So kandidierten bei der letzten OB-Wahl 5 Bewerber, von denen man teilweise ganz boshaft nur von „Gestalten" sprechen kann.

Ich versuchte über diese Bewerber jeweils so etwas wie einen lückenlosen Bewerbungslebenslauf zu bekommen. So, wie man ihn üblicher Weise für weit weniger wichtige Arbeitsstellen vorlegen muss.

Ich schrieb die 5 Kandidaten an. Fehlanzeige, bzw. blabla.

Ich bat die Tageszeitung, dieses von den Bewerbern einzufordern. Fazit? Fehlanzeige.

(Keine „Lügenpresse", aber der Überlebenskampf der Presse ist hart. Da hat man bisweilen schon mal die Hosen gestrichen voll.)

Ich bat „Abgeordneten Watch", dies anzufordern.

Dies sei nicht ihre Aufgabe. Ja, was denn dann?

Ich verbat mir darauf hin schließlich deren dauernden Bettelbriefe.

Wen man dann wählte? Immerhin weder den Volkswirt, der mit 42 wohl noch nie gearbeitet hatte, noch unseren stadtbekannten „Lebenskünstler".

Aber es wurde ein recht junger Bewerber, der es geschafft hatte, ein soziales FH-Studium von 6 Semestern in fast 10 Jahren zu absolvieren. Die Berufserfahrungen lagen in der Politik bzw. im von der Politik abhängigem Verband.

Er hatte alle Qualitäten des vormaligen Grußonkel-OB-Amtes gezeigt, indem er vorbereitend die letzten Jahre wirklich bei jedem „Kaninchenzüchtervereinsevent" anwesend war. Und dies läuft auch publikumswirksam weiter so. Ob er eine Großstadtverwaltung mit 3000 Mitarbeitern leiten kann, muss er halt noch zeigen. Ich will es dennoch nicht ausschließen.

Bisher hat er in einem Jahr im Amt es (als Katholik) bereits geschafft, den Weihnachtsbaum vor dem Rathaus für 2016 zu verbieten. Und bei der Einweihungsfeier eines Gesamtschulumbaus hatte er wohl zu lange darauf warten müssen, bis er selbst zu Wort kam. So nahm er die eher humorvollen Hinweise der Schulleiterin zu noch nicht erledigten Reparaturen etc. zum Anlass, diese zu einem 45-minütigem Rapport zu bestellen.

Nun, dieser junge Mann war noch nicht in der Schule, als wir damals einen Oberstadtdirektor, der sich wie ein großer Zampano aufgeführt hatte, fast einstimmig über alle Fraktionen hinweg ganz einfach abwählten. So knallhart kann Demokratie sein.

Aber recherchieren Sie als Leser einfach mal im Internet, welche Angaben Politiker aller Richtungen über sich selbst machen. Das fängt ganz klein in den Bezirksvertretungen an und geht hoch bis zu Kanzlerkandidaten. Rechnen Sie nicht mit Antworten.

Deshalb also meine grundsätzliche Forderung:

Jeder Politiker (gerade auch schon als Bewerber), dazu alle Leitungspersonen im öffentlichen Bereich und in Bereichen die mit öffentlichen Geldern (teil) finanziert werden, hat seinen lückenlosen Lebenslauf ins Netz zu stellen. Zudem die Höhe und Quellen seiner Einkünfte und die jeweiligen genauen Zahlen dazu.

Darin sind Abschlüsse, Berufstätigkeiten mit Zeit / und Jahresangaben und Firmenangaben aufzuführen, sowie Mitgliedschaften in Verbänden, Vereinen, Religionsgemeinschaften, Familienstand, auch Fördermitgliedschaften etc.

So könnte sich jeder Wähler ein Bild vom Bewerber machen und dessen eventuellen „Befangenheiten" und Eigeninteressen abschätzen.

Dazu zähle ich auch die lieben Architekten, die ihre wertvolle Arbeitszeit in Planungsausschüssen etc. der Gemeinden „sinnvoll und nutzbringend" einsetzen.

Dies sollte eigentlich unstrittig und selbstverständlich sein, obwohl es bei weitem nicht so ist. Falschangaben sollten wie ein ganz normales „Betrugsdelikt" bzw. wie eine „Falschbeurkundung" behandelt werden.

Nun verführen bzw. zwingen ja die Verhältnisse gerade in der Kommunalpolitik die Politiker zu eher merkwürdigen Konstrukten aus Selbsterhaltungstrieb bzw. in „Notwehr".

Zumindest die Kommunalpolitik (auch das LP in Berlin) gilt als „Ehrenamt" *, für die es oft halt dann kein Gehalt gibt, sondern lediglich „Aufwandsentschädigungen", Sitzungsgelder und wenn man es geschickt anstellt, weitere „Ehrenämter" mit höheren Entschädigungen.

- Zu „Ehrenämtern", „Gemeinnützigkeit" und „Stiftungen"

werde ich mich noch kritisch auslassen

Obere Parlamente könnten und sollten dieses Konstrukt Kommunalpolitik = Ehrenamt schleunigst ändern. Aber so hat man die Parteifreunde/Genossen halt besser an der Abhängigkeitsleine.

Es ist für Kenner der Materie völlig klar, dass in einer Großstadtgemeinde die Tätigkeiten als Fraktionsvorsitzende, (Bezirks)bürgermeister etc. eine volle Arbeitskraft benötigt. Das ist oft eine Tätigkeit von mehr als 40 Stunden in der Woche.

Ich selbst war pro Woche mehr als 20 Stunden als Ratsmitglied neben meinem vollen Beruf tätig. Dabei waren es bei mir nur 3 Ausschüsse, in denen ich aber auch als Vorsitzender oder Sprecher tätig war. Dafür blieben mir nach Abzug der Abgaben an die Fraktion / Partei ca. 220 DM im Monat. Eher lächerlich.

Als Lehrer war da allerdings für mich der Bonus für Beförderungsämter, die nun einmal stark von den Parteien vergeben werden, auch wenn es de jure so nicht ist. Da ist es formal halt der Ausschuss, die Bezirksregierung usw. Also insgesamt ein Nullsummenspiel von Aufwand und Ertrag, wenn nicht weniger.

Ich hätte besser in diesen Jahren mein begonnenes Zusatzstudium beendet und promoviert. Dann muss man niemandem „dankbar“ sein und man ist beim Bürger der Herr Doktor, der Herr Doooktor.

Was für eine Obrigkeitshörigkeit und Wissenschafts-hörigkeit es doch sogar in der Volkspartei SPD gibt.

Das Problem dieser „Ehrenamtstätigkeit" liegt meines Erachtens aber in der Zahlung von Verdienstausfall-entschädigungen statt eines gestaffelten und offen-liegenden Gehaltes für Bezirksvertreter, Ratsmitglie-der, Fraktionsvorsitzende und so weiter.

Wahrheit und Klarheit also.

Die jetzige Regelung führt zu folgenden verqueren – aber kaum zu vermeidenden - Situationen statt zu berech-tigtem, aber gleichem Lohn für gleiche Arbeit.

Für Ratsmitglieder mit „Vollbeschäftigung" muss also irgendein Vollzeitjob mit hoher (angeblicher) Vergütung her, egal, ob dieses Ratsmitglied die berufliche Qualifi-kation für diesen vorgeblichen „Hauptberuf" nachweisen kann. Es gibt in allen Räten so viele „Geschäftsführer", dass diese die Zahl der Lehrer oft übersteigt.

Günstig immer, wenn diese Person schon ein Geschäft hat, eine Firma, ein Handwerk, ein Gewerbe als Architekt, als Anwalt (in einer Sozietät oder auch nicht) oder auch als Buchhändler *. So reicht er denn den Antrag auf Ver-dienstausfallentschädigung für bis zu 40 Wochenstunden ein. Schon vor 35 Jahren lag der Höchstsatz meine ich bei einem Stundensatz von 40 DM. Das Geld geht von der Gemeinde an die Firma, die Firma zahlt das Gehalt an den Politiker. So hat die Firma keinerlei Kosten, aber einen Menschen mit einem Bein in der Ortspolitik.

(Ist so ähnlich geldlich auch bei Schöffentätigkeiten.)

Beispiele: Geschäftsinhaber überlässt dem Sohn / (der Schwester) praktisch die Firma und deren Gewinn, damit die Familie „Junior“ davon leben kann.

„Senior“ lebt vom

„Transfereinkommen“.

Die vielen ach so gemeinnützigen Vereinigungen haben schon mal gerne zwei Geschäftsführer, obwohl doch gerade diese sparsam mit den Geldern umgehen sollten, oder eben nicht? Alles weiter siehe oben.

Klappt auch, wenn man dem Stellvertreter oder zweitem Geschäftsführer völlig die Arbeit überlässt. Hauptsache, der macht das richtig.

Da gibt es dann auch Fälle, in denen die Geschäftsführertätigkeit doch eher offenkundig als Pseudojob zu Abrechnungszwecken anzusehen ist.

Hier leitende Funktion im Rat und 600 km entfernt Geschäftsführer?

Geht nicht? Gibt es nicht! OK, im Rahmen moderner Kommunikationsmedien macht man das aber halt glaubhaft.

Warum dann aber ein „Vertreter“ genau am Tage der Ratssitzung einen Kunden 300 km entfernt aufsuchen muss (statt zu telefonieren), machte ebenfalls die Runde der „Stillen Post“. Rückkehr von dort ab 11 Uhr. Beginn der Fraktionsvorbesprechung um 15 Uhr. Ratssitzung von 16 bis nach 20 Uhr oder auch 22 Uhr? Ich weiß es nicht mehr genau. Wir saßen oft sehr lange und heute sitzen sie noch länger wegen der vielen zusätzlichen

„Experten“ (bisweilen auch nur Spinner) der diversen Minifraktionen, oder Ein-Personen-Alleinunterhalter.

Jedenfalls waren so die Stunden von 11 bis 19 Uhr, also 8 Stunden als „Verdienstausfallstunden“ abzurechnen.

Schon irgendwie praktisch. Ob genügend Kunden / Klienten vorhanden, das Einkommen stimmt immer.

Natürlich war ein 77jähriger Bezirksvertreter noch als selbstständiger Kohlenhändler tätig, natürlich bekamen Hausfrauen je Stunde damals 12 DM usw.

Auf Anfrage und Nachfrage beim Büro des Rates erhält man über die Summen dieser Transferleistungen lediglich den Gesamtbetrag in der Stadt. Alles andere deckt der Datenschutz – mein Lieblingsthema.

Datenschutz ist bei uns meist nur Täterschutz!

Sie sehen, mir tropft der Neid nur so aus den Mundwinkeln, <u>wenn man es denn so sehen möchte</u>.

Aber ich denke, über 90 % der Bevölkerung kennen solche Zusammenhänge und „Besonderheiten“ gar nicht und ich selbst habe einige Dinge sogar erst Jahre nach meiner Ratstätigkeit erfahren * ,

- „Politiker und Journalisten teilen sich das Schicksal, dass sie heute über Dinge reden, die sie erst morgen ganz verstehen.“ (Helmut Schmidt)

obwohl das hiesige Tageblatt einmal über mich in etwa schrieb:

Herr Wahl gehört zu den wenigen Ratsmitgliedern, die offensichtlich alle Verwaltungsvorlagen lesen, verstehen und auch die eingebauten Fußangeln erkennen.

Deshalb meine Betonung auf Wahrheit und Klarheit. Immer wieder.

Wie heißt es doch? Demokratie ist die Staatsform der Gebildeten.

Was nützt denn da die „Bildung", wenn man uns wichtige Informationen vorenthält?

Als junges Ratsmitglied hatte ich in der Fraktion den Antrag gestellt, die Ausfallentschädigungen auf die Zeit bis 16 Uhr zu beschränken mit Ausnahmen im Einzelhandel und bei Schichtarbeitern. Über das Ergebnis brauchen wir hier nicht zu grübeln. Und ich war der Meinung gewesen, dies wären nur die kleinen „Sünden" der „Bürgerlichen".

Ha, ha. Die Absahner <u>können</u> in allen Gruppierungen sitzen. Nach der kleinen FDP-Fraktion, deren Mitglieder statt meiner 3 Ausschüsse ja zwangsläufig in 6 oder 8 Ausschüssen saßen, kamen dann die Grünen, die Linken, die MLPD, weitere CDU Absplitterungen usw. Das wurde nun noch teurer.

Je mehr Splittergruppen in den Organen sitzen, je mehr muss neben der Unmöglichkeit sinnvoll zu arbeiten solch unnötiges Geld für zum Teil eher seltsame Gestalten gezahlt werden.

Wahrheit und Klarheit.

Ich wusste lange nicht, warum bestimmte Leute immer in den Ausschuss der Stadtwerke wollten, in den Sparkassenausschuss oder anderer „Eigenbetriebe".

Ja, wenn da dann das Sitzungsgeld ein Vielfaches einer Ratssitzung einbringt….

Als Vertreter beim RWE konnte man sogar für 3 Sitzungen im Jahr 18.000 DM kassieren. Und jahrelang auch behalten. Oft waren dies aber die Zusatzeinkünfte der OBs oder Oberstadtdirektoren.

Die Beteiligung der Gemeinden an diversen Organisationen oder Betrieben ist meines Erachtens nur vordergründig immer sachbezogen.

Aufsichtsratsvorsitzender als bisher eher „berufsferne Person" ist schon etwas Feines, auch wenn ich die hohe Intelligenz und die mögliche Sachkunde nicht bestreiten will.

Es ist halt oft ein „Geschmäckle" bei so vielen Dingen.

Die Nebentätigkeiten unserer Landtagsabgeordneten (für mich sind die Landtage und Landschaftsverbände eh überflüssig) und der Bundestagsabgeordneten sind bisweilen auch sehr merkwürdig. Die sehr löchrige „Offenlegung" noch viel mehr.

Von „Wahrheit und Klarheit" ist auch nicht der Ansatz zu spüren.

Tatsächlich halte ich das Gehalt der MdBs für deutlich zu gering für qualifizierte Parlamentarier.

Für manche Pfeifen wäre aber sogar der gesetzliche Mindestlohn noch rausgeworfen Geld.

Und die Bezüge in „Europa“ sind eher wirklich jenseits jeglicher Schamgrenzen.

Zur unverschämten Altersversorgung komme ich noch im Kapitel über Renten, Pensionen etc.

Nun meine eher strittigen Forderungen, die wohl kaum mehrheitsfähig werden dürften.

Aktives Wahlrecht

Muss jedes „kleine Blag“, jeder „Demente“, sogar jeder nachweisbar geistig Behinderte wirklich wählen dürfen? Mit der Wahl bestimme ich das weitere Schicksal meiner Stadt oder meines Landes. Dazu gehören Mindestkenntnisse, Mindesterfahrungen und Urteilsfähigkeit.

(Der Ehemann einer heutigen Ministerin meinte dazu einmal, ein 19jähriger könne mehr Lebenserfahrung haben als ein 60jähriger. Die Partei können sie sich denken.)

„Demokratie ist die Staatsform der Gebildeten.“

Ist schon ein zwiespältiger Spruch (...).

Was ist Bildung?

Darf nur jeder mit Abi oder Diplom?

Oder reicht denn doch für die meisten Entscheidungen der reine Menschenverstand gepaart mit Erfahrungen?

Ich bin da genau der letzteren Meinung. Der „Hype“ um hohe Abschlüsse (die heute oft nur noch hohle Überraschungseier sind) ist wenig zielführend.

Da kursiert zurzeit (Januar/Februar 17) folgende WhatsApp deren Wahrheitsgehalt ich nicht überprüft habe, dürfte aber stimmen.

AfD

Frauke Petry: **Dr. der Chemie**

Björn Höcke: **Oberstudienrat**

Beatrix von Storch: **Volljuristin**

Alexander Gauland: **Volljurist**

Albrecht Gläser: **Volljurist**

Bündnis 90 Die Grünen

Claudia Roth: **abgebrochenes Studium der Kunstgeschichte: Keine Ausbildung**

Katrin Göring-Eckard: **abgebrochenes Studium der Theologie: Keine Ausbildung**

Volker Beck: **abgebrochenes Studium Kunst: Keine Ausbildung, Drogenabhängig**

Joschka Fischer: **Abgebrochene Lehre: Keine Ausbildung**

Daniel Cohn-Bendit: **Abgebrochenes Studium der Soziologie: Keine Ausbildung**

(Schreibweise so übernommen.)

Wer damit was beweisen will, scheint klar.

Aber ist das alles? Einer meiner Sprüche hierzu lautet immer: „Schaut den Leuten ins Gesicht!"

Dies gilt für die genannten Vertreter beider – von mir abgelehnten – Parteien. Da fehlt mir bei fast allen die Offenheit, die Fröhlichkeit und die Wahrhaftigkeit.

Was einem da an Gesichtern (französisch: Visage) zugemutet wird, ist eher verkniffen und unzufrieden.

(Schon bei einer nur durch Herkunft berühmten Theologin hatte mich das dauerempörte Gesicht eines trotzigen Kindes gestört.)

Und noch ein Zitat von Professor Pfeffer (1971): „Doktor? Was heißt schon Doktor? Ich kenne einen, der hat den vierfachen Doktor und ist totaliter dumm."

Teil zwei der plakativen Aussage des obigen Pamphlets halte ich allerdings für zutreffend. Mir fehlen da persönlich die Berufserfahrungen und die langjährige „Eigenernährung" ohne Staatsknete.

Ich würde auch bestimmte Personengruppen vom Wahlrecht ausschließen und bei der Wählbarkeit durch völlige Transparenz dem Souverän – also dem Wähler – die Entscheidung erleichtern.

Für mich hätte erst der ein aktives Wahlrecht, der mindestens einen Berufsabschluss vorweisen kann und auch einem Beruf nachgeht.

Dass der Wähler weder debil noch dement sein sollte, ist für mich klar. In 20 Jahren in Wahlvorständen habe ich wirklich erschreckend nicht Geeignete gesehen, die man in die Kabinen führte und dort auch deren Hand führte.

So ist für mich auch die Briefwahl (besonders in Heimen) lediglich eine logistische Herausforderung für den offensichtlichen Wahlbetrug beim Händchenführen.

Und obwohl ich selbst bereits (im März 2017) 70 Jahre alt sein werde, würde ich das Wahlrecht mit 80 oder 85 generell beenden.

Natürlich hatte z. B. unser Altkanzler Schmidt noch mit 96 mehr Durchblick als die große Mehrheit der Bevölkerung.

Aber Wahlen bestimmen die Zukunft unserer Nachkommen und weniger unsere eigene Zukunft.

Schwerkriminelle und Wiederholungstäter verwirken ihr Wahlrecht ebenfalls meiner Meinung nach auf Dauer.

Wer meint, mit mehreren echten oder mit falschen Pässen herumlaufen zu müssen, hätte bei mir nie und nimmer mehr ein Wahlrecht.

„Deine Rede sei Ja, Ja, oder Nein, Nein, alles andere ist von Übel.“ (Ich habe es ja nicht so mit den Religionen, aber an diesem Spruch ist schon viel Wahres!)

Und wer sich sein „Aufenthaltsrecht“ durch ein Eindringen in die BRD ohne Vorlage von Ausweispapieren, seltsamer Weise später wieder aufgetauchten Papieren oder mit gefälschten Papieren erschlichen hätte, der bekäme nie mehr eine Staatsbürgerschaft und ein Wahlrecht von uns.

(Dazu las ich: Das syrische Konsulat stelle derzeit Pässe aus ohne vorherigen Identitätsnachweis. Einzige Bedingung: Zu den üblichen Gebühren von 380 € ein Zuschlag von 150 €. Wahrheit oder Fake?)

Passives Wahlrecht

Mehr noch als beim aktiven Wahlrecht lege ich bei der Wählbarkeit auf Berufserfahrung / Lebenserfahrung der Kandidaten besonderen Wert, wie vorher schon geschrieben.

Das Mindestalter für jedes Amt wäre für mich 40 Jahre. Spätestens aber mit 70 hätte jeder Amtsträger sein persön-liches „game isch over“ (Zitat Schäuble zu Griechenland).

Sollte übrigens auch für Bischöfe *, Firmenbosse und Aufsichtsräte gelten.

- Warum sollen wir diese eigentlich immer noch aus Steuermitteln bezahlen? Nicht nur beim Gedanken an den Ex-Bischof von Limburg kommt mir da das große Würgen. Gilt auch für das ver-knöcherte „Herz aus Stein“ aus dem lebensbejahendem Köln. Gibt es keine „Schweigeklöster“ mehr? Kündigt sofort das Nazi-Konkordat von 1933 statt neue Vereinbarungen mit weiteren Gruppen abzuschließen!

Für alle Mandatsträger und die oben genannten Gruppen sollte natürlich auch eine strafrechtliche Verurteilung als Ausschlussgrund gelten.

Wobei wir nicht in den heuchlerischen und kranken Wahn der US-Gesellschaft verfallen dürften, in der „Fluchen in Gegenwart von Kindern“, „Wildpinkeln“,

„ehelicher GV in unzulässiger Lageposition" schon ins Gefängnis führen kann.

Ist eigentlich nun 2016 in Colorado die Sklaverei tatsächlich endlich abgeschafft worden? Ich konnte dazu im Internet nichts mehr finden.

Natürlich hätte bei meiner Grundeinstellung jeder Bewerber / Mandatsträger neben der Offenlegung seiner Daten und (Neben)einkünfte auch eine Mindestberufstätigkeit von 20 Jahren nachzuweisen.

Die Grünen forderten anfangs ja einen Wechsel bei den Mandaten nach einer halben Wahlperiode. Diesen Unsinn haben sie schnell abgelegt, denn wer der Verwaltung Paroli bieten will, der muss auch Politkenntnisse und Professionalität haben. Nun aber winseln da altgediente Grüne mit 77 noch um einen Platz für den Bundestag.

Tätigkeiten bei Parteien, Verbänden, Religionsgemeinschaften und sonstigen reinen Interessengruppen sehe ich persönlich als Berufserfahrung dabei eher skeptisch.

Andere sehen dies vermutlich gelassener.

Zumindest könnten meine Vorschläge dazu helfen, die Anzahl der reinen „Beutegeier" zu verringern und die Anzahl der Politiker mit Vorstellungskraft, Gewissen und Eigenständigkeit zu fördern. Die Fiktion, nur Berufspolitiker von Jugend an könnten „professionell" arbeiten, halte ich für verfehlt. Wer mit <u>echter</u> Berufserfahrung noch bis zu 30 Jahre Zeit hat, in der Politik etwas zu bewirken, der hat zumindest die Chance, <u>mit weniger Fehlern</u> in seine Politikerkarriere überzuwechseln. (Das habe ich selbst bitter erfahren müssen.)

Mein Ideal wäre also ein Politiker mit Verstand, Beruf, Erfahrung, Familie und der Fähigkeit, seine (ihre) politische Tätigkeit ohne Wenn und Aber jederzeit beenden zu können, ohne dabei beruflich/finanziell und vom Kopf her in ein tiefes Loch zu fallen. Also mit Rückgrat statt mit selbst verursachter Abhängigkeit.

Ob er / sie dann auch noch Charakter hätten, würde man leider oft erst später sehen.

Ausnahmen von der Regel und „Wunder gibt es immer wieder…“ Mehr dazu noch zum Thema Staatsaufbau und Wahlen.

IV. Wie sollten Manager sein?

In der idealtypischen Form wie mein Wunschpolitiker, der sich an seinen Amtseid hält.

Ich erwarte, dass ein Ratsmitglied / ein Bürgermeister zuerst die Belange seiner Gemeinde im Blick hat und nicht ausschließlich die bestimmter Interessengruppen oder Klientele.

Ich hätte erwartet, dass unsere Bundeskanzlerin vorrangig und zuerst die Interessen der Bürger Deutschlands zum Richtmaß ihrer Politik gemacht hätte. Sofort danach aber auch die Interessen der Bürger unserer (meines Erachtens bereits viel zu grossen) EU.

Alle weiteren „Verpflichtungen" Deutschlands sind erst einmal strittig und auf ein gemeinsames und EU weites Einvernehmen angewiesen.

Diese gleichen Ansprüche

stelle ich an die Manager.

Sie haben für mich nicht nur die alleinige Verpflichtung, den ohnehin schon vorhanden Wohlstand der Aktionäre (den shareholders value) weiter zu mehren, sondern auch eine Verpflichtung gegenüber den Arbeitnehmern* der Betriebe im Lande.

- Für mich auch so ein Lügenbegriff. Wer <u>gibt</u>, wer <u>nimmt</u>?

Betriebsschließungen, um künftig weit entfernt in Gegenden mit fehlenden Sozial- und Umweltstandards zu produzieren, sind höchst unmoralisch und meines Erachtens zu untersagen.

(Et ceterum censeo… und wiederum meine ich: Befreit China von der unerträglichen Luft- und Umweltverschmutzung! Kauft keine Waren mehr bei ihnen und alles wird auch da besser.....Wenn es denn so einfach wäre.)

Wenn dazu noch wie meist üblich die Steuervermeidung durch „Erpressung" der neuen Standorte – oder aber „freiwillige Prostitution" dieser Länder* – hinzukommt, dann nenne ich dies kriminell.

- Das Brexit geschädigte Great Britain ist vermutlich der nächste Kandidat für diese Schelmenstücke. Wobei da weniger an Produktionsstandorte zu denken ist, als vielmehr an Briefkästen oder Standorte für fantasiereiche Finanzprodukte.

Leider helfen ja etliche Länder aus partiellem und kurzsichtigem Eigennutz bei diesem Beschiss.

Für mich war der eloquente Luxemburger Juncker als Ministerpräsident und Finanzminister eher der Chef einer kriminellen Vereinigung zur Schädigung der Bürger und Staaten in Europa (und weltweit).

Nun hat man ihn bei der EU auf einen zentralen Posten gehoben, also den Bock zum Gärtner gemacht.

Die EU ist mehr denn je zu einer reinen Europäischen Wirtschafts Gemeinschaft verkommen.

Der Name heute ist reiner Betrug und Verdummung.

Wenn schon der (immer noch überhebliche) Herr H. für seinen Steuerbetrug einen „Verschärften längeren

Wochenendarrest" bekam, wie lange müsste da der Herr Juncker für die Milliardenentziehungen dann sitzen?

Politik und Management der Multis sind kaum noch durchschaubar miteinander verflochten, aber immer mehr könnten Bürger dies erkennen, wenn sie denn bereit wären zu lesen und (eher) seriöse Fernsehnachrichten zu sehen. Der aalglatte Wechsel von geschassten Politikern in Spitzenjobs der Wirtschaft ist bisweilen sehr lustig anzusehen.

Und dass der Herr Trump, der sich als Vertreter der Arbeiter aufspielte, überwiegend Milliardäre in sein Kabinett und Leitungsteam aufnimmt, spricht Bände. In den USA kann man offensichtlich selbst bei den Demokraten nur antreten, wenn man aus einer „Familie mit finanziellem Hintergrund" stammt.

Zumindest muss man sich für die teuren Vor- Wahlkämpfe heftig prostituieren bei den Geldgebern.

(Meine Ikonenschändung: Sogar das Beispiel Kennedy, aber auch weitere. Man mag nur googeln.)

Gelegentlich war auch mal ein General dabei. Bei Grant wurde dies zur Katastrophe.

Zurück zu den Managern:

Wie für Politiker würde ich auch für Manager eine Haftung einführen, obwohl dies wohl reine Utopie ist.

Nie hat man bisher ernsthaft die wirklich Verantwortlichen für Fehler, Unheil oder Verbrechen in ausreichender Zahl zur Rechenschaft gezogen.

Wilhelm II. lebte halt ab 1919 bis 1941 auf seinem Schloss in Doorn / NL.

Von den Obernaziverbrechern hängte man nach dem Krieg kaum Stücker 100 auf (und bügelt nun das moralische Versäumnis durch Verfolgung von 95jährigen aus, die in der Mordmaschinerie höchstens der letzte „Arsch" gewesen waren und denen möglicherweise damals selbst Derselbige auf Grundeis lief.)

(Wenn man denn die „neue Rechtsprechung" des

„... hat dazu beigetragen, dass ..."

auch auf sonstige Gemeinschaftsverbrechen / Bandenverbrechen übertragen würde, dann wäre dies immerhin ein Erfolg und entspräche meiner Vorstellung von Verantwortlichkeit und Rechtsprechung.)

Viele Großverbrecher lebten aber weiter völlig unbehelligt mit Geld und lukrativen Pöstchen lustig weiter.

„Bomberharris" bekam geschmackvoller Weise von unseren noch EU-Brüdern vor gut 10 Jahren ein Denkmal mit persönlicher Einweihung durch Queen-Mum.

Ich „liebe" Denkmäler, wie schon geschrieben.

Stasi in den Tagebau?

Was wurde draus? Der Geistesriese Honecker durfte mit 3 Millionen im Köfferchen und einer Pension als Staatspräsident nach Chile ausreisen, wo seine Frau noch bis vor kurzem eine dicke Lippe riskierte.

Andere waren halt „verhandlungsunfähig". *

- Diesen Tatbestand gäbe es bei mir eh nicht, da er offensichtlich in der Mehrzahl manipuliert ist. Wer Verbrechen begangen hat, ist dafür auch verantwortlich. In jedem Falle und immer. Ja, auch die 95jährigen SS-Männer.

Die Mauertoten jedenfalls und sonstige Opfer sind immer noch tot oder leiden bis zu ihrem Lebensende so wie die vielen Opfer des Naziterrors.

Die Stasi-Mitarbeiter wurden teilweise übernommen oder beziehen Rente auf Kosten anderer.

Immerhin hat man sich mittlerweile sogar an Herrn Winterkorn herangetraut. Aber immer gibt es Menschen, die noch „gleicher" sind als andere und irgendwie tabu oder Immunität genießen auch ohne Parlamentsmandat.

Wer wäre denn für eine Staatsanwaltschaft und ein Gericht ein besseres (und möglicherweise leichter beweisbares) Exempel gewesen als ein Firmenchef, der fast absolut und egomanisch über seine Besitztümer herrscht, locker über ~~Leichen~~ über bisherige Männerfreundschaften geht, als Ingenieur und langjähriger Leiter seines Ladens wohl den vollsten Durchblick auch über sämtliche Schweinereien gehabt haben sollte? Er ist ja jetzt Belastungszeuge. Prima? Aber vor den Ausschuss muss er nicht, da Österreicher. Hat er nicht hier seine Milliarden verdient?

Menschen, die statt anständiger Arbeit eher solche „Kollateralschäden" hinterlassen (und diese ja nun mal nicht wirklich ersetzen können), würde ich gerne laut Gerichtsbeschluss einem „Bundesunfreiwilligendienst" zuweisen und zur Pflege von Feld, Wald und Flur einsetzen.

Im Sommer hängen doch so viele Äste und Gestrüpse hinein in die Bürgersteige und Radwege. Und nun liegt überall seit Monaten immer noch dicke das Laub, der Dreck und der Schnee, besonders auf öffentlichen Flächen. Der Hauseigentümer aber muss schneiden, fegen, Schneeräumen. Die Gemeinden haben aber oft kein Geld dafür.

Einmal im Leben selbst arbeiten (müssen). Was für ein (Alp)Traum!

Der wäre m. E. auch denkbar für jede Menge weiterer Transfergeldbezieher mit „Null-Bock-Mentalität".

Ich muss da immer wieder lachen über das Ende eines Bud Spencer / Terrence Hill Filmes. Da bekommt Hill von der Glaubensgemeinschaft zwei wunderhübsche Mädels angeboten, wenn er bei ihnen bliebe und von morgens bis abends arbeitete, bis ihm das Kreuz bräche, um dann am Abend im Schweiße seines Arschgesichtes sein trocken Brot zu essen.....

In einem „Lustspiel" zur Unterhaltung kann ich darüber lachen, aber vielen Menschen fehlt leider von Geburt an das Erfolgserlebnis einer selbst getanen Arbeit. Der wundervolle Blick auf das Objekt eigener Leistung. Ich vergleiche dies oft mit dem herrlichen Geschmack eines einfachen Käsebrotes auf einer Alm, nachdem man sich inclusive seines Übergewichtes dort hochgeschleppt hatte. Köstlich! Das glaubt halt nur der, der sich irgendwie schon mal selbst angestrengt hat.

Andere halten dies (und jegliche Art von Arbeit) für eine Zumutung. Warum eigentlich?

Dieser wunderbaren Tortur haben sich schon meine (1.) Frau und ich immer wieder unterzogen und wie stolz war mein „Möppelchen“, als sie auf der Strindenalm von einer Wandergruppe mit Beifall begrüßt wurde. Wir hatten schon für den Hinweg 4 ½ Stunden statt der angegebenen 3 Stunden gebraucht. Aber wir waren oben und hatten ein nettes Gespräch mit einem Paar, das wie die Gämsen kreuz und quer und ohne Stöcke alles liefen, hüpften und sprangen.

„Seids Ihr auch über die Autobahn gekommen?“ hatten sie scherzhaft gefragt, weil wir den Fahrweg benutzt hatten.

Ich denke, dieses Gefühl und Erlebnis geht leider vielen Menschen ab. Mittlerweile bescheren allerdings manche „Trendsportarten“ wieder solch ein Gefühl.

Neudeutsch heißt dies „working out“, da ansonsten ja oft die körperliche Anstrengung durch Arbeit fehlt.

Mehrere Dinge haben die unfassbare Raffgier der Manager befördert.

Das „Aufkaufen“ selbst größerer Konkurrenten auf Pump. Ein gutes Geschäft sogar für den ausscheidenden „Boss“ der gekauften Firma.

Bei den Verhandlungen kommen dann z. B. 60 Millionen € Abfindungen für diesen Herrn heraus, zum Ausgleich sorgen dann angebliche „Synergieeffekte“ für die Freisetzung von Tausenden Mitarbeitern, die bisher durch eigene ordentliche Arbeit ihre Familien ernährten.

Nun ernährt der Staat (also wir als trauriger Rest) viele für diesen Zustand wirklich unschuldige Personen aus Geldern der „Arbeitsverwaltung“ und aus Steuergeldern.

Aus diesem Abstieg vom arbeitenden „Proletariat" zum „Lumpenproletariat" * kommen viele nicht mehr heraus. Häufig nicht einmal Hochqualifizierte.

- Schon wieder trete ich ins Fettnäpfchen. Prekariat heißt dies doch heute. Bleibt aber trotzdem genauso schrecklich für die Betroffenen.

Ich habe erlebt, wie ein „Nachbarsjunge" mit Anfang 40 den Gashahn aufdrehte nach der Spirale: Arbeit bei der Bank weg, keine neue Arbeit trotz Qualifikation, kein Geld mehr für Frau (die krampfhaft versuchte selbst genügend Geld beizutragen) und die drei Kinder, am Schlimmsten der Verlust des Selbstwertgefühls, Verlassen schließlich von der Familie und Verlust des fast neuen Eigenheimes.

Eine weitere Ursache war die Erkenntnis (deutscher und anderer) Manager, dass man mit dem Zukauf einer maroden US-Firma plötzlich zum „Global Player" (weltweit agierender Spieler) wurde mit Büro in New York und mindestens vierfachem Gehalt plus Boni.

Nach einer Schamfrist verkauft der Nachfolger dann das „Milliardenloch" wieder an einen anderen Interessenten, behält aber das unverschämte Gehaltsniveau bei.

Eine SPD-Größe war ja mal auf dem richtigen Wege, als er forderte, dass „Spitzenmanager" (Ronaldos der Betriebe) nur noch höchstens ein begrenztes Gehalt vom Hundertfachen des Gehaltes eines Facharbeiters ihres Betriebes erhalten dürften.

Leider können auch schon unsere Schüler ja selbst nicht mehr rechnen ohne PC, besonders macht ihnen das grobe Pi-mal-Daumen Abschätzen Schwierigkeiten. Wo das Komma dann steht, ist doch egal? Oder wie, oder was?

Wenn ein Facharbeiter bestimmter Großfirmen in Deutschland sagen wir mal 50 oder 60.000 € im Jahr verdienen kann, dann wären dies also 5 oder 6 Millionen € im Jahr für den Manager beim Hundertfachen. Wirklich nötig und gerechtfertigt?

Beim Zehnfachen blieben da immer noch 500.000 oder 600.000 € im Jahr als Gehalt, also ein doppelt so hohes Gehalt, wie es die Bundeskanzlerin und der Präsident der Bundesrepublik Deutschland haben.

Dass Narren und Gaukler wie vorgenannter Ronaldo teils noch viel mehr verdienen, ist schon beschämend und pervers. Woher stammt denn dieses Geld?

Interessanter Weise wurden schon immer Traumgehälter und Ablösen in Staaten gezahlt, die eher arm an eigenen Steuern waren, gerne aber Transfergelder der EU nahmen / nehmen, oder deren neue Vereinseigner aus den korrupten Wirtschaftsräumen bestimmter Länder stammen.

* In Deutschland ist der Sport ja weitgehend „gemeinnützig“ und selbst der Berufssport finanziert sich dann mit vielen Tricks auch noch aus Steuergeldern. Und wenn es Geld für das neue bombastische Stadion ist.

Stichwort „gemeinnütziger Profiverein“:

Satz 2 der Satzung eines Mainzer Fußballvereins lautet: Der Verein verfolgt ausschließlich und unmittelbar gemeinnützige Zwecke..

Wie sang da eine meiner Lieblingssängerinnen (Dalida)? Parole, Parole, alles nur Worte...

Meiner örtlichen Tageszeitung kann ich dann aber entnehmen, dass der ehrenamtliche Vereinschef Strutz monatlich 9.000 € Aufwandsentschädigungen erhält und zusätzlich monatlich 14.000 € für „juristische Beratung".

Ist doch irgendwie ganz gemein (und) nützlich.

Viel stammt ja auch aus Werbeeinnahmen, die wir alle als Kunden jeglicher denkbaren Firmen einfach so mitbezahlen müssen, ohne es zu wollen (und oft, ohne es zu wissen). Ich würde Werbung auf ein Minimum zurechtstutzen!

Da würde zum Beispiel der Anteil der Werbeausgaben eines Betriebes auf 3 % des versteuerten Gewinns festgelegt oder auf eine ähnlich niedrige Marge. Unmoralische Riesenbeträge für einzelne Werbeträger – sei es Vereine oder sogar nur Einzelpersonen – wären strikt verboten.

Man sollte mit der Qualität seiner Ware werben und mit der Beratung und dem Service nach Kauf. Alles andere ist rein überflüssig, so überflüssig, wie viele der so beworbenen Artikel.

Theoretisch leben wir in einem Lande der informierten und aufgeklärten Bürger. Wir wissen aber auch, wie leicht sich leider viel zu viele Menschen davon beeindrucken lassen, wenn der Promi X oder die Tusse Y

ein Produkt empfehlen. Besonders nett bei Finanzprodukten. Da musste sich der „Liebling“ doch tatsächlich nachträglich entschuldigen für seinen sachkundigen Tipp. Nutzte den Käufern allerdings nichts mehr.

Es schadet machen Empfängern dieser absolut unverdienten Werbemillionen auch mehr, als es ihnen wirklich nützt. Zuviel Geld macht aus einem Idioten eben nicht einen Halbgott, sondern eher einen überheblichen Vollidioten.

Aber wie sagte da unser Bundespräsident Joachim Gauck noch?

„Nicht wer ein Problem benennt, vergrößert es, sondern wer es verschweigt.“

Dies ist ja auch das Anliegen meines Buches in allen Teilen, auch wenn ich einige Dinge für zart besaitete Verfechter der „Politischen Korrektheit“ sehr deutlich anspreche.

Ein Motto des „Vereins für deutliche Aussprache“ ist halt auch der treffende Spruch (des ansonsten eher humorlosen Herrn Adenauer):

Die einen kennen mich, die anderen können mich.

Auch wenn ich eine schlechte Körperhaltung habe und einen „Buckel vom Arbeiten“ und einen „Bauch vom Saufen“, so ist mir der symbolische „aufrechte Gang“ wichtiger als so manch anderes.

V. UNO, EU und die etwa 200 „Staaten“ dieser Welt … und die BRD künftig als Zentralstaat

Der „Völkerbund“ nach dem 1. Weltkrieg war der dringliche Wunsch des US-Präsidenten Woodrow Wilson.

Für mich war dieser Herr ein Träumer und Versager.

Sein 14-Punkte-Plan vom 8. Januar 1918 enthielt zwar sehr gute Ansätze für einen künftigen Weltfrieden. Besonders sein erster Punkt mit der er öffentliche Politik, öffentliche Verhandlungen und öffentliche Verträge * forderte, kommt meinem Ansatz von Wahrheit und Klarheit entgegen.

- So hatte doch Italien vor dem Weltkrieg 1914 öffentliche Beistandsverträge mit Deutschland und Österreich-Ungarn, gleichzeitig aber Geheimverträge mit England und Frankreich. Sie war-teten geschickt ab bis 1915, um sich dann den Alliierten anzu-schließen, schließlich hatte man ja teilweise unverschämte Gebietsforderungen an Österreich-Ungarn.

Aber schon beim „Selbstbestimmungsrecht der Völker“ eierte Wilson herum. Seine Formulierungen werden schwammig und „deutbar“.

Die Forderung nach Meerzugängen für Serbien und für Polen widersprach bereits jeglicher „Selbstbestimmung“

der Völker, die das Pech hatten, auf dem Wege zum Meer dazwischen zu liegen.

Viele Staaten dieser Welt haben halt keinen Zugang zum Meer. Weder früher noch heute.

Diese Forderung hatte nur damit etwas zu tun, dass man starke „Kordonstaaten“ um Deutschland und Österreich bilden wollte.

Teile und herrsche ist eine uralte Politik, aber bis heute wohl sehr nützlich. Bei den Briten hieß der Slogan stets „balance of power“.

Man unterstützte deshalb jeweils die schwächeren Gegner des mächtigsten Staates auf dem Kontinent.

So konnte Preußen im Siebenjährigen Krieg von 1756 - 1763 Hilfe von England gegen das starke Frankreich bekommen.

Praktischer Weise fehlten so den Franzosen durch ihre Kämpfe gegen Preußen und das Königreich Hannover = England entscheidende Kräfte bei den gleichzeitigen Kriegen gegen England in Amerika und Indien um die Kolonien.

England siegte in Übersee, verlor aber Nordamerika schon wenige Jahre danach an die „Freiheitskräfte“ in Amerika. Natürlich wurden die „Amis“ diesmal von Frankreich unterstützt. War doch „Ehrensache“, oder?

1814 und 1815 zeigen dann wieder die Engländer zusammen mit den Preußen dem übermütigen Napoleon wo der Hammer hängt.

Und im Krimkrieg 1853ff verbündeten sich England und Frankreich mit den muslimischen Osmanen gegen das christlich-orthodoxe Russland, um dieses nicht zu übermütig / übermächtig werden zu lassen.

Als nun 1871 ein Deutsches Reich entstand und Frankreich wieder verloren hatte, da war England auf Seiten dieser schwächeren Partei. Zudem war der rasante wirtschaftliche Aufschwung Deutschlands doch eher besorgniserregend. „Britannia rules the sea = England beherrscht die Meere“ und da wollen dann andere auch mitmischen? Der Herrenmenschengedanke und die Überheblichkeit hatte und hat viele Völker bis heute wie ein Bazillus befallen. Ich denke da auch an den Egomanen vom Bosporus und an die Politik Israels gegenüber seinen vor 1900 Jahren im Lande gebliebenen Brüdern *, den Palästinensern.

- Ein jüdischer Professor stellte dies fest, während die Zugehörigkeit so einiger als Juden ins Land gekommenen Einwanderer eher weniger mit der jüdischen Urbevölkerung zu tun hätte. Er ist deshalb nicht ganz so gelitten in Israel, denn was nicht sein darf, kann nicht sein (überall auf der Welt).

Die israelische Premierministerin Golda Meir meinte einmal, es werde erst dann Frieden geben, wenn die Palästinenser ihre Kinder mehr liebten, als dass sie die Juden hassten.

Für mich wird erst ein Schuh draus, wenn man beide Aussagen zusammennimmt.

Noch heute glauben die Engländer offensichtlich an ihre Überlegenheit, obwohl spätestens seit dem 1. WK genau diese Herrschaft über die Meere = Weltherrschaft von den USA übernommen wurde und diese auch nie mehr aus den Händen gegeben haben.

Deutschland bittet also am 6. November 1918 um den Waffenstillstand und einen Frieden auf Basis der 14 Punk-te des US-Präsidenten, da die Militärführung um Hinden-burg und Ludendorff meldete, sie könnten die Front nicht mehr halten. *

- Die gleichen Gestalten faselten später vom Deutschen Heere, dass auf dem Felde unbesiegt gewesen sei.

So folgten dann die „Dolchstoßlegende“ und die Ermor-dung demokratischer Politiker, die das Friedensdiktat unterschreiben mussten. Vielleicht hätte man Hindenburg, Ludendorff und Wilhelm II. dort hin prügeln sollen für diese Unterschrift.

Bei den „Friedensverhandlungen“, die im Ablauf und Ergebnis eindeutig „Friedensdiktate“ und Siegerwillkür gegen Deutschland, Österreich-Ungarn und das Osma-nische Reich werden, kommt es nun zum großen Versagen dieses mächtigen Mannes Wilson und auch der anderen demokratischen Führer der Siegermächte. Zuerst hatte er ja – völlig richtig zum Nutzen seines Staates USA – Kriegs-ware etc. an die Alliierten Gegner Deutschlands geliefert. Gegen Kredit, was noch zum Verderben ganz Europas werden sollte. Und als beide Kriegsseiten total ausgeblutet und erschöpft waren, stieg er, wieder zum Nutzen der USA direkt in diesen Krieg ein. Die USA entschieden diesen Krieg, sie waren die eigentlichen Sieger dieses „absoluten Wahnsinns“ geworden.

Das mit dem Ausbluten klappte ganz prächtig auch im 2. Weltkrieg, bei dem die Invasion erst am 06.06.1944 kam, um die Russen zu entlasten und die eigenen Truppen so lange wie möglich zu schonen.

In Frankreich regierte seit den Meutereien vieler Regimenter 1917 wieder Georges Clemenceau (le tigre), den man 1909 als Premier geschasst hatte. Er war Radikalsozialist und Radikalnationalist. Als Nationalist hatte er bereits 1871 gegen den Friedensvertrag mit Deutschland gestimmt, besonders wegen des Verlustes von Elsass-Lothringen. 1907 ließ er streikende Bergarbeiter vom Militär niederschießen (Sozialist ?). Geschasst wird er we-gen einer „Marineaffäre“ und schon die „Panamaaffäre“ *

- Bestechungs- und Vertuschungsaffäre 20 Jahre früher hatte eine Unterbrechung seiner Karriere gebracht.

Dieser Revanchepolitiker hatte nur ein Ziel: Rache an Deutschland.

1917 gibt es nach misslungenen Großoffensiven im Frühjahr mit fast 200.000 gefallenen Franzosen heftige Meutereien in der französischen Armee mit vielen anschliessenden Erschießungen von Soldaten, die den weiteren sinnlosen Einsatz verweigert hatten.

In Russland folgten 1917 zwei Revolutionen im Februar und Oktober aufeinander. In Deutschland streikten Arbeiter der Rüstungsindustrien.

Petain, der Held von Verdun, übernimmt die Armeeführung und verzichtet auf weitere verlustreiche Großoffensiven (bis zum Eintreffen der Amis). Im November 1917 wird nun Clemenceau Ministerpräsident, um einen Verständigungsfrieden mit Deutschland zu verhindern. Sein Ziel ist Rache, Niederhaltung Deutschlands für lange Zeit, unmäßige und unverschämte Gebietsforderung etc., ähnlich denen Italiens an Österreich. Das entsprach nun in fast allen Fällen keinesfalls mehr dem „Selbstbestim-mungsrecht der Völker".

In Frankreich beginnt so 1917 die „dictature Clemenceau", in der der Premier mit allen Mitteln – auch der Zensur – seine Ziele durchsetzen will.

Dieser zornige und rachsüchtige alte Mann macht sich also dermaßen auch beim eigenen Volke „beliebt", dass man ihn dann 1920 zum dritten Male aus dem Amt jagt. Nun auch endgültig.

Während anfangs aus Frankreich nur die Forderung aufkam, dass Deutschland die Kosten für die Kriegsinvaliden zu übernehmen hätte, so stehen nun immense Repara-tionszahlungen im Raum, für die Deutschland bis ins Jahr 1988 hätte zahlen müssen. (Zahlen wir nicht noch heute irgendwie?)

(Als es 1993 um die Ratifizierung des Maastricht-Vertrages mit Festlegung auf den Euro ging, da konnten französische Politiker damit Wahlkampf machen, dass man mit diesem Vertrag Deutschland deutlich besser im Griff hätte, als mit dem Versailler-Vertragsdiktat. Auf der anderen Seite behauptet aber im Januar 2017 ein tumper Klugscheißer in seiner neuen Firma „USA" ohne irgendwelche Kenntnisse, die EU sei lediglich zum

Nutzen der BRD da. Ich vermute, er kennt nicht einmal die Lage der jeweiligen EU-Staaten.)

Der englische Premierminister David Lloyd George wehrte sich entschieden gegen das Friedensdiktat, da er eine Hegemonie (Vorherrschaft) Frankreichs auf dem Kontinent befürchtete. Und dies widerspräche dann halt dem englischen Anspruch auf einer „balance of power".

England unterschrieb dann aber doch diese „Diktatverträge".

Der US-Präsident Woodrow Wilson lässt sich mit der Installierung eines Völkerbundes (ohne die besiegten Länder) abspeisen. Die USA unterschreiben völlig frustriert das Diktat von Versailles **nicht** und ziehen sich aus Europa zurück, statt als wahre Sieger dieses ersten Weltkrieges diesem rachsüchtigen alten Mann die Grenzen aufzuzeigen. Man war jetzt die Weltmacht Nummer 1 geworden, das reichte. Alle hatten zu kuschen, zu zahlen, aber das folgende Chaos in Europa interessierte nicht die Bohne. Irgendwie auch heute noch das US-Beuteschema bei allen Kriegen und „Befreiungshandlungen" weltweit. Die Suppe wird vor Ort ausgelöffelt und die Kosten von den Menschen dort bezahlt. Amerika verdient jedes Mal daran.

Beim ersten Weltkrieg wäre ohne die Einmischung der USA wohl eher ein „Verständigungsfrieden" wegen der totalen Erschöpfung beider Seiten zustande gekommen.

Allerdings bestehen die USA 1919/1920 ff auf der Rückzahlung der Kriegskredite von ihren Verbündeten.

Diese lassen dann halt die Deutschen bezahlen.

Ein Teufelskreis, der nach Meinung einiger Historiker dazu führte, **dass der 2. Weltkrieg als bloße Weiterführung des 1. Weltkrieges auch ohne den Aufstieg Hitlers zwangsläufig war.** *

- Zudem wurde Hitlers Aufstieg begünstigt durch die in den USA entstandene Weltwirtschaftskrise, aus der die USA mit noch mehr Auslandsinvestitionen und Firmenaufkäufen eher gestärkt hervorgingen. Irgendwie schon damals „Dollarimperialismus".

Die Situation in der „Zwischenkriegszeit von 1919 bis 1939" ist davon geprägt, dass ein Großteil der Länder in Europa und der ganzen Welt von (Militär)Diktaturen beherrscht wird.

Die Grenzziehungen der Länder selbst sind alles andere als durch die „Selbstbestimmung der Völker" geordnet.

Zuerst einmal mussten die Verlierermächte Deutschland, Österreich-Ungarn und das Osmanische Reich heftig gedemütigt werden.

Der Anlass für den 1. Weltkrieg war doch das Attentat auf den eher fortschrittlichen Thronfolger Ferdinand am 28. Juni 1914 in Sarajewo gewesen.

Und nun schreibe ich es einmal so, wie es Amerikaner auf sich selbst bezogen heute beschreiben würden.

Serbische Terroristen (Princip* und andere) verübten die Morde. Der „Schurkenstaat" Serbien, der ein „Großserbien" anstrebte, verweigerte die Auslieferung der Terroristen. Die weiteren „Schurkenstaaten“ England, Frankreich und Rußland unterstützten den „Schurkenstaat“ Serbien in seiner ablehnenden Haltung.

- Die berühmte Lateinerbrücke in Sarajewo hieß jahrzehntelang „Princip-Brücke“, da dieser für die Serben bis heute kein Terrorist, sondern ein Freiheitskämpfer ist. Nach der Rückbenennung der Brücke wurde dann halt im serbischen Ostteil der Stadt zum 100-Jahre-Jubi-läum des Mordes ein Princip-Denkmal eingeweiht.

Ich muss beim Gedanken daran schlucken, dass man tatsächlich daran denkt, den Staat Serbien nun auch noch in die EU aufzunehmen. Auch wenn Ivo Andric – überzeug-ter Jugoslawe (statt Bosnier, Serbe oder Kroate) meinte: „Alles im Leben ist eine Brücke, ein Wort, ein Lächeln, das wir dem anderen schenken ..“

Ich muss dabei auch daran denken, dass Helmut Schmidt (1991?) nach der Ankündigung von Kohls „Blühenden Landschaften“ (in der Ex-DDR) innerhalb von 10 Jahren in einem Nachtinterview in etwa sagte: „Das mit den 10 Jahren werden wir sehen, aber mit der Änderung in den Köpfen wird es 30 Jahre oder länger dauern.“

Oder länger....

In den Köpfen dauert alles, besonders bei weniger Begabten, eben deutlich länger. Verhaltensänderungen brauchen Generationen. Und nur, weil eine Muslima bei uns (in Arabien geht das (noch) gar nicht!) mit Kopftuch nun BMW fährt mit Mobiltelefon am Ohr, wird sie noch nicht zur „modernen westlichen Frau". Und ihr „Macho-Macker" alter Schule erst recht nicht. Der muss erst lernen, sehr viel von seinen vielen „Privilegien" abzugeben. Und dies ist überall besonders schwer, besonders, wenn man sich auch als „Mann unterster Intelligenzstufe" über eine hochgebildete Frau stellen kann. Zur Not halt „Notzucht"* und Massenvergewaltigung" (Allahs Säbel).

- Dieses doch sehr merkwürdige Wort hatten wir selbst noch vor wenigen Jahren in unserem Strafgesetzbuch so stehen.

Zurück zur Geschichte:

Über die hinterlistige „Schurkerei" Italiens schrieb ich schon.

Natürlich war es sehr unglücklich, dass in Österreich der greise (senile?) Kaiser Franz I. regierte statt des designierten Nachfolgers Ferdinand, der sicherlich eher für ein besseres Zusammenleben im Vielvölkerstaat gesorgt hätte.

Natürlich war es ebenso unglücklich, dass der von Komplexen geplagte Wilhelm der II. in Deutschland mit dem Säbel rasselte.

(Mir wäre es auch lieber gewesen, dass bei der „Wende" 1989 der großе Helmut statt des langen Helmuts Kanzler gewesen wäre!)

Das Osmanische Reich kämpfte mit seinem Zerfall und mit der inneren Zerrissenheit des „wohin soll es gehen". Ist ja heute immer noch bzw. wieder so.

Man kann diese Beschreibung so nehmen oder die offizielle Geschichtsschreibung (die immer die Lüge ist, auf die sich Historiker und Politiker einigten).

So sprach der internationale Gerichtshof in den Haag (NL) am 3. Februar 2015 Serbien und Kroatien vom gegenseitigen Vorwurf des Völkermordes frei. Wie praktisch.

- Es war ja nicht Deutschland, bei dem man hätte „Sühnegeld" kassieren können
- Die Feststellung „Kein Völkermord" entlastete zudem die Niederlande, die mit ihren „Schutztruppen" beim Völkermord in Srebrenica kläglich versagt hatten.

Die Festschreibung, dass Deutschland die „Alleinschuld" am Ausbruch des 1. Weltkrieges hätte, war eine dermaßen Dreistigkeit, dass sie zwangsläufig zur Steilvorlage für alle Radikalen und Revanchisten nun halt in Deutschland wurde. Clemenceau und das Friedensdiktat von Versailles wurden so zu den Geburtshelfern des „Irren aus Braunau".

So werden auch das Osmanische Reich und ebenso der Vielvölkerstaat Österreich-Ungarn zerstückelt.

Den „Deutsch-Österreichern" wird sogar gegen jedes Selbstbestimmungsrecht durch Androhung von Waffengewalt verboten, sich dem Deutschen Restreich anzuschließen. Weitere Abstimmungen dazu verboten.

Die Neubildungen drum herum haben viel mit Anglo-Französischen Interessen zu tun, aber nur sehr wenig mit „selbstbestimmten Nationalstaaten".

Auf dem Balkan bekommen die Serben ihr „Großserbien", das sie Jugoslawien nennen werden. Und zwar zwei Mal. Nach dem ersten und nach dem zweiten Weltkrieg. Beide Male haben die kleineren Völker = Minderheiten (Kroaten, Slowenen, Ungarn, Albaner, Bosnier, Montenegriner, Deutsche etc.) eigentlich die Schnauze voll von der Dominanz der Serben.

Zweimal geht dieser Staat Utopia zu Grunde mit Krieg, Blut, Tränen, Völkermord an 500.000 Kroaten und anderen, sowie Vertreibungen * doch bis heute scheint wenig Einsicht zu herrschen.

- Wie harmlos hört sich da der Neudeutsche Begriff „Ethnische Säuberung" an.

Die Tschechen erhalten ebenfalls solch ein Mischgebilde, die Tschechoslowakei. Wobei mehr Völker als nur die dominierenden Tschechen und die Slowaken in diesen Staat gezwungen werden. Deutsche, Ungarn, Juden, Polen, Ukrainer.

Auch hier der zweifache Zerfall dieses „Kunstproduktes" der Siegermächte. Auch hier der „Völkermord" an den Sudetendeutschen bzw. die massenhaften Vertreibungen aus ihren Siedlungsgebieten seit Jahrhunderten.

Ich will hier nichts gegenrechnen. Das gehört sich nicht. Für niemanden. <u>Aber es wäre einfach wunderbar, wenn in</u>

Tschechien nicht nur der frühere Präsident Havel ein Wort der Entschuldigung über die Lippen brächte.

Dies gilt auch für einige Polen, deren Kindheit nach eigenen Angaben vom „Partisanenspielen" nach dem Krieg geprägt worden sei und die immer noch glauben *, die deutschen Ostgebiete seien der gerechte Ausgleich für die verlorenen polnischen Ostgebiete (in denen kaum 25 % Polen lebten!).

- Ja der Glaube versetzt Berge und vernebelt bisweilen den Verstand.

Ich bin Europa und ich will keinerlei Grenzrevisionen auf Grund dieser Geschehnisse. Ich schaue zurück, weil ich verstehen will, aber ich schaue nach vorne in die Zukunft. 2017 werde ich 70 Jahre alt sein, da fehlt die Zeit für Kriegsspiele und kleinliche Zänkereien.

Ich verlange keinerlei sonstigen Rückerstattungen und erwarte dies auch so von anderen. Ich würde mich freuen, wenn Prag im Herzen Europas auch die europäische Hauptstadt (und Regierungssitz und Parlamentssitz) würde.

Schickt die Eisenköppe überall in die Wüste, ohne dabei eure eigene Identität zu verlieren. Aber bitte zusammen mit den Dilettanten.

Und wiederum ein Wort an Frau Merkel. Lasst die „Deutsche Überheblichkeit". Mir reicht es völlig, wenn unsere Ansprüche (im eigenen Lande) und

unsere ganz persönlichen Befindlichkeiten von der Politik voll und ganz berücksichtigt würden.

Hier in Europa stehen zwar meiner Meinung nach einige territoriale Veränderungen an, die wir aber durchaus friedlich lösen könnten.

Die Krim ist wieder bei Russland und das ist auch richtig so.

Diese für Russland strategisch wichtige Halbinsel hatte nie zur Ukraine gehört, bis das bauernschlaue Schlitzohr Chrutschow (Ukrainer) als zeitweiliger Chef der UdSSR diese Halbinsel 1954 seiner Heimat, der Ukraine, „schenkte“. Völkerrechtlich völlig irrelevant.

Zuerst hatten Russen diese Halbinsel gegen die Tataren erobert und gegen die Osmanen verteidigt. Im zweiten Weltkrieg starben Hunderttausende Russen.

(Stalin hatte den vaterländischen Krieg ausgerufen.)

(*Vielleicht hatte auch mein Onkel Erich Erwin Fedtke an sein Vaterland dabei gedacht, als er am 17. Januar 1942 im Alter von 20 Jahren vor Sewastopol den „Heldentod“ starb. Vielleicht hatte er aber einfach nur Angst, Wut und Verzweiflung wie die „Kameraden“ auf der Gegenseite. Die Familie meiner Mutter bestand aus 6 Mädchen – eine Tante lebt heute (2017) noch in Kanada. Von den 6 Jungen starb einer bereits im „Kohlrübenwinter“ 1916. Im Sommer 1945 lebte noch einer meiner 6 Onkel. Wenn ich es kräftemäßig und finanziell noch schaffen sollte, werde ich sein Grab dort suchen und etwas „Erde/Staub“ nach Hause (Domäne Hagen bei Genthin) bringen, wo er geboren wurde und kurze Zeit als Metzger(lehrling) die große, hungrige Familie erfreuen konnte.)*

So sollten alle Unterstützer der Ukraine erst einmal nachdenken, vor welchen Karren sie sich spannen lassen. Muss der Westen seit 1990 ständig etwas unternehmen, mit dem sie den Herrschaftsbereich der USA *

- Ich meinte natürlich der Nato

immer weiter gen Moskau ausdehnt? Meiner Erinnerung nach waren die Wiedervereinigungsverträge für Deutschland (die übrigens eher von den Russen vorbehaltlos akzeptiert wurden als von Engländern und Franzosen) nicht so formuliert und gedacht, dass dabei eine ständige Demütigung Russlands vorgesehen war.

Ach, und dann werden die deutschen (Rotznasen) so hoch in die Luft getragen, dass es von oben hereinregnet.

Welche üblen und arroganten Beleidigungen muss Herr Putin als der Präsident dieses Landes ständig hinnehmen. Es besteht schon ein gewaltiger Unterschied zwischen diesem gebildeten, aber tatkräftigem Menschen, den Russland in dieser immer noch herrschenden Umbruchzeit dringend benötigt und anderen Politikern.

Vielleicht bin ich in der eher kurzen, niveau- und kulturlosen US-Geschichte ja nicht so bewandert, aber die bisherigen Präsidenten der USA konnten doch mehrheitlich Herrn Putin nicht das Wasser reichen. Die jetzige „Wahl“ zwischen zwei begnadeten Lügnern, Selbstdarstellern und Egomanen ist meines Erachtens keine Ausnahme.

Und dann gibt es da noch den Möchtegern-Sultan.

Schaut ihm ins Gesicht, wie ich immer sage. Aber wir haben durch unsere Scheinheiligkeit und durch fehlendes Rückgrat den Aufstieg solch eines „Diktators“ doch mit befördert.

Auch das Osmanische Reich hat seit der Niederlage im 1. Weltkrieg überwiegend Demütigungen durch den Westen hinnehmen müssen.

Natürlich war dieses Reich ein Vielvölkerstaat wie Österreich-Ungarn, wie Russland und später die UdSSR und wie einige andere Staaten auch.

Berechtigte dies aber gerade die Engländer – die damals über 30 % der Erdoberfläche auf allen Kontinenten herrschten, über die Zuordnung der einstmals zum Osmanischen Reich gehörenden Gebiete zu verfügen?

Die neuen Grenzziehungen waren recht willkürlich und nur nach den Interessen von Engländern, Franzosen etc. gewählt.

Interessensphären, Protektorate, wer mag, lese weiter nach in Fachbüchern. Meist reicht schon das volkstümliche Wikipedia.

So versprach man unter anderem die gleichen Gebiete den Arabern wie auch den einwanderungswilligen Zionisten (Juden).

Jedenfalls waren die Grenzziehungen der neuen Staaten so, dass bis heute erbitterte Kriege zwischen den dortigen Volksstämmen, Religionsgemeinschaften, Clans etc.

herrscht. Munter aufgehetzt wie eh und je von Interessengruppen in West und Ost.

In Syrien herrschte zwar das Regime Assad, aber es soll da eher eine gewisse Freiheit aller Religionsgruppen gegeben haben. Leider hatte Syrien den Fehler begangen, den Russen einen Mittelmeerhafen als Stützpunkt zu überlassen.

Ich sprach es schon an. Britannia rules the sea*

- Nun halt die USA / (Nato)

Irgendwie ist alles wie immer. Früher sang die SA „Licht aus, Messer raus, haut die Spartakisten raus, haut sie, bis die Fetzen fliegen…“

Heute „Der Russe muss weg“, überall, demütigt ihn und wenn ihr es nicht offen könnt, dann zettelt halt einen „arabischen Frühling“ an.

In Folge dessen haben Rüstungsfirmen und heuchlerische Hilfsdienste enorme Umsätze gemacht.

Statt Frieden und einem wenigstens bescheidenen Wohlstand herrschen nun in vielen „demokratisierten“ Staaten Bürgerkrieg, Krieg mit Einsatz von Russen, Türken, Nato etc.

Tod und Verderben. Unendliches Leid. Städte wie Aleppo werden gerade in Schutt und Asche gelegt. Was soll es?

Mutti macht die Arme auf und „wir schaffen das dann“.

Vorausschauende und Krieg und Krisen vermeidende Politik sieht meines Erachtens anders aus.

Kommen wir zurück zu den Osmanen. Einmal hatten sie Glück in den letzten 100 Jahren. Kemal Pascha, genannt

Atatürk (Vater der Türken) versuchte das Land mit einem gewaltigen Satz in die Neuzeit zu katapultieren, nachdem er vorher in einem Krieg noch den Griechen wenigstens ein Stück Gelände wieder entrissen hatte.

(Heute wäre die EU – abzüglich der Griechen - wohl froh, wenn auch die Inseln direkt vor der Küste dabei gewesen wären.)

Jedenfalls hat der Atatürk (Vater der Türken) die lateinische Schrift dort eingeführt *

- Sollte Putin ebenfalls in Russland machen. Ich könnte mir dadurch einen kräftigen Schub nach vorne vorstellen.

und die strikte Trennung von Religion und Staat. Er mach-te die Hagia Sophia zu einem Museum, in dem nun weder Muslime noch Christen Gottesdienste abhalten dürfen, damit um dieses wunderbare Bauwerk kein weiterer Streit entstehen kann.

Lediglich eine Gruppe fanatischer Evangelikalen aus den USA versuchte vor wenigen Jahren dort damit zu provozieren.

Ich würde mir solch eine Regelung für die „Heiligen Stätten“ in Jerusalem wünschen, die immer wieder Anlass zu Streit und Mord sind.

Religionen sind nicht nur „Opium fürs Volk“ *

- laut Karl Marx

sondern auch ständiger Anlass für Kriege und Völkermorde. Leider. Man sollte deshalb m. E. alle Religionen auf das private Gewissen und Verhalten der Menschen begrenzen. Vielleicht sogar auf das eigene Zuhause aller „Gläubigen = Fanatiker“ jedweder Art.

Als Leitbild haben für mich (fast) alle Religionsgemeinschaften schon lange ausgedient.

In Deutschland würden mir jeweils ein Halbjahr neutraler Religionskunde in der Primarstufe und der Sekundarstufe völlig ausreichen statt der jahrelangen Gehirnwäsche bei Kindern.

So wie praktisch alle Religionen den (armen) Menschen ein wunderbares Leben in der Zukunft versprechen – unerreichbar, im Paradies, also nach dem Tode – so versprechen Firmen und Werbung unendliche Genüsse durch ihre zum Teil völlig sinnlosen Produkte.

Systeme und Politik versprechen Wohlstand und Reichtum für alle, auch für den letzten Arbeitsunwilligen (aber mit Wahlrecht und Staatsknete).

Mittlerweile versprechen verblendete Menschen schon der gesamten Welt genau dies, auch wenn sie dies alles so nicht gesagt haben wollen.

Frau Merkel hätte niemanden eingeladen, dies müsse man erst einmal nachweisen.

Niemand hätte den Menschenmassen der neuen Völkerwanderung versprochen, dass sie hier ein Haus und ein Auto bekämen. Sofort!

Es ist aber bei Menschen, die das glauben wollten, so angekommen.

Und die Türkei wird seit über 50 Jahren verscheißert, indem man ihr vorgaukelt, sie könnte jemals in die EU kommen. Sie würde mit oder ohne Erdogan doch weiter hingehalten werden.

Wer kommt eigentlich auf diese merkwürdigen Ideen, dass auch noch Staaten Asiens Bestandteile der EU werden sollen? Eine Nummer kleiner mit diversen angepassten Verträgen geht nicht? Alles wieder alternativlos?

Wahrheit und Klarheit!

Alle riesigen Staatengebilde der Geschichte sind letztendlich zerplatzt wie ein Luftballon. Sie konnten stets nur eine Zeitlang durch Gewalt zusammengehalten werden.

Unsere EWG/EU hatte schon mit 12 Mitgliedern deutliche Schwächen, die von einigen Staaten mit Genuss in Anspruch genommen wurden. Dabei waren die ständigen – aber öffentlichen – Sonderrechte der Briten für mich noch das kleinere Übel und zum Teil auch verständlich.

28 Staaten sind aber derzeit und für die nächsten 30 – 50 Jahre so ziemlich hälftig zu viel. Da muss sich erst einiges – **und zwar aus eigener inneren Kraft** – ändern in manchen Staaten.

„Euro für alle“ um jeden Preis, den dann zuerst einmal Deutschland und einige wenige weitere „Deppenstaaten“ zu zahlen haben.

Jeder durchschnittsinteressierte Bürger wusste, dass Griechenland mit Lug und Betrug in den Euro kam.

Wie immer fehlte jegliche Konsequenz auch schon bei Verstößen gegen die Vereinbarungen durch Deutschland, Frankreich, Italien oder andere EU-Staaten.

Als Zypern als „Ganzes“ in die EU sollte, zeigte sich die Verlogenheit besonders. Der türkische Teil will dies, der griechische Teil stimmt mit fast 2/3 der Stimmen dagegen.

Den Gaunerteil (Griechen) und somit die Geldwäscheanstalt für die Russenmafia nimmt die EU dann trotzdem auf.

Der türkische Teil bleibt aber draußen.

Das wird wohl auch bei den neuen Verhandlungen so bleiben.

Ich wünsche mir einen schnellen „Deu-xit“, obwohl ich vom Herzen her Europäer bin. (Zum Weltbürger reicht es bei mir noch nicht.)

Ein ***neues*** europäisches Gebilde mit wirklich gleichen Bestimmungen im Rechtssystem, Finanz- und Steuersystem, bei den Arbeitnehmerrechten, bei den Sozialsystemen, im Bildungssystem, beim Gesundheitswesen usw. müsste her.

Und jeder zuerst einmal für sich. Keinerlei Transferleistungen an Staaten, in denen „Steuerdumping“, „Sozialdumping“ oder „Lohndumping“ herrscht.

Ist doch wie bei der Entwicklungshilfe:

Die armen Menschen der reicheren Staaten in der EU zahlen wieder für die reicheren Menschen in den ärmeren Staaten.

Eines allerdings hätten alle zu zahlen. Die sinnvolle Verlagerung aller Funktionen (Parlament, Regierung,

Verwaltung) des neuen Europa in das europäische Zentrum nach Prag. *

- Natürlich inclusive aller notwendigen Infrastrukturmaßnahmen.

Ohne Wenn und Aber und ohne diese idiotischen Berlin-Bonn-Regelungen bzw. Brüssel-Luxemburg-Straßburg-Regelungen der jetzigen EU.

Eine vom Parlament * gewählte Regierung mit maximal 10 Ministern statt 60 „Kommissaren".

- Und natürlich wäre das Parlament vom Volke in allgemeiner, gleicher und geheimer Wahl gewählt. Jede Stimme zählte gleich und nicht die Luxemburgs etwa das Sechsfache der eines Deutschen.

Nicht mehr ein weiterer „Opa für Europa" oder abgehalfterte oder abgeschobene Parlamentarier oder „Gestalten".

Und wenn wir dann eine zentrale europäische Regierung hätten, dann wäre es erst recht wichtig, die bestehenden zweifachen oder dreifachen Zuständigkeiten zu beseitigen und so einiges vorab zu regeln.

Heißt für mich dann aber für Deutschland:

- Eine vom Volke gewählte neue Verfassung, denn eigentlich haben wir ja keine solche, nur ein Grundgesetz, das, wie die DDR „Verfassung“ von den jeweiligen Siegermächten nach deren Willen und Gusto befohlen wurde.
- (Trotzdem fühle ich mich weder als „Reichsbürger“ oder als Bürger einer „immer noch bestehen DDR“ oder als Bürger einer „Deutschland-GmbH“. Alles juristischer Schwachsinn, allerdings wie manche amtliche Juristerei sonst auch.) *

  * Interessant finde ich aber, wie die demokratische BRD auf Verfassungskritiker reagiert und wie sie diese verfolgt. Hatten nur die Parlamente ein Recht, ein GG zu beschließen und über 100 Mal zu ändern? Jede Kritik aber am GG gilt als „staatsfeindlich“. Reichlich überzogen, wenn man bedenkt, wie sonst bei Kriminellen nur Wattebäuschen benutzt werden.
- Sehr gut kann man diesen vorherrschenden Einfluss der Sieger bei der DDR-Verfassung sehen und bei den „Länderverfassungen“. In der US-Zone waren die Bürgermeister Chef der Verwaltung (wie früher auch in Preußen). In der Britischen Zone waren die Bürgermeister reine „Grußonkel“ (in der Wirtschaft nennt man dies „Frühstücksdirektoren“).
- Es reichte nicht aus, Deutschland nach den Verlusten des ersten Weltkrieges noch einmal in der Fläche zu dezimieren. Zusätzlich war da der Versuch, jegliche radikale Zentralregierung zu verhin-

dern, indem man das System der Bundesländer errichtete, bei dem jeder jeden blockieren kann. Regieren mit Durchgriff so fast unmöglich wird. Regieren als Kette von faulen Kompromissen von verschiedenen „Entscheidungsgremien".

- Wir brauchen besonders in einem geeinten Europa einen Zentralstaat Deutschland, der allerdings Rech-te und Zuständigkeiten an die Oberzentrale in Prag abzugeben hätte. Wie auch alle anderen Teilnehmer-länder. Dabei denke ich speziell an die Außenpolitik, die Finanzpolitik, die Verteidigungspolitik * ,

  * mit Verteidigung meine ich dies auch so. Keinerlei Einsätze am Hindukusch, in Mali oder sonst wo. Wieso gab es denn 1980 einen Olympiaboykott gegen Moskau wegen dessen Afghanistan-einsatzes.??? Alles Zweckheuchelei.

  Jeder ... braucht seinen Krieg für seinen Ruhm in der Nachwelt. Hat sich auch nicht geändert bei einer Frau als „Kriegsministerin".

- die Wirtschaftspolitik, die Sozialpolitik und die überregionale Verkehrspolitik.

- In diesem deutschen Zentralstaat (und möglichst auch in der EU neu) sollte jede Doppel- oder Mehrfachzuständigkeit ausgeschlossen sein. Wir brauchen keines der 16 Bundesländer, die zum Teil so klein sind, dass Herr Farthmann (SPD) über den „Napoleon von der Saar" spottete: „Der Herr Oberkreisdirektor kommt." Wir brauchen (neben der EU-Regierung) nur eine Regierung in Berlin und Regie-rungsbezirke, sowie wirklich selbstständige Ge-meinden oder Landkreise, die nicht auf

„Fördermittel“ angewiesen wären. Alles andere ist von Übel und nur unnötiger „Wasserkopf“ und unproduktive, sogar hemmende „Versorgungsanstalt“ für ….

- Wir brauchen ein Mehrheitswahlrecht für unsere EU-Parlamentarier, die Bundestagsabgeordneten und die Gemeindevertreter. So hätten wir für den Bundestag halt 600* Wahlkreise und in Solingen statt 30 deren 59 oder 65. Immer noch jeweils weniger als jetzt an „Nasen“ dort (rum) sitzen, sofern sie denn da sind. Je mehr Direktwahlkreise, je weniger könnte man deren Zuschnitt manipulieren. Je näher säßen die Gewählten am Pulse „ihrer“ Wähler. Zudem sollten die Bewerber tatsächlich auch aus den Wahlkreisen kommen, dort geboren worden sein, und/oder aber 10 bzw. 20 Jahre dort gewohnt und gearbeitet haben. Sollte strikt auch für die Gemeinden gelten. Bezirksbürgermeister, die nur eine Briefkastenadresse vor Ort haben, sind eigentlich ein Unding.

  - Nach den letzten Schätzungen könnten im neuen Bundestag zwischen 690 bis 750 Abgeordnete sitzen. Dann könnte man also zum gleichen Preis auch noch kleinere und bürgernähere Wahlkreise haben.

- Durch diese Direktwahlkreise wären „Sperrklauseln“ völlig unnötig. So hätten spinnerte Randgruppen kaum eine Chance gewählt zu werden. Erst wenn Gruppen relevante Größen und Zustimmungen erreichten, könnten sie so die parlamentarische Arbeit bereichern, statt sie wie bisher nur zu stören oder zu erschweren.

- **Wir brauchen keine 20 Rentenversicherungen, sondern nur eine einzige Buchungsstelle für alle Bürger bei der Vermögensverwaltung der Bundesbank *.**

  *** Näheres zu meinen Rentenvorstellungen folgt noch.**

- **Wir brauchen keine 16 Lottogesellschaften mit deren 16fachen Möglichkeiten der „Pöstchenvergabe", während der Bürger seinen Kleingewinn aus einem anderen Bundesland nur nach „bürokratischem Aufwand" bekommt.**

- **Wir brauchen wirklich nicht ARD plus ZDF plus deren Dutzende jeweiligen Unterprogramme und mit vielen Intendanten, Chefredakteuren etc. Da muss ich sogar einem gewissen „Provinzfürsten" rechtgeben, der eine „Öffentliche Anstalt" mit Regionalprogrammen vorschlug. Für mich dann aber bitte weg mit jeglicher Werbung darin. Diese führt doch nur zur „Zielgruppenorientierung" und somit zur Annäherung des Programms an das „Proll- und Dummtussenfernsehen" der Privatsender auf Werbebasis.**

Matthew Crawford z. B. fordert ein Recht ein, in Ruhe gelassen zu werden. Kann ich nur unterstützen. Ich lehne Werbung, Beschallung* oder „Beduftung" ohne meine persönliche Einwilligung genau so strikt ab wie Missionierungsversuche oder „Telefonbelästigungen" mit üblen finanziellen Folgen.

- ***Beschallung selbst in Nachrichtensendungen und in allen „Billigfilmchen" oder Reiseberichten. Nerviges PlimPlim*** *statt Musik und wieder klingeln bei irgendeinem unbegabten „Musiker“ die Kassen. Bei Fuchsbergers Tour rund um Australien war es der Sohn. Verwandtschaft zählt viel in dieser Branche.*

- Wir brauchen auch keine 300 „Gesundheits“-kassen in diesem unseren Lande mit all den oberen Verwaltungspöstchen statt Beratungs-stellen vor Ort.

- Zum Thema Gesundheit kommen noch weitere Ausführungen.

- Wir brauchen auch keine „Bildungspolitik X 16 + 1“. Dazu dann noch „unpassende“ Minister/ innen, die eher einer kleinen Minderheitenpartei angehören und so der Mehrheit ihre verquere Schul- oder Kulturpolitik aufdrücken. Zum Wahl-recht schrieb ich ja schon.

- Wir brauchen noch weitere einheitliche Regelun-gen, auf die ich noch eingehen werde. Zudem muss klar sein, dass existenzielle Angelegenheiten auch europaweit zu regeln sind. Und zwar so, dass sie den Menschen gerecht werden und nicht nur den Gewinnmaximierungsmodellen gewisser Abzocker. So sollen ja jetzt sogar alte Obst- und Gemüse-sorten verbannt werden, damit umso besser Obst und Gemüse mit Patentrechten vermarktet werden können. Aber die Anzahl der Verpackungsgrößen auf dem Markt wächst ständig nach meinen subjektiven Wahrnehmungen.

- **Bestimmte zentrale Regelungen dagegen halte ich für völlig abstrus und kontraproduktiv. Da entschied gerade der Europäische Gerichtshof, dass die anlasslose Datenspeicherung von Übel sei und nur nach Anordnung bei Terrorismusverdacht und anderen schwersten Straftaten vorgenommen werden dürfe. Ich will mich jetzt nicht zum Attentat in Berlin auslassen, das ist schrecklich genug. Hier wird immer nur vom Schutzinteresse des Einzelnen über seine Daten gefaselt. Schon einmal darüber nachgedacht, dass der einzelne Bürger ein starkes Interesse daran haben könnte, dass seine Verbindungsdaten – und um die geht es doch wohl nur – so für etwa 2 oder 3 Jahre gespeichert würden? Die kriminelle Energie in der Telefon- und Internetbranche geht doch seit Jahren schon so weit, dass diese „Schweinebacken" Bürgern Rechnungen über angebliche „Leistungen" zusenden, die durch nichts zu begründen sind. Die Tricks dabei sind sehr einfach. Man schickt die Rechnung deutlich nach der angeblichen Leistung. Man gibt verschiedene Adressen an – bei mir waren es vor ca. 15 Jahren am Ende 4 verschiedene Anschriften – man antwortet nicht oder verspätet, auf Anwaltsbriefe reagiert man mit dem Hinweis auf „Isozertifizierte Gebührenerfassungssysteme" und bekommt damit vor Gericht „Recht". Damals war die Speicherfrist 3 Monate, diese hatte man locker umgangen.**

Hierbei zeigt sich immer wieder, dass der Datenschutz in unserer übertriebenen Form lediglich Betrügern, Verbrechern und

Terroristen nützt und natürlich die vom Verfolgungswahn geplagten armen Irren beruhigt.

(Und ohne das Wort „Datenschutz“ überhaupt zu kennen, gab es schon vor Jahrhunderten das Sprichwort: Im Dunkeln ist gut munkeln.)

Da ich gerade beim großen Aufräumen bin, noch einige deutliche Worte dazu, wie Staaten denn beschaffen sein sollten.

Die Forderung nach dem Selbstbestimmungsrecht der Völker und zur Schaffung von Nationalstaaten kann man ja teilweise nachvollziehen. Leider wurden viel zu oft Minderheiten eher unterdrückt, statt gleichgestellt in allen ihren Rechten und Pflichten. Ebenso oft aber schlugen die Forderungen nach Nationalstaaten auch nach deren Errichtung um in neue Unterdrückung der nun zur Minderheit gehörenden Staatsbürger. Statt Patriotismus nun Nationalismus und Fremdenhass bzw. Hass auf Minderheiten. Weltweit seit Jahrhunderten Pogrome bis hin zum Völkermord gegenüber Minderheiten. Oft auch befördert durch mangelnden Integrationswillen auf beiden Seiten.

Wie wollte man heute noch reine „Nationalstaaten“ gestalten? Wir sind doch zumindest hier in Europa in vielen Ländern so durchmischt, dass nur jemand, der dabei auch bedenkenlos an „Ethnische Säuberungen“ denken würde, noch auf solch eine Idee kommen könnte. Unsere Staaten sollten deshalb – und ganz speziell auch in Europa – im Großen und Ganzen so bleiben, wie sie sind. Da tönen alle oder viele, sie seien doch überzeugte

Europäer, können aber nicht in einem Lande friedlich miteinander auskommen.

Ich mag keinerlei Separatismus.

Separatismus einschließlich wieder aufkommender „Regionalsprachen / Dialekte“ sind für mich immer auch ein Zeichen der Ausgrenzung anderer. Separatismus ist immer auch ein Zeichen dafür, dass man zuerst einmal nicht teilen will, den anderen nicht als Bruder sieht.

Wieso wollte die Ölprovinz Biafra 1960 weg von „Nigeria“?

Wieso wollte die Kupfer- und Uranprovinz Katanga zu dieser Zeit weg vom „Kongo“?

Wieso trat das „Erdölförderland“ Norwegen nicht dem „Armenhaus“ EU bei?

Wieso musste der Süd-Sudan denn weg aus dem Ursprungsland Sudan? Doch wegen der Rohstoffe???

Wieso müssen die Kurden, obwohl sie in den letzten 2000 Jahren nie einen eigenen kurdischen Staat hatten, nun die territoriale Integrität von mehreren Staaten (Türkei, Iran, Irak, Syrien und es finden sich noch andere) in Frage stellen? Ja, das Öl liegt halt nicht unter Bagdad oder Istanbul, sondern ....

Wieso wollen gerade die Schotten weg aus dem „vereinigten Königsreich“? Reiner Zufall, dass das Erdöl in der Nordsee gerade in Höhe Schottlands sprudelt und nicht vor Cornwall?

Wieso will das wirtschaftliche Kernland Spaniens, nämlich Katalonien, weg aus der Gemeinschaft?

Sind dies alles nur egoistische Gründe oder spielen da uralte Unterlegenheits- oder Hassgefühle eine Rolle?

Jeder dieser Gründe ist für mich eher unerträglich.

Es sollte doch in demokratischen Staaten möglich sein, Minderheitenrechte einzuführen, die nicht wieder zur „Privilegierung" von Gruppen führen.

Unerträglich finde ich ebenso die – häufig aus der Kolonialzeit stammenden – Exklaven oder „Überseegebiete".

Zu Recht fordert Spanien Gibraltar zurück. Was haben die Engländer da verloren? Wir sind/waren doch ein vereintes Europa von Freunden, oder ist das alles „bullshit"? Andererseits frage ich mich, warum Spanien noch zwei Exklaven in Marokko haben muss. Diese machen der gesamten EU doch eh nur ernsthaften Ärger.

Zurück zum „britannia rules the sea". Der Stützpunkt im Südatlantik heißt „Falkland" und liegt doch irgendwie ein klein wenig näher an Argentinien als an England. Jeder Schafzüchter dort kostet den britischen Steuerzahler ca. 100.000 € im Jahr. Dafür könnte man diese auch von Geburt an auf Staatskosten auf Weltreise schicken und müsste nicht noch Kriege führen. Der Falklandkrieg 1982 soll etwa 4,5 Milliarden gekostet haben. Haben wir doch, oder?

Ansonsten sind da noch weitere britische Inseln weit unten im Südatlantik. Alle strategisch enorm wichtig.

Wieder fast vergessen: Was haben die Amis in Guantanamo auf Kuba verloren? Nichts, nothing, niente – in allen Sprachen der Welt: Guantanamo ist ein Relikt brutaler Kolonialpolitik oder „Protektoratspolitik", wenn man es denn beschönigen will.

Wäre der Herr Ex-Präsident ein Kerl im Sinne des Kahn-Bonmots gewesen – ich meine nicht den „Genießer" aus la France, sondern den Torwart – dann wäre er mal kurz zu Besuch bei den zwei Castro-Brüdern erschienen, hätte das Verhältnis gelockert und unter lediglich 6 Augen den beiden erklärt, dass er am Tage XY schlagartig, umgehend ohne „verbrannte Erde" diesen Stützpunkt räumen ließe. Man möge sich bereithalten für ein sofortiges Nachrücken / Einrücken.

OK, vielleicht wäre er – wie so mancher Präsident vor oder nach ihm – einfach (von einem eigenen Bürger) erschossen worden, aber er wäre unweigerlich in die ganz große Geschichte aufgenommen worden, nicht nur als erster Quotenpräsident.

Das ist halt der Vorteil bei solchen „Funktionsjobs".

Wichtiger für mich sind allerdings gewisse „Schurkenstaaten". Diese beuten uns ja nicht unbedingt durch Kriege aus, sondern ganz einfach und angeblich „legal" durch Beihilfe zur Steuerhinterziehung vieler unserer Firmen oder Spitzenverdiener.

Wenn alle „Residents" gleichzeitig in Monaco wären, dann wäre der „Schädelturm" des Tamirlan wohl eine Lächerlichkeit dagegen. Zur Arroganz von CR7 passen natürlich auch die 175 Millionen Schwarzgelder auf den Kaimaninseln.

Mia san halt mia und „der darf das, der will doch nur spielen".

Schafft doch einfach alle Adelstitel ab und alle „Vorrechte“, die sich einige Banditen dadurch gesichert haben. Waren die „Fürsten“ von Monaco nicht Piraten gewesen?

Hier gäbe es für mich keinerlei Pardon. Steueroasen = Verbrecherstaaten sind ohne Wenn und Aber in die Nachbarstaaten einzugliedern. Mit allen gleichen Rechten und Pflichten der Bürger dieser größeren Staaten. Mit allen deren üblichen Steuergesetzen etc. Im Zweifelsfall hätten die Bürger dieser Operettenstaaten das Recht, frei zu wählen, welcher Nachbarstaat es denn sein soll. Monaco zu Frankreich wäre klar, San Marino und der Vatikan zu Italien auch klar.

Lichtenstein muss sich halt entscheiden, ob es Schweizer Kanton oder Bundesland von Österreich werden will. Ja, auch das Großherzogtum Luxemburg zähle ich dazu. Die hätten die große Auswahl zwischen Frankreich, Belgien oder Deutschland.

Auch Andorra hätte ja die Wahl, französisch oder spanisch zu werden.

Alle Steueroasen in Übersee, oft ja nur kleine Inseln oder Archipele können sich meines Erachtens gerne unter das Protektorat der UNO begeben. Dies gilt auch für die sogenannten „Überseegebiete“ diverser Staaten in Europa oder die USA. Aber wehe, ihr hättet wieder mehr „Briefkästen“ als Einwohner.

Man sieht, dass ich immer zu wenig Geld hatte, um an Steueroasen zu denken. Die Kanalinseln hätte ich beinahe vergessen.

Und wo wir gerade in der Gegend sind, die Ankündigung der Regierung in London, künftig wohl noch mehr im

Bereich „Steuerschurkenstaat“ tätig werden zu wollen (zu müssen), würde ich schon sehr ernst nehmen.

Ernst nehmen in dem Sinne, dass die künftigen bilateralen Verträge oder EU – GB – Verträge deutlich rigider und unfreundlicher ausfallen würden, als mit jedem anderen Staat. (Wobei ich GB nicht das Recht abspreche, selbst zu bestimmen, wer sich bei ihnen aufhalten darf, arbeiten darf oder sogar Mittel des Staates in Anspruch nehmen. Das haben weder unsere Kanzlerin noch andere für GB zu entscheiden.)

VI. Verfassungsfragen und Datenschutz

Ich schrieb es ja schon, die merkwürdigen Schlussfolgerungen von „Reichsbürgern“ kann ich persönlich nicht nachvollziehen.

Trotz alledem brauchen wir, gerade in den jetzigen Zeiten (wann denn sonst!) eine Verfassung, die wirklich auf dem Willen des Volkes gegründet ist und von diesem direkt beschlossen wurde.

Dies würde zuerst einmal eine lange und ausführliche Information und Debatte mit sich bringen. Mir ist auch klar, dass bewusste und gezielte Falschinformationen von allen Seiten eingesetzt würden.

Wahlkampf übelster Sorte wie gerade in den USA wäre vermutlich ein Kaffeekränzchen dagegen. Schließlich hätten etliche Politakteure und jede Menge Interessengruppen so einiges zu verlieren, wenn endlich einmal „Wahrheit und Klarheit“ eine der Maximen unseres Staats-handelns werden sollte oder würde.

Ich werde nicht und ich bin auch nicht in der Lage, hier so mal eben einen kompletten neuen Verfassungsentwurf in die Diskussion (zu) werfen.

Allerdings könnte ich mir grundsätzliche Korsettstangen einer neuen Verfassung vorstellen.

- Deutschland würde ein Zentralstaat, der offen für eine europäische Gemeinschaft wäre.
- Diese „EU“ müsste auf gleichen (nicht nur vergleich-baren) Bedingungen in allen relevanten Bereichen basieren. Dies betrifft z.B. das Wirtschafts- und Währungssystem, das

Steuerrecht (und seine Umsetzung!!!), das Arbeits- und Sozialrecht usw.

- **Transferleistungen wären grundsätzlich * ausgeschlossen, besonders aber an Nicht-EU-Länder. * Ich kenne die juristische Bedeutung des Wortes „grundsätzlich“.**
- **Doppelzuständigkeiten und miteinander konkurrierende Behörden / Organisationen innerhalb Deutschlands sind abzuschaffen.**
- **Dieses Ziel sollte auch stückweise in Europa durch gesetzt werden.**
- **Deutschland als Staat wäre säkular mit einer strikten Trennung von Religion und Staat. Anderslautende Verträge (Konkordat etc.) sind fristlos zu kündigen, besonders auch dann, wenn finanzielle Belastungen des Staates daran hängen.**
- **Es gäbe auch keinerlei Sonderrechte beim Arbeitsrecht.**
- **Die Menschenwürde ist das höchste Gut. Dazu gehört dann das Recht auf eine angemessene Arbeit mit angemessenem Lohn und anständigen Arbeitsbedingungen. Firmen, die diese Rechte missachten, sind strafrechtlich zu belangen oder bei groben Verstößen zu enteignen.**
- **Leiharbeit und die „Sklavenbesitzerfirmen“ wären verboten.**
- **Zeitarbeitsverträge in Betrieben gäbe es nur zu vergleichbaren Bedingungen und nur im Umfang von 5 bis 10 % der Gesamtbelegschaft je nach Größe des Betriebes.**

- **Firmen, die aus dem Arbeitgeberverband und den Tarifvereinbarungen aussteigen, hätten die jeweils höchste Variante zu zahlen!**

- **Natürlich hat jeder hier im Staate befindliche Mensch auch selbst etwas für diese Menschenwürde zu tun. Niemand hat demnach das Recht, sich auf Kosten anderer auf die faule Haut zu legen.**

- **Wer durch üble Schwerkriminalität oder auch nur berufsmäßige Kleinkriminalität die Menschen in unserem Staate schädigt oder bedroht, kann nicht erwarten, dass ausschließlich seine „Menschenwürde“ und seine „Menschenrechte“ im Mittelpunkt der Betrachtung stehen und die Opfer darüber „vergessen“ werden.**

- *** Folgende WhatsApp bekam ich: *Wir sollten Senioren in Gefängnisse stecken. Sie würden jeden Tag eine Dusche bekommen, es gäbe eine Videoüberwachung, falls etwas passiert, drei Mahlzeiten am Tag. Zutritt zu einer Bücherei, einen Computer, einen Fernseher, ein Fitnesstudio, Ärzte vor Ort und kostenlose Medizin.***

  Steckten wir Kriminelle in Altenheime, würden sie kalte Mahlzeiten, Nachtruhe um 19 Uhr, zwei Duschen die Woche und kleinere Räume haben. Außerdem müssten sie 4000€ Miete bezahlen.

  Es ist ziemlich traurig, dass wir Kriminelle besser behandeln als unsere Eltern.

Sehr polemisch und nicht eben genau recherchiert, zeigt aber, welche Stimmungen und Ängste herrschen.

- Ja, ich wäre für eine offene Diskussion und Abstimmung über die Höhe von Strafmaßen. Nicht nur in dieser Frage hält allerdings die Politkaste den „Souverän" - also den Wahlbürger – offensichtlich nicht für zuständig, weil „unzurechnungsfähig" oder sonst wie verblödet. **Jeder Politiker wird aber spätestens zu Wahlkampfzeiten selbst ein Populist, der mit Versprechungen nur so um sich wirft.** Die anderen nennt man dann aber als Schimpfwort einen „Populisten".

- Zu den Wahlrechten habe ich mich schon geäußert.

- <u>Sehr wichtig wäre für mich allerdings das Recht auf individuelle Gestaltung des eigenen Lebens</u>.

  Wobei praktisch jeder etwas Anderes darunter versteht. Freiheit endet dabei für mich dort, wo ich andere einschränke, behindere, nötige oder belästige (StVO). Irgendwie das Schwierigste bei der ganzen Geschichte. Was ist das? Gilt da die „Scharia" oder sollen wir uns den idiotischen amerikanischen Moralvorstellungen angleichen? Beides für mich unvorstellbar.

  Allerdings halte ich unsere „vernuttete" Gesellschaft auch für einen falschen Pendelausschlag ins Extrem. Zumindest in Schulen sollten da schon deutliche Kleidervorschriften herrschen und klare „Zielvorgaben". Die altmodischen Begriffe „das tut man nicht“ und „das gehört sich nicht“ gab es sicherlich schon zum Ende der Eiszeit. Falsch und überholt sind sie deshalb noch lange nicht.

- Jeder soll es – in seinen eigenen 4 Wänden – treiben, wie und mit wem er es möchte. (Ausnahmen halt Altersgrenzen und Gewaltanwendungen.) Auch geistig Behinderte und andere Menschen mit bestimmten Defekten haben ein Recht auf Sex – aber bitte doch ohne Zeugung von Kindern und nicht auf Kosten des Staates. Aber niemand hätte das Recht, seine eher abweichenden Vorstellungen bereits Schulkindern als „normal“ oder sogar „erstrebenswert“ einzutrichtern.

- Öffentliche Umzüge, die rein auf die Zurschaustellung von Sex(extremen) etc. ausgerichtet sind, würde ich nicht einmal bei Heteros haben wollen. Es gibt eben Grenzen des guten Geschmackes auch bei Menschen, die selbst Sex als etwas normal Erstrebenswertes halten.

- Nachdem bestimmte Dinge „entkriminalisiert“ wurden und auch nicht mehr als „Krankheit“ bezeichnet werden, finde ich es empörend, wenn nun Menschen anderer (= normaler) Geschmacksrichtungen als „krank“ diffamiert und diskriminiert werden. Aber Hoppla! Wer ganz blöde die „Normalos“ als homophob bezeichnet, ist irgendwie im aggressiven Kampfmodus. Eine Phobie ist eine Krankheit. Da kommen dann Witze auf, die so enden: „...ich fürchte, in 10 Jahren wird Schwulsein Pflicht für alle.“

- **Niemand hat ein „Menschenrecht“ auf Kinder. Nicht einmal jede/r Hetero. Nicht jeder ist eben in der Lage, Kinder aufzuziehen und zu fördern.**

- **Wozu „Fremdbesamungen“ auf Kassenkosten, Adoptionen durch Lesben- oder Schwulenpaare? Es gibt auch ein Leben ohne Kinder. Viele Paare haben sich dazu (freiwillig) entschieden und keiner soll sie deshalb beschimpfen. Ich dagegen freue mich, dass ich Kinder und Enkelkinder habe. Eigene und dazu gekommene.**

- **Zu meinen Grundrechten würde verankert auch das Recht auf Ruhe gehören, das Recht auf Freiheit von „Beduftungen“, das Recht auf Werbefreiheit im öffentlichen Verkehrsraum* und in den öffentlichen Medien, das Recht auf Freiheit von Belästigungen am Telefon, im Internet oder sonstigen künftigen Medien. * Wieso dürfen denn in allen Städten Unmengen von Werbeanhängern öffentliche Parkplätze blockieren (meist auch noch ohne das Inkasso der Gemeinden für Sondernutzung von Gemeindeflächen)? Die kassieren doch sonst für jeden Dreck!**

- **Wozu diese Werbemaschinen im Verkehrsraum, die an die moderne Bandenwerbung erinnern?**

- **Zu meinen Rechten gehörte dann auch die nachvollziehbare Information über mein Gegenüber im Beruf, im Alltagsgeschäft und speziell in den „neuen Medien“. Die Falschinformationen bzw. die allgemeinen oder persönlichen Hetzen durch „anonyme“ Idioten sollten strikt unterbunden werden. Derzeit schwirren im Netz leider mehr Müllinformationen oder (personifizierte)**

Mehrfachwerbungen herum, als sachkundige Beiträge.

- Unser Datenschutz sollte wieder vom Kopf auf die Füße gestellt werden. Im Moment wissen und können Firmen (auch übelster Sorte) alles. Im Moment kann jeder Ignorant anonym im Netz rumprollen. Der Normalbürger ist dem schutzlos ausgeliefert. Oft weiß er ja gar nicht, wo und wie über ihn berichtet wird. Der Staat aber bekommt von den Juristen ständig Hemmschuhe und Zwangsjacken angelegt.

- Wenn nach der derzeitigen „Rechtslage" etwa 1 Milliarde = 1.000.000.000 Menschen aus aller Welt das Recht haben, bei uns Asyl zu beantragen, auch ohne Papiere, auch bei offenkundiger Betrugsabsicht, dazu mit allen mehrfachen Rechtseinspruchsmöglichkeiten, dann muss dieser Artikel ersatzlos aus einer Verfassung (oder bereits aus dem GG) gestrichen werden.

Asyl geht so eben nicht als Beliebigkeitsrecht und Rechtsanspruch für jeden, sondern rechtlich nur als Gnadenakt im Einzelfall und nur für langjährige Bürger direkter Nachbarstaaten. Ohne weitere Rechtswege natürlich. Die Überbevölkerungsprobleme sind stets vor Ort zu lösen von den Menschen vor Ort.

Einbürgerungen muss man sich verdienen durch mindestens 20jährigen Aufenthalt bei uns ohne jegliches Fehlverhalten aber mit ausschließlicher Bestreitung des eigenen Lebensunterhaltes durch selbst erarbeitete Mittel.

Familienzusammenführungen sind nach Möglichkeit immer im Herkunftsland oder deren Nähe durchzuführen.

Dies gilt auch bei der offensichtlich forcierten „Heiratspolitik“ interessierter Kreise. Da gibt es immer nur eine Einbahnstraße Richtung „Bananenrepublik Absurdistan“. Da ist im Regelfall ein hier aufgewachsenes Mädchen nicht mehr gut genug, schon zu „aufgeklärt“, nicht unterwürfig und devot genug. Diese Mädchen hier können aber Deutsch, haben – eher als die Knaben – einen Schulabschluß und oft auch eine Ausbildung. Sehr, sehr schlecht, geht gar nicht. Da ist man doch kein Mann mehr. Während ein früherer Präsident der Türkei 1990 sagte: Geht nach Ostdeutschland, kauft jedes Haus und jedes Hotel! So scheint nun die Parole zu sein „Besiedlung West- und Mitteleuropas“. Herr Stoiber, als „Old Zitterknie“, zog vor Jahren dazu sehr schnell einen belasteten Begriff wieder zurück.

So wie sich das Klima ständig ändert, so wurde und wird auch jede Region der Welt, besonders die in Mittellagen und besonders Regionen mit einem gewissen Wohlstand laufend Zuwanderung und Veränderung geben. Wir ändern uns ständig in unserer Bevölkerungszusammensetzung. Und das ist auch wirklich gut so. Aus der Tierzucht wissen wir, dass „reinrassige Tiere“ krank, degeneriert und anfällig werden.

Die Inzucht und deren Folgen in kleinen Dörfern, auf kleinen Inseln oder beim Adel sind bekannt.

Neuerdings weiß man ja auch, dass sich tatsächlich der „Jetztmensch“ mit dem Neandertaler kreuzte. Diese

„Mischungen“ mit 2 bis 6 % Neandertalergenen konnten in Europa, in Asien und nördlich der Sahara festgestellt werden. Sie sollen zu einer Verbesserung geführt haben.

Damit wir aber eben nicht eine von außen gezielte und gesteuerte Änderung unseres Wohnvolkes und unserer Sitten und Gebräuche bekommen,

müssen wir schon selbst sagen können, wie schnell solch eine Umwälzung und Änderung vor sich gehen darf und soll. Wir müssen sagen, wen wir haben möchten, wen aber ganz bestimmt nicht.

Und zum Thema „Brautimport“ würde ich da nur sagen: „Jungchen, bei uns gelten Frauen so viel wie ihr Männer. Und wenn du das nicht begreifen willst, dann heirate halt in Anatolien, in Mesopotamien, in Afghanistan, irgendwo in der Welt. Dann bleibe aber auch sofort mit der Heirat da.“

VII. Wirtschaft, Steuern und Rente

Wie sollte das Wirtschaftssystem aussehen? Sehr schwierig zu beantworten, da kein bisheriges System funktionierte, ohne mindestens einen Pferdefuß zu haben.

Spätestens sobald der Mensch in einer größeren Gruppe lebte, als in seiner Familienhorde, begann er andere auszubeuten. Gerade die alten Hochkulturen Ägyptens, Griechenlands, Mesopotamiens, Persiens usw. hinterließen uns ihre Denkmäler durch übelste Knechtung und Sklaverei. Oft waren es Kriegsgefangene, oft aber auch „eigene" Menschen ohne Produktionsmittel.

Die Aufteilung der Produktion, die Trennung von Herstellung und Vertrieb machten es leichter, Menschen über das Ohr zu hauen. Die Fugger ließen herstellen und handelten dann mit den Erzeugnissen mit großen Gewinnspannen, während die Weber z. B. immer weiter im Preis gedrückt wurden. Ist heute ebenso in der (Auto) industrie oder bei Aldi und Konsorten. Die Hersteller / Zulieferer werden gnadenlos gedrückt bis zum Ruin.

Schon meine Oma meinte: Eine Handvoll Handel bringt mehr ein, als zwei Säcke Arbeit.

Und wenn die nicht wollen, dann geht es eben ganz unpatriotisch in den Osten, weiteren Osten oder bis nach China oder Hinterindien.

„Arbeitsplätze in Deutschland sind uns egal, wir brauchen hier nur Käufer" hatte sinngemäß mal eine Oberfuzzi bei BMW gesagt. Und so hatte man beispielsweise auch kein Interesse am MZ-Werk in Sachsen und den dortigen Facharbeitern mit langjähriger

Erfahrungen, auch BMW lässt halt lieber noch billiger in Asien produzieren. So kaufe ich halt mittlerweile direkt asiatische Ware und muss mich nicht einmal dabei schämen, da man mir keine Wahl lässt. Mein einziger BMW war so die Isetta, aber keinerlei PKW, Motorrad, Sturzhelm oder Bekleidung. Ich kann deren Arroganz nicht ab.

Beim Verkauf bei uns gelten natürlich immer die „Deutschlandpreise", die merkwürdigerweise stets deutlich höher für das gleiche Produkt sind, als in anderen Ländern.

Dass „Kommunismus/Sozialismus" nichts einbringt, haben diverse Versuche auf der Welt bewiesen.

Karl Marx - der Schmarotzer auf Friedrich Engels Kosten – meinte ja als Grundlage seiner Gedankenwelt:

Jeder arbeitet so viel er kann und nimmt sich was er braucht.

- Mein Professor Pfeffer meinte 1971 im Examinanden-seminar zu uns: „Sie können alles vergessen, was sie bisher gelernt haben, aber denken Sie stets daran, dass der Mensch von Natur aus faul ist."
- Und Adam Smith meinte vor 300 Jahren: „Der Antrieb jeden wirtschaftlichen Handelns ist der Eigennutz."

Marx konnte so leben wie er es sagte. Er gab mit vollen Händen aus, da er einen Dummen gefunden hatte, der ihn finanzierte ohne irgendeine wirtschaftliche Gegenleistung.

(Gilt heute auch für eine Reihe von Künstlern oder Gauklern ...)

Die Wünsche der Menschen sind nun einmal unendlich und werden durch unsere „Werbefuzzis" im Auftrag der Unternehmen weiter bis ins Unvorstellbare gesteigert.

Und diese Wünsche werden nicht einfach deshalb kleiner, weil ich weniger Lust habe meinen Arbeitsbeitrag zu liefern.

Bisweilen sind die ultimativen „must haves" von Transfergeldbeziehern deutlich irrealer als die Wünsche derjenigen, die wirklich für jedes Teil in ihrem Leben hart arbeiten mussten und auch wollten.

Ja, wir brauchen „wirtschaftliches Handeln", Handwerker, Gewerbetreibende, Unternehmer.

Aber nicht als „Haifischkapitalismus" oder „Heuschreckenkapitalismus" sondern laut unserem GG:

Eigentum verpflichtet.

Ist dies nur eine hohle Phrase, oder könnte man dies nicht mit Leben erfüllen?

- Der gesamte Finanz<u>markt</u> sollte gründlich ausgemistet werden. Vermutlich haben die meisten „Finanzprodukte" keinerlei wirklichen Wert außer der reinen Spekulation auf Kosten von „Dummen, die jeden Morgen wach werden, um betrogen zu werden". Weg mit dem Dreck. Ebenso mit „Cum-ex" und „Cum-cum"-Geschäften.

- Handel nur mit realen Werten erlaubt, aber ohne jeglichen Spekulationscharakter. Wieso darf eine Person – ohne selbst Kaffeeröster zu sein – mit Kaffee im Warentermingeschäft handeln, nur um Preisspekulation zu betreiben?
- Der Hin und Her Handel im Sekundentakt am Computer sollte völlig unterbunden werden.
- Der Handel mit Finanzprodukten muss immer und jederzeit nachvollziehbar und zuordnungsfähig sein.
- Die Steuer auf Gewinne durch nicht reale Güter, also z. B. Finanzprodukte, vorsorglich eingetragene Namensrechte, Rechte auf „Kunst", „Musik" oder ähnlicher nichtgegenständlicher „Leistungen" sollte jeweils nach dem höchsten Steuersatz berechnet werden.
- Steuern sind immer da zu entrichten, wo die Einnahmen erfolgen. Gewinnverlagerungen jeglicher Art sind als kriminelle Akte zu verfolgen. Weltweit. Bei der Verfolgung und Verurteilung sollten wir uns einmal ein Beispiel nehmen an den USA, die meinen, überall zuständig zu sein, wenn sie (ein US-Gericht) es denn so wollen. Staaten, die diese Steuervermeidung fördern, sollten geächtet werden, ihre staatlichen Vertreter der (internationalen?) Gerichtsbarkeit zugeführt werden.
- Vorsteuerabzüge? Wozu? Vorsteuererstattungen verlocken doch nur zu Betrugshandlungen. Dies verlockt ebenso nur dazu, eine Firma in 100 Teile zu splitten, um so die Kontrolle des Staates über tatsächliche Herstellungskosten oder Steuerzahlungen zu verhindern. Die Krönung sind dann

immer „Holdings“ auf einem Korallenatoll in der Südsee oder so.

- Wenn GM die Patente von Opel zu sich herüberzieht und danach dafür bei Opel hohe Patentgebühren kassiert, um in Deutschland immer den Anschein von Verlusten zu erwecken, so ist dies kriminell und auch so zu handhaben.
- Da finde ich dann einen Vorschlag meines „Lieblingspolitikers“ Lafontaine sogar richtig, eine Mindeststeuer von 20 % auf den Umsatz ohne Wenn und Aber einzuziehen.
- Gleichfalls sollten alle Verlustvorträge und Gegenrechnungen von Verlusten strikt unterbunden werden.
- Wie sonst können Immobilienhaie daran gehindert werden, prima mit ihren Leerständen zu leben und damit noch zu verdienen? Diese hätten nach 3 Monaten Leerstand Steuern auf fiktive Mieteinnahmen zu zahlen, statt Verluste zu „verrechnen“ zwecks Steuervermeidung. Basis sollte der Mietpreisspiegel sein, den die Gemeinden endlich mal auf dem Laufenden halten müssten.
- Im Übrigen würden bestimmte „Schandflecken“ auf Kosten der Besitzer flachgelegt und zum Teil gin-gen die Grundstücke dann belastungs- und kostenfrei an die Gemeinden.
- Wir brauchen – statt idiotischer Denkmalschutzrichtlinien zur Behinderung der Bürger eher eine große Welle von Abrissen. Auch zwangsweise. Öffentliche Gebäude halten in Solingen so etwa 35 Jahre (Finanzamt oder Polizei). Schulen, Bäder und

Krankenhäuser stinken aber noch nach über 100 Jahren so vor sich hin, statt komplett neu gebaut zu werden.

Mein eigener Vorschlag zur Steuer:

Arbeitseinkommen und Renten / Pensionen bis zu einer Höhe von z. B. 150.000 € im Jahr sollten völlig steuerfrei sein, sofern tatsächlich eine angemessene Arbeitsleistung dafür erbracht wurde.

- Bei jährlicher Anpassung an die Inflationsrate etc.

„Scheinarbeitsverhältnisse" sollten dann aber auch als Straftaten gelten. Ich denke, der Begriff „Schwarzarbeit" bei Arbeitnehmern wäre dann weitgehend überflüssig. Vielleicht könnte so auch manch Kleingewerbe / Handwerk wieder mehr offizielle Aufträge bekommen.

Die staatliche „Abzockerei" durch die Steuerprogression bei gleichzeitigen Wahlgeschenken so alle 4 oder 5 Jahre hätten mithin weniger Grundlagen. Der Bürger würde sich weniger „Verdummbeutelt" vorkommen.

Die freiwerdenden Finanzamtsbediensteten könnten ausnahmslos in die Betriebsprüfungsstellen überwechseln. Da käme wohl richtig Geld bei rein.

Bei jeglicher Inanspruchnahme von Arbeitsleistungen von Privatpersonen hätten allerdings nicht „Bares" zu fließen, sondern „Arbeitsentgeltchecks". Diese kann man dann bei seinem Geldinstitut gutschreiben lassen, steuerfrei, aber abzüglich natürlich der Sozialabgaben, zu denen ich noch schreiben werde.

Die Mehrwertsteuer sollte auf alle Produkte gleich erhoben werden. Bei einem gleichmäßigen Steuersatz von zum Beispiel 20 oder 25 % müssten dann allerdings sämtliche ca. 100! andere zusätzliche Einzelverbrauchssteuern (häufig „Sündensteuern“) komplett entfallen.

Denkbar wäre auch die Variante mit grundsätzlich 20 % Mehrwertsteuer auf alle Waren, wobei bisher mit Sondersteuern belastete Artikel mit 40% Mehrwertsteuer belastet würden. Dieser erhöhte Steuersatz wäre somit auch für Energie, Alkohol, Tabak, alle Elektronikartikel, Spielzeuge und weitere eher sinnfreie Produkte denkbar.

Sämtliche Einnahmen aus dem Verkehrswesen (Steuern, Abgaben, Bußgelder, Strafen) wären aber ohne Wenn und Aber in gesetzlich festgelegter Zweckbindung dem Verkehrswesen zu 100 % wieder zuzuführen. Hierbei wird natürlich eher der PKW-Verkehr so nebenbei auch die Fahrradwege mitfinanzieren, wie bisher auch. Ist so in Ordnung. Was nicht in Ordnung ist, dass gerade der umweltschädlichste Verkehr, der Flugverkehr, weitgehend vom Staat (aus Steuergeldern) mitfinanziert wird.

Wieso müssen denn z. B. 3-Tage-Komasaufen am „Ballermann“ in Mallorca subventioniert werden?

Im Übrigen müssen die Superrabattpreise und Schnäppchenpreise in allen Bereichen für doch immer ganz wenige gänzlich verboten werden.

Wahrheit und Klarheit bei der Preisgestaltung für alle Kunden, auch für diejenigen, die halt nicht Handeln und Feilschen können wie auf einem Basar. Und wenn ein

Auto schon deshalb wieder nicht so gut verkauft werden kann, weil innerhalb kürzester Zeit schon wieder das allerneueste und ultimativste Modell wartet*, dann sind halt die Preise für das „Altmodell" radikal, aber einheitlich zu senken.

- Auch, weil der Staat schon wieder neue Vorschriften rauskloppen musste... Gleichzeitig gibt es das H-Kennzeichen für Altstinker Ü30.

Preisangaben wie die Verblödungsmethode „nur für kurze Zeit" wären untersagt. Klare Angabe, auch bei Sonderangeboten anderer Art.

Diese Ware kostet nur 99 ct. Ist doch totaler Quatsch, denn sie müßte eben 1 € kosten oder 5 € statt 4,99 € usw.

Der größte Beschiss dabei sind Zehntelcent-Preise beim Sprit. Gleichzeitig ändern sich diese Preise mehrfach am Tag aus völlig unerklärlichen Gründen um bis zu 8 oder sogar 12 Cents/Liter. Also um das 80 oder 120fache dieses Zehntelcents.

In meiner Jugend kostete der Sprit überall und allezeit gleich: 56,5 Pfennig für Benzin und 63,5 Pfennig für Super. Wäre für mich eine auch heute denkbare Lösung, der Festpreis. Nur im „Paradies der Arbeiter und Bauern" kostete damals Sprit deutlich mehr (1,50???), bei etwa halben Löhnen. Soweit sind wir nun ja auch bereits gekommen. Die 5 DM je Liter Forderung der Grünen ist bereits nahe.

Heißt wohl „Annäherung der Systeme" oder so.

Irgendwie haben BRD und DDR bei der Vereinigung jeweils eher die gegenseitigen Fehlentwicklungen übernommen, statt vorhandener Stärken. Bei der EU hat man auch bisweilen das Gefühl, vieles ginge nicht auf ein gemeinsames Besseres hin, sondern auf einen gemeinsamen aber faulen Kompromiss (siehe Mopeds mit 45 kmh).

Denkbar für mich wäre auch, die „Spieler- und Zockermentalität“ der Preisgestalter bei den Ölmultis etwas einzubremsen. Diese dürften für das ganze Land nur einmal im Monat (sagen wir mal um 12 Uhr des ersten Dienstag) ihren firmeneigenen Preis festlegen. Nur „Freie Tankstellen“ dürften da nachjustieren. Natürlich müsste man auch dabei mit Preisabsprachen rechnen. Aber dafür gibt es doch unser „allmächtiges Kartellamt“ – oder sollte man sich die Kosten für diese Behörde einfach sparen?

Gilt auch für wehrlose „Rechnungsprüfungsämter“!

Heute ist doch der der ehrliche, schüchterne, eventuell gerade nicht so Informierte der Dumme. Er zahlt nicht nur die hohen „Deutschlandpreise“, sondern stets auch die zu hoch angesetzten offiziellen Verbrauchspreise.

Bei Autos und anderen Produkten hilft der Gesetzgeber heftig mit, dem Käufer klar zu machen, dass er unbedingt schon wieder etwas Neues braucht. Jetzt haben wir die Schadstoffklasse Euro VI (bei Motorrädern IV), also weg mit den alten Karren. Mit denen zahlst du mehr und darfst möglicherweise nicht mehr in die Innenstädte. Was für ein Irrsinn und welche Ressourcenverschwendung zum Nutzen der Industrie und idiotischer Weltverbesserer. Da werden zum Teil wirklich gute und gepflegte Fahrzeuge von jetzt auf gleich wertlos und verscherbelt.

So hatte sich irgendjemand dann irgendwo in Afrika heftig gefreut über meinen fast neuen (12 Jahre / 220.000 km) Mercedes E 200 Diesel mit 75 PS und in Aubergine (ein nicht mehr wiederholbarer Traum). Gerade neue Vorderachse und weiteres bekommen, also gut für mindestens weitere 12 Jahre, Verbrauch über alle Jahreszeiten 7,3 Liter/100km auch ohne diversen Motorschnickschnack wie Kompressor plus Turbolader. Praktisch unkaputtbar.

Aber dann durfte man mit Dieselfahrzeugen vor Baujahr 2000 nicht mehr nach Bozen und Meran hinein. Ähnliche Spinnereien gibt es ja gerade wieder. Welch eine Ressourcenverschwendung und dies mit Verve aber wenig Verstand häufig von meinen „Lieblingen" gefordert. Diese Partei schadet dem „Grünen Interesse" mehr, als sie Nutzen bringt. Vorne Türmchen bauen und dann mit dem Pöppes wieder einreißen. Naive Kinder mit Spieltrieb halt, auch noch im Greisenalter von 77!

Also ging mein Traumauto für lächerliche 3500 € vom Opelhändler an einen „Was ist letzte Preis" Exporteur.

Da blutet das Herz und man fährt nun nach Opel, danach halt Honda – jeweils als Benziner mit 60 bzw. 80 % Mehrverbrauch gegenüber diesem Diesel.

Welch ein Fortschritt. Vielleicht sollte man bei all den Diskussionen drei Dinge berücksichtigen:

- Prüfverfahren sollten (überall! und auch bei Lärm usw.) absolut der Praxis entsprechen, dann haben wir auch Fakten, über die wir diskutieren können, statt nur zu schwafeln.

- Es ist natürlich völlig unrealistisch, zu glauben, man könne die „eierlegende Wollmilchsau" erfinden. Da will man uns also Fahrzeuge verkaufen, die deutlich mehr PS haben, 4WD, schwerer sind als das Vormodell, natürlich auch größer, dabei leiser, weniger Sprit verbrauchen und nur noch säuselnde, klare Luft einer Alm im Hochgebirge hinten raus lassen. Alles noch billiger, noch günstiger und spätestens im 3. Modelljahr zu Schleuderpreisen.

- Mit welchem Promillesatz und noch weitere 3-5 Stellen hinter dem Komma verringern wir BRD Musterschüler denn durch die Norm 6 ff die Schadstoffbelastung dieser Welt?

- Was ist z. B. „Feinstaub“ – nur mal als Beispiel – häufig nur Staub. Und je feiner unsere Partikelfilter bei Dieseln, aber auch bei Hochleistungsbenzinern sind, je feiner werden die Partikel. Also Feinstaub. Spätestens in 10 Jahren werden dann Nano-Partikel daraus und die sind doch nach den Veröffentlichungen das Allerschlimmste.

- Also nochmals, weniger Menschen, weniger Autos. Weniger Führerscheine* noch weniger Autos.

  - *Auf Führerscheine für die letzten Idioten und für „Scheintote“ komme ich noch.

Kaputtgehen darf an diesen modernen Autos auch nichts mehr. Selbst ein „Leuchtmittelwechsel“ kostet nun statt 5 DM für 2 Birnchen nun über 100 € für <u>eine</u> aber (zugebaute) Seite.

Leuchtmittel! Ein wunderbares Stichwort. Was ist denn zurzeit „in“ und umweltpolitisch „correct“?

Ich werfe in den letzten Jahren mehr Komplettlampen weg, als ich früher Birnen wechseln musste. Zudem habe ich 3 Plastikcontainer mit diversen „Leuchtmitteln", von denen ich manchmal nicht mehr weiß, ob ich dazu noch eine Lampe habe. Irrsinn!

Aber wir schaffen das und wir retten als Musterschüler**in** die Welt.

Was tut mir da das „in" so gut, denn nicht nur Männer bauen „Scheiß" in der Politik. Seit Einführung der Frauenwahlrechte vor 100 Jahren hat sich eigentlich existenziell nichts Wesentliches verbessert.

Überlegt einfach mal, mit welchen Maßnahmen man deutliche Verbesserungen mit deutlich geringerem Aufwand ergreifen kann.

Und immer daran denken, vieles können wir eh nicht beeinflussen, uns aber darauf vorbereiten, sofern wir nicht vorher unser Pulver verschossen haben.

Vererbbare Rente auf Kapitalbasis

Wozu brauchen wir denn annähernd 20 Rentenanstalten? Wieso immer noch einen „Generationenvertrag“, wo doch das ewige Wachstum von Beitragszahlern vorbei ist bzw. die Relationen zwischen Zahlern und Beziehern immer mehr auseinanderklaffen? Wozu Entgeltpunkte oder Beitragspunkte?

- Viele unnötige Institutionen bieten halt viele Möglichkeiten, Politschmarotzern ein prima Einkommen oder Zubrot zu verschaffen. Also weg damit!

- Der Generationenvertrag passt heute nicht mehr. Zumal man nicht gewillt ist, dafür Sorge zu tragen, dass Menschen halt bis zu 50 Jahre lang einzahlen. Wir leben immer länger, sollen aber mit einer kürzeren Lebensarbeitszeit die längere Rente finanzieren. Immer nur oben im Alter dranstückeln ist reichlich pervers. Versuche doch mal jemand, dann noch eine angemessene Arbeit zu finden. Mir hat man Ende 2016 eine Stelle als Zeitungsausträger mit eigenem Fahrzeug angeboten.... Wie war das noch mal mit den unschätzbaren Kenntnissen und Erfahrungen der „Best Agers“??? Wer behauptet, man könne ab 60 noch locker weiterarbeiten oder dazuverdienen, **lügt dreist und unverschämt bewusst oder war zeitlebens so weit entfernt von der Wirklichkeit** – halt wie ein „Berufspolitiker seit Pubertätspickelzeiten“ eben so ist.

- Entgeltpunkte etc. sind lediglich zur Vertuschung und Verdummung da. „Wahrheit und Klarheit“.

Was habe ich eingezahlt, was muss ich dafür herausbekommen? Hier werden mit allen möglichen Tricks von der Politik gewollte staatliche „Wohltaten“ nicht nur aus Steuergeldern finanziert, sondern aus den Rentenbeiträgen anderer Einzahler.*

* FAZ 03.11.2016, 10.24 Uhr: *...Das wissen Politiker, auch deshalb haben sie ein überkomplexes Rentensystem geschaffen, das kaum einer versteht, ...*

...Diese gesetzliche Rente haben Politiker mit versicherungsfremden Leistungen überfrachtet, so dass mittlerweile ein Drittel der Rente aus Steuermitteln finanziert wird. ...

...Ursprünglich galt für die Rente die goldene Regel, wonach eine Auszahlung einen direkten Bezug zur Einzahlung haben sollte.....

...Masseneinwanderung kann den demografischen Abgrund nicht zuschütten, zumal in der jüngsten Migrationswelle sehr viele Geringqualifizierte kamen, die wenig zur Produktivität beitragen und eher die Sozialkassen belasten dürften....

- Als Äquivalent für die „Ostrenten“ sollten doch wohl die Erlöse der (Un)Treuhand reichen, oder doch nicht? Immerhin hat man so einiges wirklich unter Wert verscherbelt und so Mitteldeutschland teilweise von Industriearbeitsplätzen „befreit“ und gleichzeitig den Westbetrieben die Konkurrenz vom Halse gehalten.

Wie kann man derzeit lesen? Um eine „auskömmliche“ Rente oberhalb der Armutsgrenze von 795 €* zu bekommen, muss man bei den derzeit üblichen durchschnittlich (lächerlichen) 38 Arbeitsjahren monatlich 2330 € verdienen. Dies entspricht etwa einem Stundenlohn von 13,50 €. Schaut mal nach im Facheinzelhandel, der zahlt meist deutlich schlechter als Aldi und Konsorten, trotz der Beschäftigung von Fachkräften.

Friseusenlohn? Oder andere gelernte Fachverkäuferin für immerhin schon 9,17 € h?

„Als Gott die Löhne der Mitarbeiter dieses Raumes sah, drehte er sich um und weinte bitterlich.“

- 795 € - was für eine Rente! Um irgendwie menschenwürdig über die Runden zu kommen, sollten schon 1200 bis 1300 € unversteuert als Untergrenze möglich sein.

Die Hälfte der Beschäftigten schafft nicht einmal diese 795 €. Heißt doch im Klartext:

- Höhere Löhne zahlen statt höherer Gewinne. * * Mein Vorschlag für den Mindestlohn: 10 € für ungelernte Kräfte, 12 € bei Berufserfahrung, 14 € bei gelernten Kräften mit Erfahrung, Meister/Techniker erhielten 16 € und Absolventen von FHs/Bachelor mindestens 18 €. Örtliche Zuschläge für hochpreisige Ballungsräume wie Berlin, Hamburg, München, Stuttgart etc. sind natürlich dabei notwendig.

- Länger als 38 Jahre arbeiten, besonders, wenn man eher zu den Geringverdienern gehört.

- **Heißt für mich aber, wieder früher mit der Arbeit anfangen, statt jahrelang auf der Schulbank oder im Studium „herumzulungern" ohne den Willen, schnell fertig zu werde. Leistung hat auch etwas mit Zeit zu tun. Und wenn der eine 5 Tage braucht, um eine bestimmte Arbeit zu erledigen und der andere eher 2 Wochen, dann ist dies nicht die Schuld des Schnelleren.**
- **Kein Bauer würde einer Kuh, die kaum Milch bringt, auch noch Kraftfutter „spendieren", aber mehr dazu auch unter „Schule". ***
    - **Ich höre schon den politisch korrekten Aufschrei: dieser Unmensch vergleicht Menschen mit Kühen!!! Für die mit dem Riss auf der Schallplatte: Ich vergleiche zwei Situationen.**
- **Alle Zusatzwahlgeschenke oder „Renten" für „Nichteinzahler" sind grundsätzlich, nein, immer aus Steuermitteln zu zahlen und nicht durch Umlage (= Wegnahme bzw. Raub) bei den ehrlich arbeitenden Beitragszahlern.**

Ich persönlich würde alle Rentenanstalten abschaffen und die 20 % des Bruttolohnes jedes abhängig Beschäftigten (Arbeiter, Angestellte und Beamten - die hätten da und auch sonst den gleichen Status, da diese Aufteilung nur dazu dient, diese 3 Gruppen gegeneinander auszuspielen nach dem Motto „teile und herrsche") überweisen an die Bundesvermögensverwaltung bei der Bundesbank (um Himmels Willen nicht bei der EZB und den Banditen um Herrn Draghi dort).

Dazu natürlich auch von allen Selbstständigen, Scheinselbstständigen und ganz besonders von allen Politikern, Priestern und Bischöfen.

Dazu auch von allen Sonderrentengruppen wie Landwirten, Seeleuten, Bergleuten, Künstlern, sowie von Narren und Gauklern mit Sonderrechten und auch von Sportprofis, damit diese nach dem Verprassen ihrer Millionen nicht im Alter Sozialhilfe beziehen müssen.

Ich hoffe, keinen vergessen zu haben. **Ich meine nämlich wirklich alle**.

Über diese Einzahlungen (und die Zuwächse) bekäme jeder monatlich einen Kontoauszug.

Wahrheit und Klarheit bei minimalem Verwaltungsaufwand in Zeiten der Computerisierung.

Dieses Geld wäre jährlich zu verzinsen mit einem Grundzins von 2 % **oder besser 3 %** und einem Zusatzzins in Höhe der laufenden Inflationsrate* mit dem Faktor 1,3.

- Wobei die Inflationsrate auch endlich mal nach Wahrheit und Klarheit berechnet werden sollte. Der Verbrauch von 5 Eiern je Woche bei einer 4köpfigen Familie ist ein Beispiel für Realitätsferne. Wenn alles so angesetzt wird, dann wundert man sich über nichts mehr. Aber auch hier, wie bei den offiziellen Arbeitslosenzahlen oder sonstigen

Statistiken stehen eher Schönrechnereien im Vordergrund.

Diese angehäuften Geldmengen stünden dann der „Öffentlichen Hand“ in Deutschland und nur da (nicht in Argentinien, Griechenland oder Lesotho) zur Verfügung als Kreditmöglichkeit für Investitionen.

Diese festgelegte Zinshöhe hätte zur Folge, dass endlich wieder zukunftssicher geplant werden könnte. Planbare Größen für Staatsschulden. Planbare Zinshöhen für Unternehmen, Sparer, Anleger, Versicherungen und „Pensionsfonds“ der Unternehmen.

Die jetzige „Nullzinspolitik“ der EZB ist doch ein wahres Schurkenstück.

Aber mal ganz böse gesagt: Wie kann man einem Vertreter eines Landes, dass nicht gerade bekannt ist für stabile Geldpolitik, die Geschicke der europäischen Geldpolitik überlassen?

Klare Rechtsbrüche hier, ähnlich wie bei der Öffnung der Grenzen für alle und jeden.

Dazu könnte der Staat dann, wenn er denn Geschenke verteilen will, Zusatzeinzahlungen machen, die aber getrennt aufzuführen sind und beim Rententransfer ins Ausland eben nicht mitzunehmen wären. Dies wäre gleichermaßen so bei Zugereisten, Neubürgern oder Altbürgern seit 10 Generationen. Diese Gelder dienten als soziale Leistungen aus Steuergeldern eben auch der Stärkung der inländischen Wirtschaft.

Alles bitte öffentlich und auch für jeden einfachen Bürger ohne Spezialkenntnisse nachvollziehbar.

Bei diesem Modell könnte dann jeder selbst entscheiden, ob er mit 60, mit 65 oder sogar erst mit 70 seine Rente in Anspruch nimmt, oder eine Teilrente, sofern das Kapital für eine angedachte weitere Bezugsdauer auskömmlich ist.

Da hätte dann keiner etwas hereinzureden und es wären auch nicht die vielen kleinen Betrügereien*

- teils aus berechtigter Notwehr

um Schwerbehinderungen, Erwerbsunfähigkeitsrenten oder nachträgliche Änderungen des Lebensalters notwendig. Ja, diese Regelung aus einem anderen Staat, wird hier durchaus legal für früheren Rentenbezug genutzt. So wie man beim „Erscheinen" in der BRD nicht erst seit der „Einladung" 2015 schon seit Jahrzehnten bei Bedarf halt deutlich jünger war.

Schon die berühmten 3 Affen sahen nichts, hörten nichts und wollten auch nichts dazu sagen.

Wir sind aber keine Affen mehr, wir unterscheiden uns von allen anderen Kreaturen doch durch (noch) weitgehenderes Planen und Vorausdenken.

Manchmal glaube ich aber selbst nicht mehr an unser rationales Handeln.

Bevor jetzt irgendjemand berechtigt behaupten kann, ich würde hier vom (Renten)Staate Utopia reden, meine nachrechenbaren Zahlen:

Ich rechne hier mit den theoretisch möglichen Arbeitszeiten vom Alter 15 bis zum Alter 70. Alle kürzeren Varianten dazwischen sind denkbar und ablesbar.

Natürlich habe ich den Zusatzzins Inflationsrate x 1,3 nicht berechnet. Nicht aus Faulheit, sondern wegen der Unvorhersehbarkeit. Dieser Satz soll zudem ja exakt bzw. annähernd den Wertverlust der Kapitalrente bis zum Rentenbezugsanfang und auch bis zum Renten<u>ende</u>(!) ausgleichen.

Zuerst also die Berechnung bei einem Monatseinkommen von 2330 € = jährliche Einzahlung von 5600 €, bei der laut Presseverlautbarung nach 38 Jahren lediglich eine „Hungerrente" von derzeit 795 € gezahlt wird. Danach kommt die Tabelle für einen Einzahler, der an der 2017er Bemessungsgrenze von 6350€ liegt, der mithin im Jahr 15240 € einzahlen würde.

Jahr	Einzahlung	Summe	2% mit ZZ	3% mit ZZ
0	1	1	5601	5601
1	5600	5601	5713	5769
2	5600	11201	11427	11542
3	5600	16801	17256	17488
4	5600	22401	23201	23613
5	5600	28001	29265	29921
6	5600	33601	35450	36419
7	5600	39201	41759	43112
8	5600	44801	48194	50005
9	5600	50401	54758	57105
10	5600	56001	61454	64418
11	5600	61601	68283	71951
12	5600	67201	75248	79709
13	5600	72801	82353	87701
14	5600	78401	89600	95932
15	5600	84001	96992	104410
16	5600	89601	104532	113142
17	5600	95201	112223	122136

18	5600	100801	120067	131400
19	5600	106401	128069	140942
20	5600	112001	136230	150770
21	5600	117601	144555	160894
22	5600	123201	153046	171320
23	5600	128801	161707	182060
24	5600	134401	170541	193122
25	5600	140001	179551	204515
26	5600	145601	188742	216251
27	5600	151201	198117	228338
28	5600	156801	207680	240789
29	5600	162401	217433	253612
30	5600	168001	227382	266821
31	5600	173601	237530	280425
32	5600	179201	247880	294438
33	5600	184801	258438	308871
34	5600	190401	269207	323737
35	5600	196001	280191	339049
36	5600	201601	291394	354821
37	5600	207201	302822	371066
38	5600	**212801**	**314479**	**387798**
39	5600	218401	326368	405031
40	5600	224001	338496	422782
41	5600	229601	350866	441066
42	5600	235201	363483	459898
43	5600	**240801**	**376353**	**479295**
44	5600	246401	389480	499274
45	5600	252001	402869	519852
46	5600	257601	416527	541047
47	5600	263201	430457	562879
48	5600	**268801**	**444666**	**585365**
49	5600	274401	459160	608526

50	5600	280001	473943	632382
51	5600	285601	489022	656953
52	5600	291201	504402	682262
53	5600	296801	520090	708330
54	5600	302401	536092	735180
55	5600	**308001**	**552414**	**762835**

Jahr	**Einzahlung**	**Summe**	**2% mit ZZ**	**3% mit ZZ**
0	1	1	15241	15241
1	15240	15241	15546	15698
2	15240	30481	31097	31409
3	15240	45721	46959	47591
4	15240	60961	63138	64259
5	15240	76201	79641	81427
6	15240	91441	96473	99110
7	15240	106681	113643	117323
8	15240	121921	131156	136083
9	15240	137161	149019	155405
10	15240	152401	167239	175307
11	15240	167641	185824	195807
12	15240	182881	204780	216921
13	15240	198121	224116	238668
14	15240	213361	243838	261069
15	15240	228601	263955	284141
16	15240	243841	284474	307905
17	15240	259081	305404	332382
18	15240	274321	326752	357593
19	15240	289561	348527	383561
20	15240	304801	370737	410308
21	15240	320041	393392	437857
22	15240	335281	416500	466233

23	15240	350521	440070	495460
24	15240	365761	464111	525564
25	15240	381001	488634	556571
26	15240	396241	513646	588508
27	15240	411481	539159	621403
28	15240	426721	565182	655285
29	15240	441961	591726	690184
30	15240	457201	618801	726129
31	15240	472441	646417	763153
32	15240	487681	674585	801288
33	15240	502921	703317	840566
34	15240	518161	732623	881023
35	15240	533401	762515	922694
36	15240	548641	793006	965615
37	15240	563881	824106	1009823
38	15240	**579121**	**855828**	**1055358**
39	15240	594361	888185	1102259
40	15240	609601	921188	1150566
41	15240	624841	954852	1200323
42	15240	640081	989189	1251573
43	15240	**655321**	**1024213**	**1304360**
44	15240	670561	1059937	1358731
45	15240	**685801**	**1096376**	**1414733**
46	15240	701041	1133543	1472415
47	15240	716281	1171454	1531828
48	15240	**731521**	**1210123**	**1593022**
49	15240	746761	1249566	1656053
50	15240	762001	1289797	1720975
51	15240	777241	1330833	1787844
52	15240	792481	1372690	1856719
53	15240	807721	1415383	1927661

54	15240	822961	1458931	2000731
	15240	**838201**	**1503350**	**2075992**

Mit diesen vorliegenden Beträgen berechne ich nun die mögliche monatliche Rentenhöhe (ohne den Inflationsausgleich wie schon geschrieben).

Die veröffentlichten Zahlen 2017 gehen davon aus, dass ein Rentner künftig 18 Jahre Bezugsdauer erwarten kann, eine Rentnerin 21 Jahre.

Somit wären meine Berechnungen zur 20jährigen Bezugsdauer realistisch, andererseits müssen auch die Fälle abgedeckt werden, in denen Menschen an die 100 Jahre alt werden.

Ansonsten vergleiche jeder seine eigene Situation und die von Verwandten, Bekannten etc. sofern bei der bisweilen herrschenden Geheimniskrämerei Einblick gewährt wird.

Die Vorteile meines Systemvorschlages lägen dabei:

- Im Wegfall des enormen Verwaltungsaufwandes durch die vielen Rentenanstalten
- In der Unmöglichkeit für den Staat, die Renteneinzahler durch komplizierte Systeme und Berechnungen von vorne und hinten zu betrügen = zu enteignen
- Ich hatte schon immer die überschlägige Vermutung, dass Einzahler am oberen Ende der Bemessungsgrenze um etwa die Hälfte ihrer Ansprüche

„beschissen“ werden. Die Berechnungen zeigen, dass dies tatsächlich so ist, obwohl der ärmere Teil der Bevölkerung beim jetzigen Generationenvertrag“ trotz Umschichtungen von oben nach unten und Sonderleistungen für Erziehungsjahre, Anhebung von Kleinrenten auf ein Niveau, als hätte man immer zumindest 75% des Durchschnittseinkommens erzielt - etc. pp. - immer noch unterhalb eines menschenwürdigen Existenzminimums im Alter bleibt und auf „Aufstockungen“ angewiesen war und wohl auch weiter sein wird.

- Blendgranaten-Werbesprüche wie „Lebensleistungsrente“ * wären unmöglich, denn Rente wäre Rente und (<u>notwendige</u>) Aufstockungen halt Steuertopf, mithin Sozialleistungen.

  * Ich mag es überhaupt nicht, wenn immer je nach Gusto und Bedarf die Schicksale wirklich vom Schicksal gebeutelter Menschen mit denen von Schmarotzern, Verschwendern, Spielern, Dumpfbacken oder bewusster Sozialschädlinge in einen Topf und Begriff geworfen werden.

  - Wenn der Staat (die Politik) meint, man müsse Erziehungszeiten in die Rente einfließen lassen, dann mag er für bis zu zwei Kindern dies tun – nach einer Volksabstimmung darüber, ob und für wie viele – indem er einen Betrag X aus Steuermitteln dem jeweiligen Versichertenkonto gutschreibt. Dies ist nicht Aufgabe der anderen Versicherten.

- Die immer wieder angeforderte Gleichheit = Gerechtigkeit (?) für alle Personengruppen heißt doch aber nicht, dass die Bewohner unterschiedlicher Regionen Deutschlands alle die gleiche Rente haben müssten. Es gibt weder Einheitslöhne in Deutschland, keinerlei Einheitspreise oder Lebenskosten, wieso also das Geschwafel von der Angleichung der „Ostlöhne/Ostrenten". Reden wir nicht nur über persönliche Einzahlungsmöglichkeiten, aber wieso will man denn die Renten in Mitteldeutschland nun gerechterweise absenken? Ach, nee, anheben will man diese, obwohl tatsächlich bei vergleichbaren Berufen dort jetzt schon teilweise höhere Renten gezahlt werden, als in der „West-BRD". Hier müssen zudem auch die regional unterschiedlichen Lebenshaltungskosten mit gesehen werden.

- Niemand hätte strukturbedingte Vorteile oder Nachteile auf Grund seiner Zugehörigkeit zum Stande der Arbeiter, der Angestellten, der Beamten, der Selbstständigen. Auch nicht die Selbstbedienerkaste = die Politiker.

- Die Bemessungsgrenze könnte durchaus auch bei 10.000 € im Monat (+ Inflationsrate) oder mehr gezogen werden, denn niemand bräuchte ja Angst zu haben, dass seine Einzahlungen für Wahlgeschenke für andere oder Misswirtschaft benutzt würden. Er würde lediglich seinen (höheren) bisherigen Lebensstandard auch im Alter aufrecht halten können.

- Ein sehr großer Vorteil läge meines Erachtens darin, dass ein echter Schritt zur Vermögensbildung der Mittelschichten gemacht werden könnte. Bei Riesterrenten und sonstigen privatkapitalistischen Angeboten werden doch eh nur andere reich, wenn zuerst einmal 25% meiner Einzahlungen für die „Geier“ sind.

- Diese Kapitalrente – der mögliche übrig gebliebene Rest - wäre beim Tode des Versicherten – ohne jegliche Erbschaftssteuern - voll übertragbar an Ehegatten, leibliche (Enkel) Kinder und Adoptivkinder, die man tatsächlich selbst aufgezogen hat. Also keinerlei steuerfreie Vererbbarkeit in Fällen der „Spätadoptionen“ so jenseits der Ü50 zwecks Adelstitelerwerb etc.
- Sollten dann nichtabrufbare Reste übrig sein, da der Renteneinzahler zu früh das Zeitliche segnete, dann möge sie der Staat zweckgebunden dem Etat für „Aufstockungen“ zuführen.

Hier nun meine Berechnungen, wie hoch die monatlichen Renten bei meinem verzinsten System sein könnten. Auch hier wieder ohne den „Inflationsbonus“, da dieser eh nur zum Geldwertausgleich da wäre.

Zur Höhe meiner angesetzten Verzinsung von 2% oder 3 % (plus Inflationsrate x 1,3) denken Sie einfach mal zurück an die Zeiten „vor Merkel“ bzw. vor „Bankenkrach“, vor der „Griechenlanddauerrettung“, vor „Einladungs- und Begrüßungsritualen“.

Die Zinshöhe kommt hin und wäre wohl auch richtig so oder sogar höher.

2330 € Eink.	**5600 € Einzahlungen im J.**		
	unverzinst	**2%**	**3%**
nach 38	212800	**314479**	**387798**
nach 45	252000	**402869**	**519852**
nach 50	280000	**473943**	**632382**
nach 55	308000	**552414**	**762835**
Bezug 20 J	240 Monate		
nach 38	**887***	**1310**	**1616**
nach 45	1050	**1679**	**2166**
nach 50	1167	**1975**	**2635**
nach 55	1283	**2302**	**3178**
Bezug 30 J	360 Monate		
nach 38	591	**874**	**1077**
nach 45	700	**1119**	**1444**
nach 50	778	**1317**	**1757**
nach 55	856	**1534**	**2119**
Bezug 35 J	420 Monate		
nach 38	507	**749**	**923**
nach 45	600	**959**	**1238**
nach 50	667	**1128**	**1506**
nach 55	733	**1315**	**1816**

- **Selbst dieser Betrag wäre schon 100 € höher als derzeit gezahlt.**

6350 Eink.	**15240 Zahl.**		
	unverzinst	**2%**	**3%**
nach 38	579121	**855828**	**1055358**
nach 45	685801	**1096376**	**1414733**
nach 50	762001	**1289797**	**1720975**
nach 55	838201	**1503350**	**2075992**
Bezug 20 J	240 Monate		
nach 38	2413	**3566**	**4397**
nach 45	2858	**4568**	**5895**
nach 50	3175	**5374**	**7171**
nach 55	3493	**6264**	**8650**
Bezug 30 J	360 Monate		
nach 38	1609	**2377**	**2932**
nach 45	1905	**3045**	**3930**
nach 50	2117	**3583**	**4780**
nach 55	2328	**4176**	**5767**
Bezug 35 J	420 Monate		
nach 38	1379	**2038**	**2513**
nach 45	1633	**2610**	**3368**
nach 50	1814	**3071**	**4098**
nach 55	1996	**3579**	**4943**

Verbraucher, die über 45 Jahre den höchsten Beitragssatz in die gesetzliche Rentenversicherung eingezahlt haben, **bekamen im Jahr 2013 eine Höchstrente in Höhe von 2.200,00 EUR**. (Quelle: Arbeitsagentur.net) – **und dies zum Teil steuerpflichtig**!

„Alles-besser-Wisser“ und Internetforenhulks haben natürlich den berechtigten Einwand, wie das dann mit der

Umstellung vom bisherigen Rentensystem auf mein neues System klappen soll?

- Ich weiß allerdings nicht, ob gewisse Leute überhaupt willens sind, sooo ein dickes Buch komplett zu lesen.

Was sollen wir nicht dabei schaffen?

Deutschland hat den 1. und 2. Weltkrieg überstanden mit heftigsten volkswirtschaftlichen Kosten schon während dieser Kriege.

Deutschland hat alle folgenden aufgenötigten Zahlungen an diverse Staaten oder Organisationen als Wiedergutmachung der „Deutschen Alleinschuld" an allem Übel der Welt geschultert.

Deutschland finanziert große Teile des EU-Haushaltes und weiterer internationaler Organisationen.

Wir haben nicht nur „besondere Verhältnisse" zu anderen Staaten, wir liefern dorthin sogar Kriegswaffen und bezahlen diese auch noch selbst.

Trotzdem gab es jahrzehntelang ein Aufwärts, es wurde gearbeitet, gebaut und anständig (im doppelten Sinne des Wortes) gelebt.

Heute schließen wir sogar unsere in Zeiten großer Armut gebauten Schwimmbäder etc. um dafür lieber Banken zu retten, die uns als Steuerzahler weiß Gott nichts angehen

- Wir retten das korrupte Griechenland, Zypern, demnächst wohl Italien und andere Staaten, denen die „Leichtigkeit des Seins" wichtiger sind, als die Daseinsvorsorge durch eigene Kraft und Mühen.

- Wir zahlten für EU-Beitrittswillige schon vorher so einiges, um sie zu ködern – aber warum bitte muss man korrupte Armenhäuser quasi in die EU bitten – dies möglichst noch über die Grenzen Europas hinaus?
- Wieso fließt Geld in die Ukraine und wieso verlieren wir selbst jede Menge Geld durch Embargos gegen Russland, gegen Persien und früher gegen Kuba? Diese Maßnahmen nützen wem? Sie wissen es selbst. Auch wenn da gerade ein „Drumpf" das Gegenteil behauptet hat. Uns schaden sie.
- Wir beteiligen uns an Kriegshandlungen, die im genau vergleichbaren Fall (UdSSR – Afghanistan) zum Boykott der Olympischen Spiele 1980 in Moskau führten.
- Weder Herr Obama noch der „Herr" Trump sind tatsächlich die mächtigsten Männer der Welt.
- Wir tanzen nach der Pfeife der Industrie in den USA und anderer Staaten.

Also nichts für niemanden – besonders außerhalb unseres eigenen Staatsgebietes – und wir werden das schaffen. Die Umstellung unseres Rentensystems wird meines Erachtens weniger Risiken bergen als die Milliarden bzw. die Billionen, die wir für Banken und marode Staaten in ein Fass ohne Boden geworfen haben und weiter werfen sollen (– tatsächlich wollen?).

Im Prinzip geht es doch nur um eine geregelte Umrechnung und Umbuchung bisheriger erworbener Ansprüche bei verschiedenen Trägern bzw. beim Staat bei voller staatlicher Garantie (geht doch auch bei Sparkassen, dass die Gemeinden als Garanten deklariert werden). Zudem würde ja auch ab dem Tage X laufend weiter eingezahlt – von allen! Da würde doch der (Rubel) / der Euro rollen und wie!

Und wenn wir endlich wieder vernünftig wirtschaften würden und vernünftig Politik betreiben, dann wären diese „Buchgelder" vielleicht sogar wieder mehr Wert, als zurzeit bei der Zwangsenteignung der kleinen Bürger durch den (T)Euro, durch Wahlgeschenke an andere und durch Zahlungsabflüsse an jeden beliebigen, der meint, für seine Schulden sei der deutsche Steuerzahler zuständig. Und nochmals, damit es nicht immer wieder vergessen wird, es gibt nur eine ganz persönliche Schuld für Fehlverhalten und diese sollte auch schnell und strikt gesühnt werden.

Es gibt keine Erbsünden, diese sind Erfindungen der Kirchen zum Zwecke der Verdummung und Unterdrückung.

Sippenhaft ist ein Werkzeug der Diktatoren, z. B. der Nazis.

Daraus ziehe ich meine ganz persönlichen Schlußfolgerungen wie ich zum Teil schon schrieb.

Ich fordere nichts von Tschechen oder Polen. Ich würde mich aber über Entschuldigungen freuen.

Umgekehrt haben Repräsentanten Deutschlands sich deutlich und wiederholt entschuldigt für Taten in unserem Namen.

Ich hielte eine Entschuldigung der Türkei gegenüber Armenien wegen des Völkermordes vor 100 Jahren für angemessen. Dies sollte Forderungen aber ausschliessen.

Die deutsche Bundestagsresolution zu diesem Thema fand ich aber anmaßend. Was erlauben wir uns da an Einmischung.

Die Entschuldigung für den Völkermord vor 100 Jahren in Namibia ist von deutscher Seite erfolgt.

Die Geldforderungen der Ururenkel aus Namibia an uns Ururenkel in Deutschland halte ich für dreist und lächerlich.

Sogar das Verhältnis zu Israel und zum „Jewish Claims" sollte neu überdacht werden. So etwa ab 2025 wird es keinerlei lebende Opfer mehr geben und es dürften sicherlich auch keine dann noch lebende „Täter" (gleich welcher beteiligten Nationalitäten) habhaft gemacht werden können. Deutschland und viele einzelne Deutsche haben sich für die Verbrechen entschuldigt. Alle – gerade auch die Unschuldigen - haben dafür gebüßt und gezahlt.

Die Menschen, die heute (2017) die Steuerlast der BRD tragen, dürften frühestens so ab 1952ff geboren worden sein. Die meisten eher später. Unsere Bevölkerung besteht zudem zu 25% (mit ansteigender Quote) aus Personen mit „Migrationshintergrund".

Meine 1989 und 1990 verstorbenen Eltern konnten im März 1933 Herrn Hitler noch gar nicht wählen, da sie beide noch nicht 21 Jahre alt waren. Im Übrigen halte ich beide für nicht belastet in irgendeiner Weise. Im Gegenteil sogar.

Wer (als nachweisbar Schuldiger) soll denn da für wen (als reales Opfer) noch zahlen? Meine Enkel der Jahrgänge 2001, 2003, 2007 und 2013?

Dies heißt nicht Schlussstrich, Vergessen oder Basta, sondern immer noch die Verpflichtung, ähnliches bereits im Vorfeld zu verhindern.

Dies wird von uns verschiedenen Menschen halt unterschiedlich gesehen. Die einen meinen, man könne Übeltäter mit Wattebäuschen bewerfen, andere wollen „Sünder" mit der Bibel „bekehren" oder zur „Scharia" und zum Islam.

Unsere Psychoonkels und –tanten tun so, als könne man alle und alles heilen. Sogar menschliche Bosheit und Tollwut.

Ich denke, immer und überall ist ein bewusstes Auftreten und ein bewusstes Handeln notwendig. Bloße Gegendemonstrationen als Happening oder ebenfalls mit Gewalt gegen Unbeteiligte sind reines Schaugeschäft und wenig zielführend.

Für mich sind <u>jegliche</u> Arten von „Gegendemonstrationen" wenig zielführend.

Und Wahlkampfauftritte ausländischer Politiker hier bei uns halte ich für völlig daneben. Dies würde ich mir sogar bei Demokraten verbitten!

Die <u>sofortige</u> und <u>spürbare</u> Konsequenz von Fehlverhalten fehlt in unserer Republik und anderen völlig. So hat der irre Massenmörder Breivik in Norwegen im Knast eine „3-Zimmer-Wohnung" (Schlafraum, Studierraum und Fitnessraum) und er klagt weiter in mehreren Instanzen

wegen unmenschlicher Behandlung. Er wird wohl auch wieder in Freiheit kommen.

Ist ja irre – ist der irre – nee, ich glaube wir sind mittlerweile irre.

Er (und andere) sind für mich tollwütige Bestien und sollten so auch behandelt werden.

Wenn man dies liest, dann zweifelt man wirklich am Verstand unserer Justiz, bzw. der Politik, die solche Gesetze zum Schutze der „Menschenwürde für wirklich jeden“ auf Kosten der Opfer macht, die sich nachträglich noch verhöhnt vorkommen müssen.

Die Krankenversicherung im Dauerpflegezustand

Dieser Bereich wimmelt noch mehr von „Gestalten“ als von „Gestaltern“ bzw. Menschen, die nicht nur nach mehr Geld schreien.

Der letzte Schrei lautet doch: Weg mit den Beihilfen für Beamte, dies erspart 60 Mrd. € alleine schon bis 2030. Da wurden wieder völlig ungeprüft Fakten vermengt, nicht hinterfragt, aber publikumswirksam der „Neidhammelgesellschaft“* vor die Füße geworfen.

- Ich schrieb ja schon, dass es bei mir kein gesondertes Beamtenrecht gäbe, sondern gleiche Vor- und Nachteile für wirklich jede Gruppe.

Ich habe keinerlei Ahnung von den tatsächlichen Zahlen, aber vor Jahren las ich noch, dass es für den Staat als Arbeitgeber günstiger sei, Beihilfen zu zahlen statt der 50%-Beteiligung an den Krankenkassenbeiträgen.

Bei dieser obigen bewussten (?) Falschmeldung geht es nur um eines: Mehr „Besserverdienende" sollen in die gesetzlichen Kassen einzahlen und so den „Sumpf" und die „Misswirtschaft" vorübergehend in „Schwarze Zahlen" zu bringen.

Immer mehr Geld auch von den (guten) Beitragszahlern, während die Arbeitgeberseite entlastet wurde.

Dabei wären verschiedene Einsparungen in wirksamer Milliardenhöhe auf Dauer machbar, ohne dabei die Versorgung der Patienten zu verschlechtern. Ich nenne hier nur einige offensichtliche Missstände, die mir einfallen. Leute mit mehr Einblick hätten da sicherlich weitere Vorschläge.

- Wozu brauchen wir 200 oder 300 Krankenkassen? Hochbezahlte Wasserköpfe, aber die nächste Geschäftsstelle für die Versicherten ist erst in der Nachbarstadt zu erreichen. Ich lebe ja schon in einer Großstadt mit über 160.000 Einwohnern, aber meine Frau muss zur DAK-Geschäftsstelle nach Wuppertal.

- Wozu müssen diese vielen Kassen aus Konkurrenzgründen Kurse für „Ringelpietz mit Anfassen" anbieten, während der Mitbewerber „Anfassen beim Ringelpietz" im Programm hat. Jedenfalls ist nicht alles bei den freiwilligen Leistungen nachvollziehbar, während notwendige Maßnahmen gekürzt oder gestrichen wurden. * So zahlte man meiner Frau 2004 für die notwendige Perücke nach „Chemo“ 185 € Zuschuss. Dafür bekommt man einen „Karnevalsfiffi“ auf den Kopf. Männer erhielten den gleichen Zuschuss (sogar bei Haarausfall oder so gibt es diesen Zuschuss tatsächlich). Wozu, fragte ich? Als Mann trage ich dann mit Würde Glatze (ist ja mittlerweile Mode geworden).

Für die Frau zahlt man dann halt kräftig zu – sofern man kann. Wir haben diese Perücke danach weitergeleitet an eine Frau, die nicht die Möglichkeit hatte, so etwas mitzufinanzieren. Da spricht niemand bei den Kassen von „Menschenwürde“. Allerdings ist der Betrag mittlerweile wohl etwas höher geworden.

- **Wieso kneift Politik immer noch vor einer wirksamen und sehr knappen „Positivliste“ bei den Arzneimitteln? Wieso sind die Arzneimittelpreise so hoch?**

- In der Krebstherapie gibt es meiner Erfahrung nach eh nur zwei Varianten bzw. deren drei. Anstän-dige Radikal-OP zum richtigen Zeitpunkt, der auch bei der jetzigen grassierenden Frühdiagnostikwelle wohl noch nicht gefunden wurde. Da sterben doch angeblich durch diese Frühdiagnosen prozentual nur noch halb so viele Menschen an Krebs. Dies ist eine richtige Aussage, die trotzdem eine Lügen-aussage ist. Wenn bei einer Krebsart vorher 100.000 Menschen erfasst wurden, von denen dann 20.000 Menschen starben, so lag die Sterbequote bei 20 %. Nun hat man durch die Früherkennung 200.000 erfasste Krebsfälle dieser Art. Davon ster-ben nun nur noch

10%. Aha! Sind doch aber weiterhin genau so 20.000 Menschenschicksale, oder? Nur, dass man länger in dieser verdammten Angst lebt als vorher.

- Länger in der Angst leben bzw. vegetieren und leiden. Ob bei der eher simplen Zahnwurzelbehandlung, bei anderen Krankheiten oder beim Krebs. Die Sprüche, die man sich dort anhören muss, sind ähnlich blöde wie bei Reklamationen bei Händlern, Werkstätten oder Herstellern: „Solch ein Fall ist bei uns bisher nie aufgetreten!“ Bei Ärzten oder den Pillenherstellern kommt immer die Aussage: “Wir sind da doch schon deutlich weiter als vor 20 Jahren!“ Tatsächlich? Neben Zahnwurzelbehandlungen lehnte ich auch nach meiner Krebs-OP (2009) und auch später jegliche Chemo und Bestrahlungen ab. Ich lebe noch – und dies in einem altersgemäß ordentlich (knackendem) Gesamtzustand. Alleine meine (wiederholte) Ablehnung hat die Krankheits-industrie um mehrere 100.000 € gebracht. Bei meiner (1.) Frau war es mit mehrfacher Chemotherapie und Bestrahlungen ein verlängertes und übles Leiden für sie selbst und für alle Familienmitglieder von 2003 bis Ende Januar 2011. So erfährt man hautnah, welche Gnade ein schnellerer Tod sein kann. Solche Fälle kennt jeder von Ihnen und auch das Leid.

- Damit diese (eher unnützen und unwirksamen) Krebsmedikamente nicht ganz so teuer (die Chemos kosteten übrigens zwischen 6000 und 8000 € das Stück, einzelne Medikamente 600 bis 1800 €) gehandelt wurden, gab es eine Vereinbarung mit der Politik, andere Medikamente eben zwei- bis dreifach so teuer anbieten zu dürfen.

- **Kontrolliert ohne jegliche Tabus die Wirksamkeit von Medikamenten – auch von Krebstherapien! - Verbietet jegliche Werbung für Medikamente, auch frei verkäufliche, für Nahrungsergänzungsmittel, Stärkungsmittel etc. und die Bevölkerung wird im Schnitt gesünder sein. Wieso werden gerade in letzter Zeit von vielen Ärzten – neben Igel-Leistungen - überwiegend diese „grünen Rezepte" ausgestellt? Da zahlen nun Privatversicherte, gesetzlich Versicherte (oft auch Rentner) den Kram vollständig selbst ohne Erstattung.**

  Bekommen da einige Doctores etwa Provisionen? **Ich lehne diese Rezepte mittlerweile strikt ab.**

- **Aber jugendliche Berufspolitiker stellen die neue Hüfte oder das neue Kniegelenk für Rentner in Frage. Da kann ich nur mit dem schönen jüdischen Fluch antworten: „Alle Zähne sollen dir aus dem Maul fallen, bis auf einen – für Zahnweh!" Jungchen, werde erst einmal so alt, dann wirst du merken, wie wohltuend solche Eingriffe für das gesamte Lebensgefühl eines alten „Knackers" sind.**

- **Ich bin für eine „Patientenkarte", auf der konträr zum jetzigen Datenschutzwahn alles drauf wäre, was Doktor, Patient und Krankenkasse wissen müssen.** **Aber damit würde man sicherlich zu vielen auf die Füße treten: Zuerst natürlich den Leuten mit dem Datenschutzwahn, dann den Leuten, die bisher locker mit der Karte eines tatsächlich Versicherten zur Behandlung gingen, den Leuten mit dem wahnhaften „Doctorhopping" – sei es als**

Hypochonder, sei es als arbeitsscheuer oder schulscheuer Drückeberger, natürlich auch den Ärzten, die noch ein wenig Geräte- oder Labormedizin zusätzlich abrechnen können, obwohl alles gerade beim anderen Arzt oder in der Klinik überprüft wurde und es gibt sicherlich auch vereinzelt Ärzte, die bei nur einer Kasse/ Abrechnungsstelle und der „Patientenkarte" damit auffallen würden, dass ihre Arbeitswoche – rein rechnungstechnisch – schon täglich aus 40 Stunden bestehen müsste.

- Wo wir gerade beim richtigen Thema sind – Karte für jeglichen Patienten, auch Private. Ich halte mich selbst ja schon nicht für blöde, aber vor meinen Arzt- oder Klinikrechnungen muss ich kapitulieren wie praktisch jeder Nichtmediziner. Ich hätte auch gerne den ganzen Aufwand vom Leibe mit Selbstzahler, Einreicher bei Kasse und Beihilfestelle, trotzdem immer wieder verbleibende Eigenanteile etc.. Warum kann dies nicht die sach- und fachkundige Kasse - möglichst **eine** in der Republik - nicht für mich machen? Wieso muss der Staat da noch Angstellte oder Beamte der Beihilfestellen erneut prüfen lassen. (Und da sitzen nach meinen Erfahrungen dann auch noch Leute, die außer einigen Paragrafen vom Thema noch weniger Ahnung haben als ich. Darf ja nichts kosten!)
- Ich hätte gerne deutlich mehr Ärzte, gerne auch auf dem Lande und in „unattraktiven" Randgebieten. Dazu sollten wir aber ein Vielfaches an geeigneten Bewerbern ausbilden. Kann mir jemand erzählen, warum die NC (Numerus Clausus) geeignete Abitur-note von 1,0 bis 1,1 **irgendeine Bedeu-**

tung für die Befähigung eines Bewerbers für den Beruf (nicht Job!) als Arzt hat?*

*über Abiturnoteninflation etc. schreibe ich noch zum Thema Schule

Vor über 50 Jahren waren 1er Abiturienten tatsächlich neben einem ausgeprägtem „Strebertum“ häufig auch überdurchschnittlich intelligent, was aber noch nichts über eine spezielle Eignung zu einem speziellem Beruf aussagt. Klardenkende Schüler gingen in technische Berufe, neben lebensängstlichen Menschen wurden unerzogene Utopisten (wie ich) Lehrer (die glaubten, sie könnten die Welt aushebeln, wenn man ihnen nur den richtigen Punkt zeigte), Leute mit eigenen Problemen gingen in „Psychoberufe“ und zu den Juristen hat sich ja schon Tucholsky ausgelassen. Was war die Welt doch einfach (ha,ha, Ironiemodus wieder aus). Ist sie heute so aber nicht mehr.

- Ich würde die Anzahl und den Ort von Ärzten und Apotheken festlegen. (Fast wie in den alten Zunftordnungen.) Schon in den Großstädten findet man in bestimmten Bereichen einen Arzt und eine Apotheke fast aufgetürmt neben einander. Im Randbereich muss die alte Oma halt sehen, wie sie da hinkommt. Ums Eck gibt es keinen Doc und keine Apotheke mehr.

- Für das „flache Land“ hat der Staat m. E. eine besondere Verantwortung. Wenn man die Zahl in den Städten reguliert, könnte es ja neue Ressourcen auf dem Land geben. Ich könnte mir aber auch diverse Lockmitttel und Erleichterungen vorstellen. Natürlich hat ein junger Arzt Bedenken, sich dort zu verschulden, bei eher geringen Einnahmen. Er hat Bedenken, ganz alleine für alles und jeden auf dem Dorf zuständig zu sein. Nachtdienste, Wochenenddienste, ja sogar so etwas wie Zuwendung und Seelsorge sind wunderschöne Dinge und Utopien aus den Heimatfilmen um den Landarzt. (Köstlich Marianne Koch damals bei den sturen Bauern!) Alles auch ohne Urlaubsvertreter und ohne einen Kollegen, den man auch einmal um Rat – um die zweite Meinung – bitten könnte. Ich würde da medizinische Stützpunkte auf Kosten der Republik für die Gebäude und Einrichtungen hinsetzen. Dort könnten dann 2 bis 4 Ärzte, eine Depotstelle einer Apotheke, eine oder mehrere Gemeindeschwestern und oder Altenpflegerinnen residieren. Der Staat bezahlt so viele völlig überflüssige und abzuschaffende Funktionsträger, Angestellte und Beamte aller Art, dagegen wären diese Ausgaben wenigstens produktiv im Sinne der Gemeinschaft und des Gemeinschaftswohls. Und wenn man denn will, dann baut man drum herum auch ein Gemeinschaftshaus für Jugend und Alter und versetzt den einen oder anderen Streetworker und Drogenberater aufs Land zum nutzvollen und eher sinnvollen Einsatz mal im positiven Sinne.

- Obwohl ich (mit persönlicher Zufriedenheit) den einen oder anderen Arzt mit nichtdeutscher Herkunft und ebensolchem Abschluss habe, wünsche ich mir in der Regel einen (Haus)arzt, der meine Sprache in allen Nuancen versteht, meinen kulturellen Hintergrund und nicht zuletzt mich selbst persönlich durch ausreichend langen Gedankenaustausch statt Blitzmedizin mit Hilfe von Apparaten und billigeren Hilfskräften. Der Chef unterschreibt maximal das Rezept und stellt in Rechnung (auch bei Privaten teilweise). Wir brauchen mehr Vergütung für Zuwendung durch Verzicht auf Mehrfachtechnik.

- Kuren/Reha-Maßnahmen werden nun ja statt für 4 Wochen zuerst einmal nur für 3 Wochen bewilligt. Bist du „Junkie“ oder „Alki“ etc., dann können dir Maßnahmen bis zu 6 Monaten zustehen, ohne dass dir dabeí jemand wirklich ernsthaft zu nahetreten darf, dich also etwas „strenger“ zu einem Reha-Erfolg dirigieren könnte. Besonders ärgerlich ist es, dass dieser Personenkreis häufig noch nie oder nur sehr kurzfristig gearbeitet hat oder keinerlei eigene Beiträge zu den Sozialversicherungen geleistet hat.

- Warum muss man eigentlich grundsätzlich in eine vom Kostenträger ausgesuchte Reha-Klinik? Einige davon sind so grottenschlecht und nur auf Profit aus, dass sie umgehend geschlossen gehörten. Wir sind doch in der Lage, unsere Urlaube per Internet zu buchen, warum dürfen wir dies nicht bei Reha-Maßnahmen“? Die Ausreißer nach unten wären schnell weg vom Fenster. Wieso darf sich ein eher übles Kaff „Bad“ nennen, wenn links die Betonfabrik ist und rechts das Sägewerk, dazwischen die Durchgangsstraße und außer der „Klinik“ noch 5 Häuser mit 7 Spitzbuben (wie meine Oma immer meinte)? Selbst so mehrfach gesehen!

- Häufigkeit von Kuren / Rehamaßnahmen: Ich selbst war in meinem Leben in zwei Massnahmen (nach Krebs-OP und Allergie/Asthma). Teilweise selbst bezahlt. Nie wieder!!!

- Nicht für jeden Unsinn sollten wir (immer wieder) zur „Kur" dürfen. Für viele ist dies eher ein Zusatzurlaub. Vielleicht sollte man bestimmte Kuren als regelmäßige Entspannung vom Arbeitsleben einfach mal auf den Urlaub anrechnen. Anfangs hälftig, danach voll. Wieso fahren einige Menschen mehr als 10 Mal in solche Anstalten? Irgendwie wird da bisweilen doch Schindluder mit getrieben. Tags Fango und abends Tango entsprechen oft der Realität. Und ein Kurschatten fördert die Heilung. Beides konnten wir durch normale Wanderurlaube in solchen „Kurorten" häufig genug „bewundern". Natürlich sind Kurkliniken ein Faktor der Wirtschaftsförderung und ein Mittel zur Arbeitsplatzbeschaffung. Aber muss dies an jedem denkbaren Ort sein und zu jedem Preis?

- Wieso rechnet es sich im traditionell defizitärem Krankenhausbereich immer nur für die anschwellende Flut von privaten Kliniken (nicht gemeint „Kliniken für Privatpatienten")? Die Fallpauschalen waren wohl eher eine Schnapsidee. Die Ausbeutung des Personals geht weiter. Lediglich Chefärzte können noch ordentlich bis sehr gut verdienen, wenn sie denn die richtige Medizinsparte gewählt hatten.

- Auch hier wünsche ich mir mehr Zeit des Personals, als (Geräte)einsatz bis weit nach dem letzten echten, eigenen Atemzug. Da müssen der Patient bzw. seine Angehörigen darum kämpfen, dass diese Schinderei und das Leid aller über Wochen oder länger endlich beendet wird.

- Wir brauchen eine totale Umkehr der Beweislage bei der Patientenverfügung und bei der Organspende. Wer nichts zentral niedergelegt hat, der ist per se damit einverstanden, dass sein Leben beendet ist, wenn er eigentlich bereits tot ist. Er wird nicht mehr künstlich in einem Schwebezustand der Verzweiflung und vergeblicher Hoffnungen gehalten. Wer nichts Gegenteiliges hinterlegt hat, dessen Organe dürfen zum Nutzen kranker Menschen entnommen werden, ohne Zustimmung oder Streit von und unter Angehörigen.
- Wer dies nicht will, erklärt einfach: Ich will Leben um jeden Preis!
- Wer dies nicht will, erklärt einfach: Ich bin kein Ersatzteillager, mögen andere sehen, wie sie überleben.
- Wieder meine krassen Formulierungen, die sofort „ad res“ (zum Kern der Sache) gehen. Es geht sicherlich auch geschmackvoller, aber so sollte es zumindest inhaltlich sein.

Nun zur Systemkernfrage, wie hätten wir es denn gerne aus Eigeninteresse und was wäre doch eher sinnvoll? Die vielen Regionaldirektoren der gesetzlichen Kassen bzw. Ersatzkassen und auch der Privatversicherer lieben ihren Job. Die Eigner der Privatkassen lieben ihre Rendite, der Privatpatient freut sich über den warmen Händedruck des Chefarztes persönlich (oder oft nur seines Oberarztes), der Kleinverdiener oder Bezieher von Transfergeldern freut sich darüber, dass er und seine eventuell sehr weit gefasste Familie erst einmal alle Leistungen der Kassen in Anspruch nehmen kann. Der Privatpatient oder Patient mit Zusatzversicherung erfreut sich im Krankenhaus an der segensreichen und genesungsfördernden Ruhe in einem Ein- oder Zweibettzimmer. (Selbst ein Zweibettzimmer kann Hölle sein!)

Hier nun ein kurzer Zwischenexkurs zur Frage, was ist ein „lebensnotwendiges Gut"?

Lebensnotwendig waren seit eh und je Trinken und Essen, angemessene Kleidung sowie ausreichender Wohnraum mit Heizung in unseren Breitengraden. Und da wir nicht mehr in Steinzeithorden oder mittelalterlichen Familienclans leben, müssen wir wohl oder übel auch die Daseinsvorsorge in Form von Rentenversicherung, Pflegeversicherung und **Krankenversicherung** dazuzählen. Ja, auch die Arbeitslosenversicherung bzw. weitere Vorsorgemaßnahmen. Hierfür habe ich und jeder andere zuerst zu sorgen und mein Geld auszugeben. Alles andere fällt mehr oder weniger unter „Luxus". Luxus ist jede Art Modelabel oder sonstige Artikel, die nicht auf Grund der Qualität oder Funktion besonders teuer sind. Luxus sind praktisch fast alle elektronischen „Spielzeuge" wie Smartphones, PCs, Plasmafernseher, 3-D-Fernseher, die meisten „Spiele" für Kinder und Erwachsene und auch jedes Fahrzeug, das nicht zum Zwecke der normalen Lebensführung angeschafft wird. Es ließe sich eine lange Liste aufstellen. **Viele „Must haves" sind einfach nur überflüssig,** bei anderen muss man sagen, „kauf es, wenn du es aus eigenen Mitteln bezahlen kannst, ohne irgendwelche Transferleistungen oder Subventionen in Anspruch zu nehmen. Dazu zählen für mich sogar Sozialwohnungen."

Wenn man dies so akzeptiert, dann kommt man sehr schnell darauf, dass eine „Einheitsbürgerversicherung" absolut ungerecht und Mumpitz ist. Jeder, aber wirklich jeder, auch der, der wirklich nichts dazu beiträgt, dass die Krankenkassenleistungen finanziert werden, hätte das Recht auf jegliche denkbaren Leistungen in beliebiger Höhe (und für fast beliebige Anzahl von Personen). Andere, die auch sonst schon eine weit höhere Arbeitsleistung erbringen, die möglicherweise eher auf „Must haves" verzichten oder diese nur deutlich seltener und sparsamer erwerben, diese Menschen dürften dann für eventuell das Zehnfache oder mehr an Beiträgen dann auf die vermutlich weiter beschnittenen Leistungen zugreifen. Ganz deutlich gesagt, wer – teilweise eben auch durch Konsumverzicht – deutlich mehr in Krankenkassen oder Zusatzversicherungen einzahlt, der muss auch mehr dafür bekommen. Vermutlich werden viele meinen nun folgenden Vergleich ablehnen, aber niemand käme doch auf die Idee, uns alle zu McDoof oder in Frittenbuden zu zwingen, aber die einen zahlen dort nur den „Geiz ist geil" Preis, die anderen zahlten dann zwangsweise aber den Preis für ein Luxusrestaurant mit 3-Sterne-Koch.

Deshalb nun mein System<u>vorschlag</u>:

- Krankenversicherungsbeiträge werden je versicherter Person berechnet ohne Bezug zur Einkommenshöhe.

- Als eine der wenigen für mich denkbaren Subventionen würden die Beiträge für bis zu zwei * Kindern bis zum Ende der Schulpflicht aus Steuermitteln beglichen.   * Ausnahmen bei Mehrlingsgeburten

- Wie bisher können Zusatzleistungen versichert werden.

- Wie bisher könnten Versicherte einen Komplettstatus wie ein bisheriger „Privatpatient" versichern.

  Ob dies nun bei den bisherigen Privatversicherungen zu erfolgen hätte, oder alles nur bei der einen „Krankenkasse Deutschland", wäre noch zu diskutieren.

- Menschen ohne die Mittel für die Beiträge (ja, sogar diejenigen, die ihre Mittel halt versaufen, verkiffen, verspielen o.ä.) bekämen eine „Versichertenkarte light". Dies gälte zuerst auch einmal sofort für jeden, der hier vorübergehend – als Gnadenakt – Aufenthalts"erlaubnis" hätte.

VIII. Verkehr

Ich nehme an, alle Tabubrüche in den anderen Kapiteln wird man mir mehr oder weniger „verzeihen", aber nun geht es an das „Heiligtum" der Bürger, das Auto als lebenslängliches Symbol für Mobilität und Protz.

Der Verkehr gehört auf die Schiene. Prima Spruch, an dem sogar etwas dran ist. Wenn auch nicht die 100pro-zentige Wahrheit. Es heißt ja nicht umsonst „Schienen**gebundener** Verkehr". Andere Verkehrsmittel sind da eher flexibel. Trotzdem gehört der Verkehr vorrangig auf die Schiene.

Mir stinkt die „just-in-time-production". Ersparnis der Lagerhaltungskosten auf Kosten der armen Schweine, die man mit immer größeren LKW-Monstern (plus Gabelstapler hinten dran, damit der Fahrer auch noch selbst abladen kann statt eines „Packans" der angelieferten Firma) unter stetigem Zeitdrucks über unsere Autobahnen hetzt. * (natürlich auch Anfälligkeit bei Streiks oder größeren Verkehrsstörungen).

Meist zu Hungerlöhnen und natürlich werden da Entladezeiten als Ruhezeiten angerechnet usw. Das absolut unsoziale und schäbige Verhalten der anzuliefernden Firmen sieht man auch daran, dass sie LKWs nur zu eher kurzen Zeiten des 24 Stunden Tages auf ihr Gelände lassen. Da kaum noch Lagerhallen benötigt werden, dürfte meist doch Platz (und Schutz) da sein. Ich will hier nicht auf „Berlin" eingehen, sondern nur meine eigenen Eindrücke wiedergeben. Auch hier stehen die anliefernden LKWs eben bei falscher Ankunftszeit so von nachmittags bis zum nächsten Morgen auf der Straße hinter und der Straße neben der

Firma. Einfach so. Ich weiß nicht, wie es mit der notwendigen Hygiene etc. bestellt ist. Draußen sehe ich jedenfalls keinerlei Toiletten oder ein Waschhaus. Wenn „Mann" („Grüne Damen" drängen sich ja nun eher selten in die absoluten „Scheißjobs", besser sind da quotierte Vorstandsposten in DAX-Betrieben oder ein Job in der Politik)) also riskiert, seinen LKW mitsamt Ladung alleine in diesen eher dunklen Straßen zurückzulassen, dann findet er „fußläufig" in etwa 500 – 1000 Metern Entfernung einen „Penny" und auch eine Kneipe.

In den Betrieben war doch eigentlich alles seit Jahrzehnten vorhanden. Sozialräume, Kantine und natürlich etliche Toiletten. Ich nehme nicht an, dass man diese mittlerweile alle abgerissen hat, denn noch arbeiten dort ja etliche Menschen. Auch heute produzieren diese Firmen durchaus im 2- oder 3-Schichtenbetrieb, nur Warenannahme etc. geht einfach nicht im 24-Stunden-Betrieb.

Ich weiß auch nicht, ob die vielen tollen neuen LKWs mit Osteuropa Kennzeichen alle eben dort (mit EU-Geldern) gekauft wurden, oder ob es sich häufig nur um Firmen aus Deutschland, den Niederlanden etc. handelt, die dort zuerst einmal deutlich weniger Steuern zahlen und zweitens die Fahrer mit noch geringeren Tarifen abspeisen können. Es dürfte doch jedem auffallen, dass bei sehr vielen üblen Verkehrsunfällen auf der BAB LKWs beteiligt sind (auch Fernbusse). Da werden PKWs zermalmt und ganze Familien ausgerottet. Warum wohl?

Die Jungs sind einfach übermüdet.

(Übrigens gilt dies auch für viele Urlauber oder im Urlaub-nachhause-Fahrer. Hier besteht ebenfalls Handlungsbedarf. Auch Langstreckenwettbewerbe wie „Eisenarsch“ halte ich nicht für sportliche Leistungen, sondern für lebensgefährdenden Hirnriss.)

Mittlerweile geht es rauf bis zu 60Tonnern bei den LKWs.

Sind wir denn in den Weiten Australiens?

Unsere Brücken sind eh marode, aber die Verkehrswirtschaft wird uns schon ein Gutachten beibringen, dass diese Monster die Straßen und Brücken „weniger“ belasten.

Alles für den „shareholders value“ und alle schauen zu und halten das Maul.

Ich schrieb es schon, für mich müsste kein LKW die Milch oder den Joghurt 600 km entfernt von der „Umweltsau“ (* gerichtlich bestätigte Äußerung eines Grünen zu diesem Hersteller) hier her transportieren. Wir hatten in Solingen die Molkerei Eckstein und in Wuppertal Tuffi. Die Konzentration auf wenige Großbetriebe rechnet sich ja nun nur noch für die übriggebliebenen Großbesitzer. Wir alle aber müssen die versalzene Suppe auslöffeln.

Also sollten wir zuerst einmal dafür sorgen, dass eher unnötiger Verkehr gar nicht erst stattfindet. Gilt so ja auch für Gülletourismus und Mülltourismus.

Was nicht unter absolut gesellschaftlich anerkanntem Zeitdruck steht, könnte genauso gut auf der Schiene oder auf dem Wasser transportiert werden. Es muss halt alles kosten was es kostet und man darf nicht die Folgekosten auf die Gesellschaft abschieben.

Blieben immer noch die Kurzstrecken von den Bahnhöfen und Umladestationen hin zu den Werken bzw. Händlern für die LKWs. Leider verkommen bei vielen Firmen ja auch die früher so reichlich vorhandenen eigenen Gleisanschlüsse.

Es muss doch etwas Praktikables zwischen der unfähigen Planwirtschaft der DDR und der Gier des Haifischkapitalismus` geben.

Mir tut es in der Seele weh, wenn ich sehe, dass viele mühselig durchgesetzte Eisenbahntrassen plötzlich stillgelegt werden. Was machen wir in 30 oder 50 Jahren, wenn es wirklich kein Öl mehr geben sollte?

Die Grünen stehen ja jetzt total auf Elektroautos *. Klappt dieser „Batteriebetrieb“ dann auch im Güterverkehr auf Langstrecken? Ja, da gibt es jetzt Versuche mit Oberleitungslastkraftwagen auf der BAB. Schauen wir mal.

- Wie wäre es denn mit einem radikalen Umrüstzwang für <u>staatliche</u> Fahrzeuge im Kurzstreckenverkehr? Wieso kommen einem sogar in Parks beim Spazierengehen die benzin- oder dieselgetriebenen Wägelchen des „Garten-, Forst- und Friedhofamtes“ entgegen? Wieso nicht gleich auch alle Fahrzeuge der Verwaltung auf

E-Antriebe umstellen? Gälte bei mir auch für Bürgermeister und Minister (und Grüne führen, wenn sie es denn ehrlich meinten, was sie heraus posaunen, tatsächlich nur mit „Öffentlichen“ oder mit dem Fahrrad statt mit dem Audi 8-Zylinder). Man merkt, dass mir karnevalsresistenten Preußen bei solchen Themen der Schalk im Nacken sitzt.

(Ich habe extra nicht geschrieben „abgasfrei“. Als wir vor gut 30 Jahren die 4. O-Buslinie in Solingen einrichten wollten, votierten die Grünen vehement dagegen, da der Strom doch aus „schmutzigen“ Kraftwerken käme. Sie versuchten alles und auf die SPD-Ratsmitglieder wurde Druck ausgeübt. Ein Genosse blieb halt krank zuhause und ich ging damals in der Schützenhalle Ohligs während dieses Tagespunktes an die Theke im Vorraum (bestellte in Ruhe ein Pils), wo ich nochmals bedrängt wurde (diesmal von Personalräten der Stadtwerke – wieso eigentlich von denen?).

Herrlich, diese Erinnerungen im Kopfkino. Damals rutschten dann also – natürlich rein symbolisch – diverse Druckausüber bei mir den Buckel runter, um am Ende mit der Zunge bremsen zu dürfen.

Die 4. Linie kam dann eben mit Stimmen der CDU und der FDP zustande.

Etwa 10 Jahre später konnte ich lesen, wie sich ein Ratsmitglied der Grünen damit brüstete, sie hätten ja für den Elektrobetrieb gesorgt. Nun, ja, der Bürger ist vergesslich oder desinteressiert. Und Lügen nur eine lässliche Sünde. Ich dagegen habe ein Gedächtnis wie ein Elefant für wichtige Dinge.

> Jede Trasse, die jetzt bebaut wird, wird nie mehr nutzbar sein. Bei unseren Planungszeiten, bei Bürgereinsprüchen * gegen wirklich alles durch alle Instanzen hindurch wird es mittlerweile ja bei praktisch fast allen Großprojekten beinahe unmöglich, etwas in angemessener Zeit, zu angemessenen Kosten und in den notwendigen Dimensionen zu bauen.

- „Da ist ein Bauzaun. Geh mal hin und erkundige dich, worum es da geht. Ich organisiere derweil eine Demo dagegen." Uralter Witz, aber traurige Realität.

Wir brauchen also auch einen grundlegenden Abbau von Einspruchsmöglichkeiten. Die überaus seltene – und natürlich nur hier vorkommende (oder dorthin gebrachte?) – Wiesenblume Trullala und die Biene Maja, oder der Schneider Wipp-hopp sollten nie und nimmer ein Vorrecht vor Interessen von Menschen bekommen, schon gar nicht, wenn sie ganz plötzlich und vorher nie gesehen da auftauchten. So kann man alles verhindern bzw. wenigstens behindern und teurer machen.

Ich freue mich jedenfalls über jede alte Bahntrasse, die nun zur Fahrradtrasse wird. Ich nutze sie selbst gerne und durch diese Umwidmung ist diese Trasse wenigstens für eine künftige „Neuerweckung" gerettet. (Allerdings sollten Fahrradtrassen grundsätzlich je Richtung etwa 2 Meter Breite haben.) Für Radfahrer dürften künftig dann vielleicht so einige andere Straßentrassen frei werden.

Die übelste Form des Verkehrs ist nun leider der (in Teilen durchaus sinnvolle) Flugverkehr.

So wie der Autofahrer sogar mehr abdrückt, als der Staat für das Verkehrswesen insgesamt ausgibt, so sollte zwangsläufig und unbedingt beim Flugverkehr zumindest alles kosten, was es an Kosten verursacht. Die Flugplätze mit der gesamten Infrastruktur drum herum sind doch wahre Subventionsgruben. Nicht einmal Steuern auf Flugbenzin gibt es (hat uns z. B. Franz Josef Strauß aus dem Nichtbeitrittsland Bayern beschert und auch heutige Vielflieger in der Politik lieben halt mehr ihre Bonusmeilen als die Umwelt).

Wofür denn tatsächlich diesen zu billigen Flugverkehr?

- Backlinge aus Südostasien für Firmen wie Blödis (Entschuldigung, wenn gerade ihr den aufgepupsten Kram woanders herbekommt).
- Quellwasser „Evian“ wird in Australien angeboten.
- Wir beziehen zu jeder Jahreszeit Obst und Gemüse etc. vom anderen Ende der Welt, z. B. Äpfel aus Neuseeland, Kartoffeln aus Ägypten.
- Wein aus Australien, Chile, Kalifornien – fantastische Erinnerungen an mögliche Urlaube. Aber warum steuerlich subventioniert per Flugzeug?
- Der 29 € Flug zum 3-Tage-Komasaufen am Ballermann oder sonst wo.
- Subventionierte Flüge zu den Bordellen der gesam-ten ärmeren Welt.

- Sicherlich wäre auch mancher „Businessflug" zu überdenken.

Irgendwie habe ich in Erinnerung, dass gerade die Abgase in den Flughöhen besonders schädlich sein sollen. Die Menge ist es besonders und auch die immer größere Lärmbelastung für die Bürger weit um die (Groß)Flughäfen herum.

(Ja, auch ich habe schon diesen Verkehrsweg benutzt. Mea culpa, mea maxima culpa!)

Insgesamt haben wir meines Erachtens nicht nur zu viel und zu günstige Flugverkehre, LKW-Verkehre und auch Fernreisebusverkehre.

Reicht mir noch nicht. Die Reduzierung der Bevölkerung auch in Deutschland (BRD hieße es dann ja nicht mehr) bringt zwangsläufig weniger Verkehr mit sich.

Und ich gehe noch weiter. Die Anzahl der Autofahrer, Motorradfahrer, Privatpiloten und Skipper könnte deutlich niedriger sein, wenn wir denn endlich mal von dem System der praktisch lebenslang gültigen Führerscheine herunterkämen und von den „Wattebäuschenmassnahmen" gegen üble Verkehrsrowdys, Kriminelle oder Scheintote.

- Ein Führerschein sollte nur in der jeweiligen Landessprache erworben werden können. Bei uns darf man schon in 16 ? verschiedenen Sprachen die Prüfung ablegen. Zur Not halt mit Dolmetscher (der die Antworten kennt!).
- Bei Personenbeförderungsscheinen (z. B. für Taxis) finde ich es besonders empörend, dass bei der Sach- und Ortskundeprüfung beim Amt der

(immer selbe) Dolmetscher die Fragen beantworten darf. Die Dame / der Herr vom Amt hat doch keinerlei Ahnung, was der Prüfling denn so von sich gab. Sonst bräuchten sie ja keinen Dolmetscher. (Sollte dies auch der Fall sein bei Unternehmerprüfungen?)

- Nach einer überprüfbaren Aufenthaltsdauer von einem Jahr in Deutschland wäre jeder ausländische Führerschein ungültig. Für den Erwerb des hiesigen Führerscheines können dann natürlich nicht die Vorschriften über die preistreibenden Fahrstunden etc. gelten. Eine Theorieprüfung in Deutsch und eine praktische Prüfung müssten bei vorhandener Fahrpraxis reichen. (Die Belgier fuhren ja jahrzehntelang praktisch ohne Führerschein durch Europa – Ok, merkte man ja auch bisweilen....)

- Diese „Deutschpflicht" würde dem freiwilligen Erwerb unserer Sprache und der Integration einen gewaltigen Auftrieb verschaffen. Und diese Bestimmung könnte ebenso dazu beitragen, das Gefühl zu mindern, man bekäme hier alles so beliebig, wie es einem selbst passt – inclusive trockenlegen, pudern und wickeln.

- Jeder Führerschein sollte (für alle) nach 5 Jahren neu überprüft werden.

- Danach sollten alle 10 Jahre Überprüfungen stattfinden.

- Bei Rentenantritt natürlich sofort, egal, wie alt man da gerade ist. (Die „sehr früh Rentner" – so bereits ab 30 Jahren! -, die ich persönlich kenne, sollten wirklich keinerlei Fahrzeug mehr bewegen dürfen.

- Nach Renteneintritt dann nach weiteren 5 Jahren, spätestens ab 75 nach 3 Jahren, 2 Jahren und danach jährlich. Ärzte wären bei Strafandrohung verpflichtet, bestimmte Krankheitsbilder, Ausfallerscheinungen oder „Süchte“ an die Führerscheinzentralstelle weiter zu melden.

- Wer bei illegalen Rennen im öffentlichen Raum erwischt würde, bekäme eine 2jährige Sperre mit anschließendem „Idiotentest“.

- Wer dabei Menschen verletzt, bekäme eine lebenslange Sperre.

- Wer dabei Menschen „zu Tode bringt“, dürfte nie wieder fahren, in besonderen Fällen auch nie wieder in Freiheit sein. * Die spitzfindigen Unterscheidungen von Körperverletzung mit Todesfolge, Totschlag und Mord mögen für Juristen notwendig sein. Bürger und Opfer finden diese „strafmindernden“ Wortklaubereien einfach nur beschämend und wenig zielführend.

- Das Herumhantieren mit Handys und anderen bei der Fahrt ablenkenden Geräten sollte umgehend zu einem Fahrverbot führen. Beim 1. Mal für einen Monat, beim 2. Mal für 3 Monate und beim nächsten Mal gänzlicher Führerscheinentzug mit nachfolgendem Idiotentest.

- Auch wenn Führerscheine erst einmal nichts mit anderen Straftaten zu tun haben, so kann ich mir ein Fahrverbot oder auch den Führerscheinentzug als spürbare Zusatzmaßnahme durchaus vorstellen.

- „Freie Fahrt für freie Bürger“ war mal eine blöde Parole und meinte eher freies Rasen ganz nach persönlichem Gusto. Für mich heißt dies aber lediglich die Möglichkeit ohne unnütze, lediglich geldschneiderische Einschränkungen zur Arbeit fahren zu können, in den Urlaub, oder einen beliebigen „Ausflug“ zu machen. Bei uns beiden halt auch mit einem Motorrad bzw. einem Großroller. Bisweilen auch in der Gruppe mit Freunden und Bekannten.

- Warum aber – wie schon in der Wirtschaft und bei den Bevölkerungszahlen – der Fetisch des ständigen Wachstums, des ständigen Weiter, Schneller und Höher aber immer teurer?

- Da kommen extra „Tempotouristen“ zu uns, um einmal im Leben auf der BAB die Sau raus zu lassen. Endet bisweilen eher ungut.

- Für mich zählt das freie Durchkommen und eine angemessene Durchschnittsgeschwindigkeit, obwohl auch ich schon mit der Suzuki 1250 GSX und „voll – voller – vollstem“ Gepäck auf der A 7 mit Tacho 233 kmh fuhr. Halten andere eher für lächerlich. Da müssen es noch 100 kmh mehr sein und meine üblichen Autobahntempi geradeaus gelten höchstens als Maßstab für die Geschwindigkeit in der „Jubelkurve“ ohne Einblick in den Gegenverkehr.

- Wir brauchen m. E. weder „Schmidtchen-Schleicher“ noch „Kamikaze-Kevin“, die sich dann noch mit der GoPro bei ihren Geistesaussetzern filmen und bei Youtube dafür Beifall und Honorar bekommen. Leider machen es viele Kino- oder Fernsehfilme mit ihren schwachsinnigen Action-Stunts ja vor. Und ganz aktuell verneinten wieder Gerichte bei derartigen **Mördern** jeglichen Vorsatz.

- Ich brauche aber auch keinerlei „Mittelspurschleicher". Rausziehen, abkassieren, im Zentralcomputer registrieren und ebenfalls „Punkte" sammeln lassen. Wer nicht oder nicht mehr ordentlich und ohne Angst oder Panikattacken selbst fahren kann, der sollte Busse oder Taxis benutzen. Kauf und Unterhalt eines eigenen PKW kostet am Ende des Lebens eh mehr als die paar Fahrten zum Einkauf und zur regelmäßigen Blutabnahme (nee, nicht bei den Bullen*) * für mich ist „Bulle" eher anerkennend / liebevoll gemeint. Wollte 1965 selbst dahin, aber irgendeine „Vorsehung" hat mich davor bewahrt, ich habe eine Farbschwäche und raus bist du. Heute kann man schon völlig ohne Mindestgröße * dahin und auch gerichtlich bestätigt mit Silikontitten, Tätowierungen etc. * wie bezeichnet man denn nun solch ein schmächtiges Wesen? Fantasieren Sie selbst!

- „Weg den Dreck" mit fast allen (Personen) Fahrzeugen mit einer Beschränkung auf 6 Kmh, 25 kmh oder 45 kmh. Krankenfahrzeuge bis 6kmh sind für die Mobilität tatsächlich bewegungseingeschränkter Menschen absolut notwendig, aber nicht für Alkis ohne „Lappen". Die dauernde Unfallgefahr durch das Verkehrseinbremsmoment und die ständig notwendigen Überholmanöver ist einfach zu groß, da „Abstandhalten" für viele fahrenden Verkehrsprolls und Vollpfosten genauso ein Fremdwort ist wie das Blinken.

- Natürlich werden Jugendliche solche „Kastraten" „frisieren" und dann fährt bisweilen ein Mofa mit „Wackelfahrwerk" auch schon mal 110 kmh. Ich durfte gelegentlich solche „Meisterwerke" meiner Schüler fahren. Ich habe vor Erreichen des maximalen Tempos meist den Gashahn geschlossen. Zu viel Angst oder zu viel Verstand, wie man es nimmt. Wenn die EU oder Berlin oder sogar die Bundesländer irgendwelche Vorschriften hierzu machen wollen, dann bitte mit Verstand. Ich stelle mir folgende Prioritäten vor:

- Ausbildung und Prüfung für alle Fahrzeuge.

- Qualitätssicherung durch Vorschriften über Fahrwerksgüte, ordentliche Bremsen und wirklich helle Beleuchtung in jedem Fahrzustand. 15 Lux bei Billigrädern oder -Pedelecs sind ein Witz!

- Ab 15 dürfte so ein Mo ..(?) gefahren werden, das 70 kmh läuft, damit auch auf städtischen Ausfallstrassen das Fahren ohne überholt zu werden möglich ist. Auch auf Landstraßen wären Ausflüge oder Fahrten zur Arbeit oder zur Schule möglich, sogar Urlaubsreisen. Natürlich hätte dieses Fahrzeug nur einen Sitz (keine Sitzbank, die durch ein aufgeschnalltes Täschchen legalisiert wird und bei Gelegenheit dann doch zu zweit benutzt.) Nach einem Jahr unfallfreier Praxis auf eigener Maschine sollte dann die Montage des zweiten Sitzes und weiterer Fußrasten erlaubt sein. Rollerkarossen wären halt entsprechend zu gestalten, dass sie nicht zum Missbrauch verleiten.

Der Antrieb sollte leise und Umwelt freundlich sein. Ich stelle mir da einen Viertakter mit 100 ccm vor. Elektro dürfte für die „Kiddies" zuerst mal zu teuer sein und zu wenig reizvoll. Spaßbremsen gibt es genug in unserer Neidhammelgesellschaft.

- Ab 16 wäre dann das (zweisitzige) Klein- oder Leichtkraftrad (Roller) mit maximal 20 PS und maximal 250 ccm denkbar. Damit ginge es dann auch ausreichend flott (und leise) über Landstraßen und die nun erlaubte BAB.
- Mit 18 könnte man Motorräder (Roller) bis 48 PS fahren, nach 2 erfolgreichen Jahren und kurzer Zusatzprüfung auch bis 100 PS. Über 100 PS bis maximal 100 Kw wären dann ein weiterer Aufstieg frühestens ab 25 und mit 5 Jahren Fahrpraxis möglich. Über 100 Kw wäre „game over". Fahrspaß beginnt eh weit früher.
- Bei PKWs würde ich ebenfalls den Stufenführerschein einführen. Ab 18 dürfte man bis zu 90 PS bewegen bei einer anzusetzenden Gewichts- und Leistungsrelation, damit hier keine Granaten in Leichtbauweise entstünden. Die zweite Stufe wie oben, dann halt bis 160 PS. Ab 25 dann die „offene Klasse" bis maximal 250 PS bzw. einer dazu passenden gemäßigten Gewichts- und Leistungsrelation.
- Wer noch mehr als persönliches „Verlängerungspotential" benötigt, möge sich einem Rennsportverein anschließen und regelmäßig auf einer der umliegenden Rennstrecken Dampf ablassen. Da gefährdet er nur sich selbst und „Seinesgleichen".

- Bei all meinen Einschränkungsvorschlägen möchte ich aber auch gleich die ständigen Einschränkungen für uns im Straßenverkehr durch Geldgier des Staates, Dummheit der Entscheider oder ideologisch bedingter Gängeleien anprangern.

- Ich bezweifele sehr oft die Notwendigkeit von Geschwindigkeitsbeschränkungen an vielen Stellen. Man fühlt sich abgezockt, viele werden dadurch erst recht oder halt noch mehr aggressiv.

- Hier im „Bergischen" stehen mit Beginn der Motorradsaison sehr häufig Schilder, die vor Rollsplitt warnen oder einer Ölspur. Kilometer weit nichts zu sehen. Reine Schikane als „Einbremsversuch" einiger Dumpfbacken bei den Behörden oder der Politik. Was ist der Erfolg? Man zweifelt nach der 3. Verscheisserung am Wahrheitsgehalt des 4. Schildes und löffelt sich, da hier nun tatsächlich Öl oder Splitt genau in der Kurve liegt.

- Die gedrosselten Geschwindigkeiten auf Landstraßen – teils nur zur Sommerzeit oder nur für Motorräder sind bisweilen abenteuerlich idiotisch. Wie immer wird der Grundsatz benutzt: „Wir bestrafen 100 % einer bestimmten Gruppe, da sich 5 oder 10 % ungebührlich bis kriminell verhalten". Gilt auch für diverse Streckensperrungen, aufgebrachte Rüttelelemente speziell (diagonal und aus Kunststoff) in Kurven oder ähnliches. Schwellen auf Straßen sollten alle und überall weg!

- Dass wir Landauf und Landab überall in der Republik Straßen haben, die besonders nach der Wintersaison Schlaglöcher und bösartige Absenkungen wie in Honeckers „Trabbiparadies" haben, kann jeder sehen. Ist ganz besonders gefährlich für Zweiräder (auch für das Fahrrad). Geflickt wird dann in „Plätzchenreparatur“ (heißt wirklich so) bzw. unerlaubt großflächig mit dem wirklich glitschigen Bitumen. Kein Geld da für anständige und sachgerechte Reparaturen, aber „Wir schaffen das!“. Sieht man ja auch an den vielen maroden Brücken. Spinner behaupten immer, wir wollten überall und jederzeit beleuchtete Autobahnen mit Bodenheizung. Hier geht es aber lediglich darum, dass keine Menschen zu Tode kommen oder zum Krüppel werden, obwohl sie verhalten und vorsichtig gefahren sind.

- Können Sie sich noch entsinnen, in welcher Zeit Sie früher zu Ihrer Arbeitsstelle gefahren sind? Ich habe Selbstversuche gemacht, wenn ich mal gerade in Richtung alter Ziele fuhr. Obwohl ich früher zu Berufsverkehrszeiten fahren musste, benötigte ich nun zu relativ verkehrsarmen Zeiten etwa die doppelte Zeit mit deutlich stärkerem Auto. Bei den Ampelschaltungen in sehr vielen Städten mit „Dauer-roter Welle“ gibt es für meinen beschränkten, kleinen Verstand nur zwei Erklärungen: Da sitzen mittlerweile nur noch autofeindliche Überzeugungstäter oder eine Horde von Unfähigen, die in der Schule nur „Singen und Klatschen“ hatten, aber nicht in der Lage sind, auch nur so etwas wie Ablaufpläne etc. zu gestalten.

- Dazu weitere Reizworte für mich: Straßenrückbau, 30er-Zonen mittlerweile flächendeckend und Bäume im Verkehrsraum. Rechts und links von Bahntrassen und Oberleitungen hat im gehörigem Abstand kein

Baum etwas verloren. Auf Bürgersteigen ebenfalls nichts, gar nichts. Auch nicht immer genau mittig drauf der Ampel- oder Verkehrsschildermast oder sonstiger Quark. Es soll doch immer alles Behinderten gerecht sein, Kinderwagen gerecht und Fahrräder und Pedelecs brauchen auch Platz – mehr jedenfalls als 60-80 cm Breite. Baumwurzeln haben m. E. überhaupt nichts da zu suchen, wo Versorgungsleitungen liegen, insbesondere Gasleitungen und Stromleitungen.

Die hochdrückenden Wurzeln auf Radwegen haben bisweilen auch Spezialeffekte. Im Englischen spricht man da von „scrambled eggs". Was bin ich froh, dass der Radweg von Langenfeld nach Monheim nun neu angelegt wurde. Wir haben einen krankhaften „Hype" zu „unserem Freund, dem Baum". In unserer Republik sind 38% der Fläche mit Wäldern bedeckt (bei mir wären es sogar mehr). Da müssen dann nicht noch Bäume an falschen Orten stehen und Baumschutzsatzungen, wie sie Solingen als eine der wenigen Gemeinden hat, halte ich für völlig überflüssig. Dabei sollen aber die Baugrundstücke immer kleiner werden aus lauter Profitgier und „grüner Verblendung"*,

- So wie sich Nazis und Kommunisten an ihren Rändern berührten, obwohl sie doch sooo unterschiedlich waren, so berühren sich oft die Interessen der Klientele von FDP und Grünen

da soll in Innenstädten neuerdings noch enger gebaut werden dürfen – sind da einige nun ganz bekloppt geworden? Meine erste Frau sprach bei den kaninchenstallähnlichen Reihenhäusern schon vor 20 Jahren immer von „Nutzmenschenbehausungen". Recht hatte sie. Sollte der Mensch nicht im Mittelpunkt der politischen Betrachtung und Entscheidung stehen? Zum Straßenrückbau und den 30er Zonen frage ich mich immer, ob wir im Postkutschenzeitalter auf Kurz- und Mittelstrecken nicht schneller unterwegs waren. 30 kmh ist ein be......-scheidenes Tempo. Macht teilweise mehr Lärm und Abgase, beso-ders, wenn da teure Schwellen hinzukommen und „Idiotenampeln", die zuerst einmal auf „Rot" springen, obwohl man nur mit 28 fuhr. Gas geben, bremsen, Gas geben.... Die „Echternacher Springprozession" oder der Ritt auf einem störrischen Esel sind nichts dagegen. Ein wenig zu schnell, Knöllchen. In der 30er Zone, also besonders verwerflich. Du Böse!

- Dann fragen wir mal wie in der „Feuerzangenbowle: " **Wat isse ne besonders schützenswerte 30er Zone?** Hier wurde vor vielen Jahren mit Mitteln aus dem „Grünen" Verkehrsministerium die Weyerstraße von Ohligs über Weyer nach Wald repariert oder saniert (egal, jedenfalls besser gemacht). Die Mittel gab es aber angeblich nur, wenn da auch ein Radweg mit ausgewiesen würde. Da dies so einfach nicht durchgängig zu machen war, wies man nun eine deutlich längere Zick-Zack-Strecke aus. Also wurde die Altenhofer Straße – eine Verkehrssammelstraße mit Busverkehr – auf Tempo 30 reduziert und mit Schwellen versehen. Die ersten Schwellen gaben bald ihren Geist auf, aber die zweite Serie folgte prompt. Kosten zusammen dafür mittlerweile schätzungsweise so 200.000? (Wir schaffen es tatsächlich, jeden Blödsinn zu finanzieren, aber für Notwendiges fehlt es überall). Die Anwohner sammelten ca. 1370 Unterschriften dagegen – ich war auch dabei. Daraufhin zog die Verwaltung / die Politik eine 10 Jahre ältere Petition von sage und schreibe 35 Bürgern für eine Verkehrsberuhigung aus der Schublade. Vorgeblicher Anlass war damals ein tödlicher Unfall gewesen, bei dem ein 22jähriger ohne Führerschein mit dem nicht angemeldeten und nicht versicherten Motorrad seines Vaters mit gutachterlich festgestellten 120 kmh die Straße hochgebrettert und in einen PKW gerast war. Tote und Verletzte berühren, aber warum dann den Verstand ausschalten? Es gibt keinerlei logischen Zusammenhang zwischen dem Unfall und seinen Folgen und dem zuerst erlaubten „Rasertempo" 50.

Kriminelle Idioten bremst man nicht durch solche Maßnahmen, aber wie so oft schlägt man dem gesetzestreuen Bürger (mit oder ohne kleine Fehler) voll ins Gesicht.

Der darf diese Gängeleien auch noch selbst bezahlen und muss darunter leiden. „Asis" stören sich eh nicht an Beschränkungen, die gelten doch nur für „Normalos". Ansonsten gab es immer den Hinweis, sonst bekommen wir die Landesmittel nicht. Weg mit solchen „Erpressungszuschüssen", die zudem vor Ort oft auch die Weitsicht auf Folgekosten vernebeln.

- Klar wie in vielen Fällen war der obige Ausgang. Demokratie und „Volkes Wille" zählen nur, wenn die Abstimmung der Meinung der „demokratischsten aller Demokratenparteien" entspricht. Ansonsten wird getrickst, gelogen usw.

Straßenrückbau, „Beruhigungen“ und Sackgassen in allen möglichen Bereichen. Warum eigentlich?* Nur, damit Privilegierte einen vermuteten Vorteil dadurch haben. Andere müssen die Nachteile dafür in Kauf nehmen. Und wieso in den merkwürdig idiotischen Varianten, die man häufig sehen kann?

* Köstlich, wenn Verursacher bisweilen Ihre linksdrehend gequirlten Gedanken selbst auslöffeln müssen. In einer Nachbarstadt sorgte ein Rats“herr“ - nun ja, dessen Wohnungen etc. sehen anders aus und die Wohnung seiner Mieterin erfährt auch keinerlei notwendige Zuwendung – also der sorgte für eine Straßenabsperrung praktisch vor seiner Haustür! Seltsamer Weise waren die Sperren immer wieder herausgerissen, bis das Spielchen endlich offiziell beendet wurde. Dass ihm bei der Metzgerei nicht ein Zipfelchen Wurst mehr verkauft wurde, war für viele Anwohner ein wohltuender „innerer Reichsparteitag“ mit Pauken und Posaunen. Jetzt weiß ich endlich, wodurch man Vegetarier wird.

- Aus vielen Siedlungen kommt man ohne aktuellstes Navi nicht mehr heraus, wenn man erst einmal drinsteckt. Teils kurvten wir schon mit den Fahrrädern da rum wie im Irrgarten, da nicht einmal dafür ein Durchlass eingeplant oder gelassen wurde. Am Rad haben wir aber kein Navi und die aktuellen jährlichen Updates der PKW-Navis kosten unverschämt viel Geld. Wieso baut man alles so zu, alles so eng, oft nur mit einem oder zwei Durchlässen. Da bei 5,50 Meter breiten Kaninchenstallreihenhäusern wirklich keine

Garage mehr dahin passt, parkt alles auf zu engen Straßen. Fahren mit Gegenverkehr führt zu ständigen Konflikten zumeist noch mit Leuten, die die einfachsten Vorfahrtsregeln und Anstandsregeln nicht kennen. Rettungsfahrzeuge, Müllwagen etc. haben geregelten Stress. Ein LKW darf sich schon gar nicht dorthin verirren. Wieso gibt es eigentlich kein vorgeschriebenes LKW-Navi, dessen Daten verpflichtend von den Gemeinden und weiteren Straßenträgern täglich zu aktualisieren sind? Die armen Würstchen haben teilweise nur ein 100 € Navi als Privateigentum dabei, das bereits für normales Verkehrsgeschehen eher eine trügerische Hilfe ist. Wir standen 1978 einmal in London mit unserem Doppeldeckerbus eines Billiganbieters verkeilt in einer Seitenstraße. Damals hatten die Autos noch Stahlkarosserien und sehr stabile Stoßstangen. So konnten wir mit unseren Schülern mehrere Autos einfach auf den Bürgersteig heben. Die Engländer schauten ganz verdutzt zu. Damals. Heute kämen da eher Horden mit Baseballschlägern auf uns zu.

- Navi: Wir brauchen dringend ein neues System, das genauer als das Militärabfallprodukt GPS funktioniert. (Wer bremst da eigentlich in Europa?) Einfach und narrensicher umstellbar zwischen LKW – PKW - MOTORRAD – FAHRRAD. Die Straßenbauträger hätten täglich Veränderungen einzugeben. Die regelmäßigen Up-dates wären grundsätzlich und tatsächlich völlig gebührenfrei für die Nutzer. Geht ja jetzt schon bei Navis im Bereich weniger hundert €. Bei den schweineteuren Systemen in PKWs kommen da aber zurzeit heftige jährliche Gebühren hinzu und dies auch noch mehrfach, da selten der komplette Europa-datensatz dabei erfasst ist.

- Da solch ein umfassendes System praktisch jedem nützt, also der Allgemeinheit und nicht nur einer kleinen Interessengruppe = Klientel, dürfte da der Einsatz von Steuermitteln gerechtfertigt sein. Zahlen wir nicht jetzt schon Milliarden mehr, als in das Verkehrswesen zurückfließen?

- Unsere jetzige Wohnstraße liegt eher im Tal und wurde abgebunden genau an der am einfachsten im Winterbetrieb zu bewältigenden Seite. Eine im Winter zu öffnende Schranke hätte es auch getan oder besser noch am Ende ein Einbahnverkehr mündend in einen Kreisel. Also haben wir mittlerweile einen 4WD und wenn da Dilettanten ohne Allrad, ohne Winterreifen und vor allem ohne jegliche Fahrfähigkeiten vor einem sind, dann nützt das auch nichts mehr. Warten bis der Streudienst oder Räumdienst kommt, denn der Depp am Hang hat alles noch glatter poliert.

- Zurzeit blockiert da bisweilen auch der LKW-Verkehr hier die Wohnstraßen wegen falscher Navis bzw. aktuell wegen mehrjähriger Baustellen.

- Natürlich bricht der gesamte Verkehr auch zusammen, wenn auf rückgebauten und abgebundenen Straßen ein Unfall geschieht oder eine von diesen „Ewigbaustellen“ alles erschwert.

- Straßenverengungen durch aufgesetzte Kübel sind schon übel. Gänzlich könnte ich k… , wenn ich diese „Herausbuchtungen“ sehe inklusive Bordstein plus Baum drauf. Auch riesige Felsbrocken direkt an deren Rand erfreut höchstens die Karosseriebauer. Ich halte dies für vorsätzliche Sachbeschädigung. Schon mal bei Schnee gegen solch einen Bordstein gefahren? Jugendliche müssen bei solchen Wetterbedingungen oft auch mit dem Roller oder Moped zur Arbeit fahren. Ein bisschen Schwund ist immer, scheint da die Parole zu sein.

- Die Nachteile sind ähnlich und teils schon aufgeführt. Wie reinigt man aber die entstandenen „Dreckecken"? Schon die „Dauerparkerei" so einiger Zeitgenossen mit ihren Zweit- oder Drittwagen (haben wir hier tatsächlich auch durch einen Block mit Sozialwohnungen!) am Straßenrand, lässt die Straßen allmählich verdrecken.

- Warum nicht von anderen lernen? Bei einem Spanienurlaub sah ich, dass eine Straßenseite mit Halteverbot vom 1. bis zum 15. des Monats belegt war, die andere Straßenseite dafür vom 16. bis zum 31. des Monats. Wir sahen am Vormittag des 16. dem Abschleppen eines fast neuen Peugeot 504 zu. Aber Hoppla, das arme Auto!!! Zurück zu den Dreckecken, die vielleicht eine ganz kleine Kehrmaschine befahren könnte, die großen eher nicht. Die kleinen Kehrmaschinen sollte man eh in größeren Stückzahlen vorhalten und damit Gehwege und Fahrradwege täglich reinigen. Dann hätten „Kampfradler" auch weniger „Gründe" auf der Straße zu fahren.

- Man könnte natürlich auch diese Dreckecken regelmäßig per Hand – also mit langen Besen und Schaufeln – durch Bezieher jeglicher Art von Transferleistungen (auch durch Verkehrssünder oder Umweltsünder) reinigen lassen. Aber ich vermute, dass in diesem unserem Lande sogar das Sitzen in/auf einer Minikehrmaschine und diese Arbeit an frischer Luft überhaupt dann wieder kritisiert würde und verhindert* wegen „menschenunwürdiger Zwangsarbeit“.

* von den üblichen Verdächtigen natürlich...

- Wie sauber und gepflegt könnte doch unsere Republik sein, wenn wir den 2. Teil des Satzes des Obergurus „Charly der Bärtige“ mal ernst nehmen würden: **und jeder leistet, was er kann..**

- Ein weiteres Beispiel für sinnlose Verschwendung bzw. Umweltschutz an der falschen Stelle ist für mich der „Flüsterasphalt“. Teuer und uneffektiv. Asphalt muss griffig sein, sehr griffig sogar, Regen eher ableiten als stauen, haltbar für lange Zeit und die Kosten-Nutzen-Relation muss stimmen. Wieso nicht das offensichtlich im Überfluss vorhandene Geld für anständige Dämmung an den Häusern einsetzen. Ein Dreifachfenster kann bei entsprechendem Material und Gestaltung sowohl Lärm dämmen, als auch Energieverluste mindern. Dazu Rollos – gibt es ja immer noch nicht überall – in größerem Abstand zur Scheibe. Ideal. Und zudem grundsätzlich festes Mauerwerk!!!

- Auch auf Autobahnen glaube ich das Recht zu haben, die Landschaft rechts und links zu sehen. Bisweilen fährt man doch kilometerweise in „Einhausungen“, zwischen „Lärmschutzwällen oder –wänden“. Ekelhaft. Besonders ärgerlich da auch das Tempo 100 kmh aus „Lärmschutzgründen“. Da kann man endlich mal gucken, sieht aber nichts außer schöner Landschaft. Vielleicht noch in 500

Metern Entfernung einen Einödbauernhof. Wer sollte da denn geschützt werden? Die Ruhe der Grottenolme? In der Ohligser Heide wurden ja auch die Jogger „zurückgestutzt". Ich glaube, da wären sonst die Kröten durch das Stampfen der Läufer bei der Begattung gestört worden ...Ansonsten hat man die Heide dort „renaturiert", also Bäume weg, Heide (ein menschliches Umweltfrevelprodukt) hin. Natürlich der Rest von „erlaubten" Bäumen voll rassistisch = nur einheimische Gewächse. Die sind doch sonst nicht so. Und die Versumpfung durch Wasserstaus und noch mehr Mücken sind eine wunderbare Sache. Dabei kommen doch durch die Klimaerwärmung noch aggressivere Mücken etc. aus den Südländern zu uns.

- Dass teure Lärmschutzwände häufig schon nach 10 Jahren grunderneuert werden müssen, treibt weiter die Preise hoch. Zudem sind sie ein zusätzliches Hindernis bei denkbaren Erweiterungen.
- Erweiterungen? Wie kann ich nur so träumen? Da werden die LKWs immer größer und länger, Reisemobile erreichen Busformate, „normale" PKW sind heute gut 50 cm breiter als zu meiner Jugend – Parkplätze sollen jetzt ja um 15 cm breiter werden, da die Autos auch um 15 cm breiter geworden seien, hahhaha – und schon reagiert die Politik auf die Verbreiterung der Fahrzeuge. Die Autobahnspuren wurden aus Kostengründen von 3,75 m auf 3,25 m verringert, statt diese auf 4,00 Meter zu verbreitern. Je schmaler die Spuren, je schmaler werden auch die Baustellenspuren. Fast unbefahrbar.

- Vielleicht sollte man manchmal in Baustellen statt 3 „Schmalspuren“ mit Tempo 60 kmh eher nur deren 2 Spuren mit Tempo 100 kmh ausweisen. Aber Geschwindigkeitsbeschränkungen rechnen sich allemale – für die Abzocker mit Blitze!
- Obwohl ich insgesamt eher eine Verringerung des Verkehrs auf der Straße anstrebe, müssen schnellstens weitere Autobahnen gebaut werden. Wie sollen denn Städte wie Salzwedel jemals eine Chance haben, Industrie und Gewerbe in ausreichender Menge anzusiedeln, wenn der nächste BAB-Anschluss 65 km entfernt ist?
- In Solingen haben Grün/Rote jahrzehntelang verhindert, dass ausreichend große Gewerbeflächen am Stück ausgewiesen wurden. Besonders aber jegliche Autobahnanbindung. Wir sind eigentlich von Autobahnen umzingelt, aber der Weg zur nächsten Auffahrt liegt meist bei über 12 km. Nachbargemeinden wie Langenfeld, Hilden, Monheim etc. haben nicht nur mehr Gewerbeflächen, auch mehr ebene Flächen, so haben sie auch die Gunst ergriffen und jeweils Anschlüsse zu den 3 – 4 verschiedenen Autobahnen geschaffen / zugelassen.
- Hier kommt nicht viel an neuen Gewerbesteuerzahlern. Im Gegenteil, man wandert gerne ab, da andere Gemeinden die Steuern senken, Solingen immer nur erhöht. Und dann die besondere Dreistigkeit: Solingen und andere „Armenhäuser“ hätten dann gerne aber einen solidarischen Steuerausgleich von den Gemeinden, die einfach alles richtiggemacht haben.

- Die ewige Leier: „Die mit den starken Schultern müssen eben mehr tragen…" Und wir leben dafür im Grünen…ach, wie gut, dass niemand weiß, dass ich Rumpelstilzchen heiß.

- Ich bin für eine Maut. Au weia. Allerdings europaweit und immer mit dem gleichen Gerät. So einer Box z. B., wie man sie in Österreich bereits bei Wohnmobilen knapp über 3,5 Tonnen benötigt. Das Teil wäre einfach fest drin in allen Fahrzeugen. Die Daten würden bei den jeweiligen staatlichen Mautgebührenzentralstellen ausgewertet und mit dem jeweils üblichen Satz abkassiert = vom Konto eingezogen. *

  * Und wenn man kein Konto hat??? Aber mal ganz Äährlich, haste kein Konto, solltest du eigentlich auch kein Geld für ein Auto haben. Oder doch wie bisher? In den größten Schlitten fahren oft die mit ohne Arbeit* und so. Ist ja mittlerweile bei bestimmten Gruppen schon eine feste Berufsbezeichnung: „arbeitssuchend".

Ich träume wieder, dagegen würden ja sicherlich alle Datenschützer Amok laufen.

- Ja, so war es auch in Aachen, wo vor Jahren die Sozialdezernentin einen Datenabgleich zwischen Autobesitzern und Transfergeldbeziehern machen wollte. Mit dem Erfolg, dass die Aktion gestoppt wurde und die Dezernentin gehen musste. Ich glaube, Kafka hätte 100 Jahre nach seinem Tode ständig neues Anschauungsmaterial des real existierenden Wahnsinns und der geistigen Verwirrung.

- Bestes Anschauungsmaterial sind immer die Zeitungsmeldungen über bestimmte Unfälle, gerne auch mit Todesfällen und hohem Sachschaden. Ich erwähne da nur einmal einige häufiger vorkommende Fahrzeugmarken: Maserati, Mercedes, BMW usw. Die Fahrer und Fahrzeugbesitzer teilweise ohne oder mal wieder ohne Lappen, dafür teilweise im Alter von 18 bis 25, aber „arbeitssuchend“. Wie geht das denn? Den Rest überlasse ich Ihrer Fantasie.
- Die Kfz-Steuer würde dagegen nur einmal beim Neukauf des Fahrzeuges fällig.
- Die Mehrwertsteuer wäre aber bei jeder Weiterveräußerung fällig auch von Privat. Dies hätte nicht nur den Einnahmevorteil für den Staat, sondern wäre auch ein Grund weniger, um beim Händler dann Gebrauchte nur „in Vermittlung von Privat“ zu bekommen. So gäbe es keinen objektiven Grund für die Vermeidung der Händlerhaftung.
- Noch eines zu den Spritpreisen: Bei einem wirklich starken € eines wirklich starken und selbstbewusstem Europa sollte es doch möglich sein, dass künftig Rohstoffe wie Erdöl auf €-Basis gehandelt würden statt auf Basis des Trump-Junk-Dollars.

Da wir ja nicht alle beliebig schnell fahren können sollten und schon gar nicht jeder die moralische Kraft hat, sich

tatsächlich nach den Verkehrsverhältnissen zu richten, müssen eben Limits her.

Meine Vorstellungen dazu

Innerhalb der Städte gäbe es ohne allzu großen Schilder-aufwand folgende Regelungen:

- **Nebenstraßen ohne Vorfahrtsrecht generell mit 40 kmh (spart all die 30er Zonen).**
- **Hauptstraßen, Verkehrssammelstraßen etc. generell mit 50 kmh.**
- **Bundesstraßen innerhalb von Gemeinden generell mit 60 kmh, bei besonderen Trassenführungen auch mal 70 kmh oder mehr.**

Auf Landstraßen/Bundesstraßen außerhalb geschlossener Ortschaften würden als Minimum 70 kmh gelten, als Maximum weiterhin 100 kmh.

Auf Autobahnen oder ähnlichen Ausbaustrecken dürfte bei 2-Spurigkeit maximal 150 kmh gefahren werden, bei 3-Spurigkeit maximal 180 kmh.

Bei Regen grundsätzlich 30 kmh weniger als Maximaltempo (und auch dies <u>kann</u> zu viel sein).

Mit der Baustellenschikane muss endlich Schluss sein. Statt Dutzende Baustellen parallel liegen zu lassen, sollten Baustellen innerorts im 2–Schichtbetrieb an 6 Tagen der Woche betrieben werden.

Auf Autobahnen dürften durchaus auch 3 Schichten an 7 Wochentagen machbar sein. Warum eigentlich nicht?

Absperrschilder müssen sein, natürlich auch die Hinweisschilder.

Aber erzähle mir mal jemand glaubhaft, warum bei einer nicht „bedienten“ Baustelle – oft wochenlang – dort Tempo 30 innerorts oder Tempo 6o auf der BAB stehen müssen? Besonders unglaubwürdig werden solche Einschränkungen, wenn der zu nutzende Verkehrsraum gar nicht eingeschränkt ist, also nur während einer realen Bautätigkeit auch eine Gefährdung da sein könnte.

Ach, ja, das Geld für die Baumaßnahmen – gerade auch beim „Schnellbetrieb“ – käme bei mir aus den Einnahmen durch den Verkehr im weitesten Sinne. Diese wären absolut und nicht nur grundsätzlich zweckgebunden.

Der bisherige Anteil lag ja in den letzten Jahrzehnten kaum bei einem Drittel der Einnahmen.

(Wenn man natürlich den – vorgeblichen oder auch nur temporären und daher sinnlosen – Straßenbau am Hindukusch oder in der Sahara dazurechnet, dann, ja nur dann, wird der Anteil natürlich höher.)

IX. Stadtplanung, Bauen und Wohnen

Ein ganz böses Thema, bei dem ich bisweilen sehr drastisch klingen werde.

Bomberharris und seine terroristischen Flächenbombardements auf deutsche Städte waren nachträglich gesehen ein wahrer „Glücksfall" für die Stadtplanungen und bisweilen auch für die Weiterentwicklung von Betrieben.

Aber halt nur bisweilen. Eine große Firma in Stadtmitte hatte hier alle – bis auf ein – Gebäude bei den Luftangriffen im Herbst 1944 verloren. Man war froh, in diesem einen Gebäude weiter produzieren zu können, besonders nach Kriegsende. Später wäre man froh gewesen, wenn auch dieses Gebäude mit in Schutt und Asche gelegen hätte. Ein Gebäude unter Denkmalschutz ist der absolute Horror für Privatnutzer und für industrielle Zwecke erst recht.

So, wie ich übertriebenen Datenschutz „liebe", so wenig mag ich auch übertriebenen Denkmalschutz und übertriebenen Naturschutz.

1929 waren etliche Gemeinden/Städte bei der großen Gemeindereform zusammengelegt worden.

Zusammenlegen heißt nicht immer, zusammen fühlen, denken, planen usw. Im langgezogenen „Wuppertal" liegen die östlichen Teile schon in Westfalen.

In Solingen, der „Stadt auf den sieben Hügeln", sind die östlichen Teile sehr „bergisch", evangelisch-strenge mit vielen „Freikirchen" wie in Wuppertal, das Ohligser

(Unterland) im Westen ist dagegen eher sehr katholisch, rheinländisch, karnevalistisch.

Die Zerstörung der „Solinger" Innenstadt bot nun die Möglichkeit, einen komplett neuen Stadtmittelpunkt im Bereich Mittelgönrath zu schaffen, also so auch den Ohligs-Merscheidern etwas entgegen zu kommen.

Der Baudezernent legte auch Pläne vor.....

Ich kenne die Details nicht so genau, aber es sollte so nicht sein. „Kirchturmdenken" halt.

In einigen Städten war man in der Lage, die Gunst der Stunde zu ergreifen.

In anderen Gemeinden klappte halt die Feinabstimmung zwischen Verwaltung, Ortsteilpolitik und den diversen Bau- und Planungsbestimmungen von Bund, Ländern und Gemeinden nicht.

Dazu kommen dann ja auch – bis heute - die bisweilen eher hinderlichen „Subventionstöpfe", die das eigene Denken und Handeln vor Ort fast unmöglich machen. Nur Großfirmen hatten und haben die Chance, von diesen Töpfen zu profitieren bzw. diese vielleicht auch zu initiieren, zu „dirigieren".

Da gab es - nur ein paar Beispiele – Mittel für Flüchtlingswohnungen, Aussiedlerwohnungen, Sozialwohnungen jeglicher Art, Landesbedienstetenwohnungen, Altenwohnungen, Behindertenwohnungen, nun wieder für Flüchtlingsunterkünfte bzw. Wohnungen und so weiter.....

Und da dürfen dann halt auch nur die rein, was zu Verärgerungen bei anderen Wohnungssuchenden führt. (Siehe dazu die Äußerungen von Boris Palmer..)

Das war schon in den 50ern so, als in Karlsruhe die Neubauten in der Nordstadt zuerst mal für Flüchtlinge vorgesehen waren. Ok, wir hatten zwei Jahre lang in einer Stube der Reichswehrkaserne Wohlfahrtsweier gewohnt. Mit 6 Personen. Ein Jahr davon in einem „Durchgangszimmer". Schließlich von 1955 bis 1959 in Wohnungen der „modernsten schwedischen Holzbauweise". Diese Baracken wurden dann zum Glück später irgendeinmal abgerissen. Schon beim Einzug 1955 war der 5. Langblock direkt mit „Exmittierten" (schönes Wort für Asoziale) belegt worden. Bei jedem Auszug von strebsamen Flüchtlingen in die Neubauwohnungen wurden die leeren Wohnungen der anderen 4 Wohnblöcke später ebenso belegt, als weniger Flüchtlinge kamen. Der Druck zum Wegziehen wuchs, nur die Trägen blieben.

Natürlich waren die Einheimischen sauer, dass sie selbst in den Altbauten bleiben sollten.

(Und jeder von uns kennt Fälle von „Fehlbelegern". So den Kölner Unternehmer mit Villa in der Eifel, aber durch Verlustgegenrechnungen mit einer Sozialwohnung in Köln für den Alltag. Halt Ausnützen von Gesetzeslücken!)

So entstanden dann halt auf der grünen Wiese die wunderschönen neuen Gettos. Neue Heimat, Bremer Treuhand, Gagfah, LEG usw. bauten da mal eben die dringend benötigten Wohnungen. Und auch wir waren 1971 froh, eine 3-Zimmer-Wohnung mit Bad und Balkon für 3 bzw. (4) Personen zu bekommen.

Irgendwie ähnlich den Bauanstrengungen in der DDR zur damaligen Zeit mit Plattenbauten. Die Menschen waren glücklich, eine Wohnung mit Bad und Balkon und Licht zu haben. Zustand „neu“. Das sollte man nie vergessen, auch wenn man heute glaubt, es müssten in jedem Falle immer höhere Standards sein und natürlich mindestens doppelt so große Wohnungen.

Heute sind meist „Haifische“ wie die Vonovia im Besitz dieser Siedlungen und warten nur auf die weitere Geldzufuhr aus Steuermitteln. Selbst investiert man ja so wenig wie möglich. Profitmaximierung als oberstes Ziel.

Gettobildungen durch die Ballung von Sozialmietern sind eigentlich immer schon vorgezeichnet. Wer kann, zieht in ETWs oder in ein Häuschen. Wer das nicht kann, zieht wenigstens da weg. Die „Nichtinvestitionen“ und das „Verkommenlassen“ dieser Siedlungen wird zu einem „Perpetuum Mobile“. Niemand fühlt sich da wirklich wohl, niemand wirklich verantwortlich. Die Arschkarte haben diejenigen gezogen, die zwischendurch im Bereich dieser Siedlungen Eigentum erworben haben. Sie strampeln wie der Frosch in der Milchkanne und wollen so durch die „Butter“ wieder Boden unter den Füssen bekommen. Es ist wie Schwimmen gegen den Strom, mühselig und oft sind Verbesserungen wirklich nur mit Hilfe von Staatsknete zu bewirken.

Es ist in fast allen Städten gleich, da werden Mieter „geworben“ für diese Gettos. Maklergebühren? Iwo – du bekommst noch einen Plasmafernseher geschenkt oder musst 3 Monate keine Miete bezahlen.

Woanders muss man 3 Monatsmieten als Kaution hinlegen.

Konzentration des Besitzes auf wenige Firmen bzw. Personen.

Hier in Solingen konnte der Altnazi Kissel aus diesem System Profit ziehen. Seine Firma wusste immer, wann neue Fördersysteme und –mittel anstanden. Man hatte stets komplette Planungen in der Schublade. Man war immer als erster beim Abschöpfen dieser Mittel dabei. Man baute aber auch überlegt und gut. Aber wie gesagt, solch ein System lässt anderen kaum eine Chance.

Ein Kernproblem liegt natürlich auch bei der Politik vor Ort. Natürlich braucht jeder Fachausschuss die jeweiligen Fachleute. Damit meine ich nicht die selbsternannten Fachleute für irgendein Thema, aber ohne jegliche Berufsausbildung geschweige denn Berufserfahrungen.

Die „Fachleute" im Bundestag oder in den Landtagen sollte man ebenfalls einmal hinterfragen, aber leider – wie ich schon schrieb – sind deren Einträge zur Person oft lückenhaft und in Einzelfällen sogar gelogen. (Ich habe direkt am 24.01. einen Leserbrief zum Lügenlebenslauf des neuen „Strahlemanns" der SPD gemailt und auch sein Büro angemailt und auf beides bis aktuell zum 17.02. noch keine Antwort.)

Bei den wirklichen Fachleuten in den Ausschüssen (vor Ort) besteht halt auch immer die Gefahr der Befangenheit oder der persönlichen Vorteile.

Bei meinem Vorschlag des späten Einstiegs in die Politik frühestens ab 40 könnten so zumindest im Bereich Schulausschuss Befangenheiten gemindert werden.

Bei den Architekten in den Bau- und Planungsausschüssen sehe ich da eher schwarz. Natürlich hat ein selbstständiger Architekt da eigentlich immer eigene Interessen.

Hinderlich für Entscheidungen zum alleinigen Wohle der Stadt sind da also mehrere Dinge: Stadtteildenken, starke, aber versteckte Eigeninteressen, mangelnde Qualität der Verwaltung (durch mindere Bezahlung gegenüber der Industrie), übelste Ideologie und Denkfaulheit bisweilen in mehreren Fraktionen, „Erpressungen" durch den kleineren Koalitionspartner, oder auch nur, der Vorschlag kam von den <u>anderen</u>, also stimmt man dagegen (um ihn später als eigenen Vorschlag aus der Kiste zu zaubern).

Und nicht nur bei den Städten, sondern gerade auch bei Großprojekten stören laufende Planungsänderungen, laufende Änderungen der Vorschriften (eine neue Sau durchs Dorf treiben) und diese unerträglichen Vergaberichtlinien, die vorrangig gemacht wurden, um der Korruption vorzubeugen. Die Zerstückelung in viele Einzelaufträge statt die Vergabe an einen Generalunternehmer führt zu Reibungsverlusten, langjährigen Streitereien, wer denn nun für das Nichtfunktionieren etc. verantwortlich ist.

Die Vergabe an den jeweiligen „Billigmeier" ist ebenfalls überhaupt nicht zielführend. Hier in Solingen durfte z. B. eine Firma ohne finanziellen Rückhalt zuerst gewisse Arbeiten im Stadttheater durchführen und später dann auch in unserem Schulhauptgebäude neue Brandschutztüren einbauen. Bei beiden Gebäuden wurde daraus jeweils eine jahrelange Baustelle mit Wartezeiten, da dieser „Billigheimer" erst dann weitere Türen beschaffen konnte, wenn er von der Stadt das Geld vom letzten Abschnitt gesehen hatte. Im Übrigen waren die alten Türen m. E. besser.

Fairerweise muss man sagen, dass viele Firmen gerade durch eine Zusammenarbeit mit „Öffentlichen Auftraggebern“ erst in eigene Zahlungsschwierigkeiten kommen.

Wenn in diesem Bereich oft **erst nach 9 Monaten** Rechnungen beglichen werden, davon Einbehalte für Reklamationen abgezogen werden, dann kann eine Firma bei diesen Billigangeboten – die sie ja machen musste – davon nicht existieren ohne größere finanzielle Rücklagen. Und die erwirtschafte erst einmal bei den „Billigangeboten“, die man machen muss, um den Auftrag zu bekommen. Und Firmen nach Konkurs kann man auch nicht mehr für Baumängel in Regress nehmen.

Irgendwie eine Scheißspirale. Förderung der örtlichen oder regionalen Wirtschaft sieht anders aus.

Unsere Schulbuchbestellungen gingen nach jahrelanger zufriedenstellender Zusammenarbeit mit einem örtlichen Lieferanten nach Aachen bzw. Berlin. Was bringt das denn wirklich?

Qualitätssicherung sieht erst recht anders aus. So mussten hier nach ca. 35 Jahren Polizeigebäude und Finanzamt komplett neu gebaut werden, da der Zustand entsprechend verludert war.

Was wäre noch zu tun beim Wohnungsbau?

Warum können Bauverwaltungen den Bauherren in „ästhetischen" Fragen Vorschriften machen, die bisweilen eher merkwürdig sind? Da werden in der gleichen Wohnsiedlung zuerst – gerade bei Garagen – Spitzdächer verlangt. Später dann verlangt man diese häufig undichten Flachdächer für die Garagen, auch, wenn man diese als Bauherr nicht haben möchte.

Farben der Fenster? Vorschrift, trotzdem an allen Häusern verschieden.

Farbe und Form der Dachziegel?

Eher Wahnsinn und Schikane durch Schwachbegabte, die ihren Frust ablassen wollen.

Eigentlich hätte der Herr D. ja den Bürger mit Bauwunsch beraten müssen. Sollte doch so sein als „Diener des Staates = des Bürgers". Und fairer Weise hätte er den Bauherren auch sagen können, dass man in diesem Baugebiet recht großzügig und frei hätte bauen dürfen.

Warum darf ein A........ einen Bürger immer noch behandeln, als sei dieser Bittsteller oder Untertan?

Ich bin grundsätzlich gegen jeden ausufernden Kündigungsschutz, auch und gerade im öffentlichen Dienst. Da sind diese (wenigen) Leute, die den gesamten Öffentlichen Dienst in Verruf bringen. Dann heißt es immer „die Beamten". Gerade im technischen Bereich der Gemeinden sitzen da zwar eher Angestellte, die deutlich bessere Besoldungs- und Aufstiegsmöglichkeiten haben.

Irgendwie Schizophren: Da ist es erlaubt, dass Firmen zwecks Gewinnmaximierung mal eben 10.000 oder mehr anständiger Mitarbeiter „freisetzen“ = oft ins Elend stürzt, aber der Rauswurf eines Menschen, dem man im Beruf beim Gehen die Schuhe besohlen kann, ist praktisch unmöglich. Wenn derjenige geschickter Weise noch ein oder mehrere Ausschlussgründe* beibringt, wird er auch noch „höhergestuft“ oder „befördert“ statt gefeuert.

- **Bist du Gewerkschaftsmitglied, Parteimitglied, Personal- oder Betriebsrat (schon als Jugendlicher) und als Zuckerhäubchen SB, dann steht deiner Karriere mit ohne Arbeiten nichts mehr im Wege. Ich vergaß dabei noch das Geschlecht oder die Orientierung und die Herkunft.**

Reine Leistungsgesellschaft halt.

Als ich mich in einem solchen Fall tatsächlich erdreistete, Nachfragen zur Person an die Verwaltung zu stellen und mich dann zumindest einmal als Zeichensetzung als einziger der Stimme enthielt, hörte ich doch den empörten Satz – aus einer anderen Fraktion – „Der befördert ja nicht einmal Genossen!“

Lass mir arbeiten, oder lass mich arbeiten? Beides falsch! Lass andere arbeiten!

Nicht wegen der Faulheit, aber wegen der penetranten Schikane von Kunden, gerne auch wenig schreibkundigen Ausländern denke ich oft an den Kollegen G. S.

bei der Post zurück. Mit Genuss schickte dieser immer wieder obige Kunden zurück, die auf der Zahlkarte etwas vergessen hatten. Ändern! Neu in der Warteschlange anstellen! Da ist ein weiterer Fehler! Ändern! Und noch einmal das Spielchen erneut von vorne!

Es sind teilweise die mangelnden Möglichkeiten für die Vorgesetzten, häufig aber auch Bequemlichkeiten oder pure Feigheit.

Im Beruf und in der Politik kannst du alles tun – oder alles lassen – aber mache bloß keine Fehler und mache dich nicht unbeliebt!

Zurück zum Bauen. Wir brauchen Baugesetze, die auch auf den Baubestand zugreifen. Ernsthaft und mit Folgen. Neben meiner Forderung, Leerstände zu versteuern, statt sie noch als steuermindernd zu benutzen, gehören vorgeschriebene Qualitätsmerkmale ins Baurecht.

Regelmäßige Begehung aller Straßen und Gebäude. Erkennen, wo Schrottimmobilien sind. Oft weiß man das schon vom Büro aus. Presse und Bürger wissen dies meist auch so schon. Internetseite als Meldeseite dafür, das sollte man nicht pauschal als Denunziation abtun. Hier lässt die „Gräfin von Thun Gesellschaft" mitten in Ohligs seit Jahren einen Schutthaufen übelster Größe liegen. Man könnte auf die Idee kommen, dass jeder Bürger, der in deren Richtung fährt, einen Eimer oder Kübel Schutt mitnehmen und dort vor die Tür schütten sollte.

Das Ding hat aber zwei Seiten. Warum besteht die Stadt immer noch darauf, dass an Stelle des Schutthügels noch ein weiterer Einkaufszentrumsleerstand gebaut werden soll? Gegenüber steht seit über 10 Jahren das Gebäude des alten Globus mit Tiefgarage leer. Weitere

Geschäftsräume auf der Düsseldorfer Straße und in Nebenstraßen suchen Mieter. Heute stand es genau anders herum in der Zeitung. Jedenfalls kommt man nicht sachlich zusammen.

Ansonsten bin ich für knappe Ordnungsverfügungen mit kurzer Fristsetzung zum Renovierungsbeginn und Renovierungs<u>ende</u>.

Bei Nichtbeachtung oder Einsprüchen oder natürlich sofort daraufffolgendem Besitzerwechsel: <u>Sofort folgende Abrissverfügung.</u> Nach kurzer Frist halt amtlicherseits auf Kosten des Besitzers. Das Grundstück fällt dann ohne Folgekosten an die Gemeinde.

Eventuelle Bodenbelastungen werden auf Kosten des oder der letzten Besitzer beseitigt.

Besitzer nicht ermittelbar oder nicht erreichbar, er antwortet nicht? Zurzeit ist dies ein echtes Hindernis für weiteres Handeln.

Wenn aber jemand in Urlaub fährt, sein Auto steht auf der Straße, es zwischendurch zu einer Baumaßnahme kommt, dann wird sein Auto eben abgeschleppt. Auf des Halters Kosten. Geht doch, oder?

Nehmen wir die harmlosen Fälle der Verwahrlosung. So irgendwie nach 30 Jahren ff sollte man schon mal einen Eimer Farbe über den Außenputz schütten. Sieht schöner aus, erhöht den Wert und auch die Zufriedenheit der Nachbarn und/oder Mieter.

Und was sind nun Qualitätsmerkmale?

Dass jedes Teil eines Gebäudes in einem funktionierenden Zustand sein soll, ist irgendwie klar. Über Details lässt sich da sicher streiten.

Wenn aber - wie so oft - krasse Gewinnsucht und Klimahysterie zusammenkommen, dann wird es übel. Natürlich will auch ich nicht die „Ami-Villen" mit 5 Schlafzimmern und ebenso vielen Badezimmern, aber alles in „Messebauweise". So kommt man billig dran, hat bei den oft notwendigen Umzügen nicht so viel Verlust, oder zersägt den Holzschuppen in mehrere Teile und nimmt ihn einfach mit (selbst so gesehen).

Irgendwie faszinierend der Gedanke. Mein Onkel, Unternehmer in Canada, meinte, ihr investiert zu viel und werdet so „immobil".

Hier geht es anders lang. Zuerst einmal sollen die Grundstücksflächen immer kleiner werden „Nutzmenschenbehausungen", gleichzeitig aber „klimaneutral" und ohne Zufuhr von Energie auskommen.

Niemand hat bisher ein „Perpetuum Mobile" erfinden können. In den Köpfen von Fantasten schwirren aber ständig solche Gedanken herum.

Zuerst einmal, wieso schreien (berechtigt) manche Leute zwar empört auf wegen der Käfighaltung und der Massentierhaltung allgemein, aber Menschen, besonders, wenn sie im Eigentum (igitt!) wohnen wollen, mutet man eben genau diese krankmachenden Wohnbedingungen zu. Und dies mittlerweile zu Preisen, die niemand mehr bei Wiedereinführung von Zinsen bezahlen kann. Wir brauchen offenbar Wohnraum für immer mehr Menschen und Gewinne für immer weniger Menschen. Es wird ein böses Erwachen geben.

Ein böses Erwachen, wenn die Superheizungen eben in der Realität nicht so funktionieren, wie angepriesen. Geothermie z. B. hat schon zu bösen Überraschungen im Untergrund geführt.

Auch die Einstellbarkeit des eigenen Wohlfühlklimas für jedes Zimmer getrennt wird schon schwierig bei diesen Null-Energie-Häusern.

In einer Schule lag die Innentemperatur laufend bei 31 Grad, während einer Außentemperatur von 18 Grad. Also musste für sehr viel zusätzliches Geld eine „Kühlanlage" her.

Richtig durchs Fenster lüften geht bei einigen Anlagen so auch nicht. Alles über die alleinseligmachende Klimaanlage mit Austauschern, Schächten, Ventilatoren und vielen eher unzugänglichen Stellen. Da sammelt sich dann der Dreck der letzten Jahrzehnte, da sammeln sich die Keime und alle Keime werden gleichmäßig in alle Räume geblasen – mit garantierter Zugluft natürlich.

Im Übrigen sollte man in seinem eigenen Energiewunderhaus weder Rauchen, noch Kohl, Fisch oder sonstige Duftverbreiter kochen, denn eine schnelle Lüftung durchs Fenster geht ja nicht.

Dass wir in Duschen von Sporthallen etc. laufend Legionellen haben, wundert niemanden, der regelmässig Zeitung liest. Da muss halt regelmäßig richtig heißes Wasser durchlaufen, sofern dies dem Hausmeister nicht zu viel ist. Da müssten regelmäßig auch mal die Duschköpfe ganz einfach mal ausgetauscht werden, sofern die Gemeinde noch Geld übrig hat nach all den „Killefitzprogrammen", die man sich sonst oft leistet.

(Ich sage ja immer, stellt alle Haushaltspläne bis ins Detail ins Netz und die Bürger werden euch schon zeigen, wo gestrichen werden kann oder muss und wo etwas getan werden sollte.)

Die Bauweise selbst und die neuen energiesparenden Materialien sind ebenso ein Schelmenstück.

Und das absolute Schelmenstück sind die ständig geänderten Vorstellungen und Vorschriften dazu.

Ich/wir bauten 1986/1987 in völliger Eigenleistung ein Einfamilienhaus mit Hebelsteinen wegen der Energieeinsparung und der leichteren Verarbeitung für einen „Schreibtischtäter" bzw. Lehrer mit zwei linken ...

Die Mauerstärke des Kellergeschosses war 36 cm, die der sonstigen Geschosse lag bei 30 cm. Dazu ein guter und „atmender" Mineralputz.

Ich sprach da von Gasbetonsteinen, die Firma bereits vom „Porenbeton". Man wollte keine negativen Assoziationen. Ich denke, ich hatte richtig gewählt, obwohl ... heute ist dieser Stein <u>Sondermüll</u> und seine Entsorgung kostet.

Heute sieht man bei den „Reihenhauskäfigen" wie bei den Luxusrentnerwohnungen neben dem Müllhaufen der Gräfin Thun von einem anderen Träger nur folgende oberaffengeile Bauweise: Mauerstärken in Kalksandstein (?) von 15 bis 20 cm. (Trägt das wirklich bis in die obersten Etagen?)

Da drauf kommt dann mit (giftigem (?)) Kleber (?) etc. eine Schicht von ebenfalls 20 cm giftigem Styropor, Styrodor oder wie dieser Scheißdreck sonst noch heißt.

Dass die Oberfläche sofort bei kleinstem Druck eingedrückt wird, sah ich schon mehrfach. Ich glaube auch nicht, dass diese Dämmschichten bei bestimmten Stürmen mit Sogwirkung noch komplett an den Wänden bleiben.

Atmungsaktiv wie mein Mineralputz wird es ebenfalls nicht sein. Wer von außen alles abdichtet, hat halt innen in und an den Wänden Feuchtigkeit bis hin zum Schimmel.

Eine hinterlüftete Klinkerfassade halte ich da allemal für besser.

Auf jeden Fall verbrennt man so bei einem Feuer nicht, man erstickt vorher an den giftigen Dämpfen. Auch meine alte Schule – gerade für 10 Millionen € saniert – bekam wie ich hörte solch eine Wärmeisolierung unter die eher ansehnliche Metallhaut statt des vorigen Plastiks außen. Also giftiges Plastik außen ersetzt durch Styrodingsbum in der Zwischenlage.

Zurzeit haben die Handwerker richtigen Stress beim Abbau solcher genialen Dämmmaterialien. Ende 2016 sollte für eine dieser Sorten als Sondermüll ein Preis von 7.000 € statt vorher 240 € bisher bezahlt werden bei der Entsorgung, sofern die Entsorgungsfirmen diesen Dreck überhaupt annahmen. Diese Regelung wurde zwar noch einmal ausgesetzt, zeigt aber, dass Nachdenken über Folgen und echte „Nachhaltigkeit" noch eher ein Fremdwort – auch für viele unserer selbsternannten Spezialisten – ist.

Dass unsere Siedlungen oder sonstige Genehmigungen für „Reihenkäfighaltung“ davon ausgehen, dass niemand nach Erwerb eines Hauses / einer ETW sich noch ein Auto leisten kann, ist irgendwie seltsam. Die Straßen stehen doch auch da voll mit den Fahrzeugen. Kaum jemand hat aber eine Garage am Haus. Mit etwas Glück einen Tiefgaragenstellplatz bei vielleicht 4 erwachsenen Personen im Haushalt.

Hier ums Eck hatte man mehrere Wohnblocks mit Sozialwohnungen noch mit hineingequetscht. Die Baugenehmigung sah immerhin 35 Stellplätze im Innenhof zwischen den verschiedenen Blöcken vor. Nach Bauabnahme wurden sofort die ganz innen liegenden Plätze aus „Ruhegründen“ wieder stillgelegt, bzw. gar nicht erst angelegt.

Und wo parken die denn nun? Besonders erfreulich sind die Gewohnheiten dieser Autobesitzer. Obwohl hier gar kein Durchgangsverkehr sein sollte, herrscht hier Betrieb rund um die Uhr. Die einen kommen mitten in der Nacht, die anderen fahren zu ähnlichen Zeiten los, alles immer mit Musik und Lautstärke. Das Warmlaufenlassen unter dem Schlafzimmerfenster ist immer hübsch-häßlich. Im Sommer ist das Fenster ganz weit auf, im Winter stinkt das Auto gerade in den ersten Minuten besonders.

Nett auch die Erklärungen, warum bestimmte Autos immer ein oder zwei Wochen am Stück hier bei uns die Plätze wegnehmen. Das ist mein „Angelauto“, das brauche ich nur am Wochenende usw. Kein Witz!!!

Ich frage mich immer, wie Subventionen für den Sozialwohnungsbau mit mehreren Autos, Vans, Bussen, 7er BMWs zusammenpassen? Blöde Frage, wer eine subventionierte Wohnung hat und noch sonstige Subventionen, kann sich halt mehr leisten, als der Einzahler mit den „breiten Schultern".

Ich sage immer, vergleicht nie das Brutto, sondern immer das Netto!

Deutschland liegt bei der Eigenheimquote weit hinter den anderen Ländern in Europa.

Sozialer Wohnungsbau ist seit 100 Jahren ganz in Mode, schafft aber Probleme durch die Anballung von „Problemmietern".

Im 19. Jahrhundert bauten Betriebe damals ganz hervorragende „Werkswohnungen" – auch im Eigeninteresse. Im Zeichen der Pfennigfuchserei wurde diese „Betriebssparte" mittlerweile häufig fallengelassen.

Anfang des 20. Jahrhunderts erstarkten die sozialen „Wohnungsbaugenossenschaften". Aber wenn das Geld vom Staat halt sprudelt und die (häufig schlecht) kontrollierten Geschäftsführer sich in das „Big Business" stürzten, dann war es da oft schon aus. In beiden Fällen wurden ganze Siedlungen an die Aasgeier verkauft, deren Lieblingslied offenbar ist: „Mein idealer Lebenszweck, ist Borstenvieh, ist Schweinespeck…"

Und so wird dann auch agiert.

Der Superskandal in dieser Richtung spielte sich in Mitteldeutschland ab nach dem „Eilbeitritt".

Die Wohnungen gehörten irgendwie als Werkswohnungen den Kombinaten.

Die Schulden der Kombinate wurden grundsätzlich auf die Wohnungsgesellschaften gelegt.

Die Kombinate wurden zerschlagen, filetiert und von der Untreuhand belastungsfrei zu Spottpreisen verschleudert.

Die Wohnungsgesellschaften gehören nun häufig den Gemeinden, aber mit Milliarden Hypothekenschulden.

Die Erwerber der Betriebe machten meist den Laden dort dicht, verkloppten das Inventar, hatten damit bereits den Einstandspreis locker heraus. Und nun hatte man Grundflächen, auf denen man – natürlich wieder - **mit Steuergeldern** endlich „anständige“ neue Wohnungen bauen konnte.

In kürzester Zeit waren da plötzlich alleine in Sachsen 65.000 Leerstände daraus geworden, da die Mieter – nun oft ohne Arbeit – dann doch lieber weiter in den erschwinglichen Plattenbauten blieben.

(Ich hoffe, dass ich dies sachlich so einigermaßen richtig dargestellt habe.)

Meiner Meinung brauchen wir:

- Eine höhere Eigentumsquote, besonders als Einfamilienhaus. ETWs sind oft nur schrecklich.
- Ums Haus herum muss „Luft“ zum Atmen sein. Also verlange ich Grundstücks-Mindestgrößen von 750 m2, in Ausnahmefällen 600 m2.
- Bei (eher zu vermeidenden) Doppelhäusern dürften die Mindestgrundstücksgröße je Eigentum nicht unter 550 m2 liegen.
- Massive Bauweise sollte Pflicht werden.

- **Speziell für „Selberbauer“ sollten sich die Gemeinden einmal wieder an das fast 100 Jahre alte „Reichsheimstättengesetz“ erinnern.**

- **Die Ausgestaltung allerdings dürfte nicht weiter so in Richtung „Almosengewährung“ gehen. So haben sich die Gemeinden sowohl in der Zwischenkriegszeit als auch nach dem 2. WK meist nur dazu herabgelassen, den „Siedlern“ eher unattraktive Grundstücke in Stadtrandlagen zu überlassen.**

- **Im „3. Reich“ wurden so bevorzugt „SA-Siedlungen“ als „Puffer“ um die „Roten Sozialbauten“ gezogen.**

- **Nach dem 2. WK gab es Zuweisungen gerne für Heimatvertriebene, Flüchtlinge oder Einheimische mit „Vitamin B“.**

- **Es ist auch ein Blödsinn, die Zuteilung zu beschränken auf Familien, die <u>aktuell</u> 3 oder mehr Kinder haben und dabei gleichzeitig auf dem Papier an der Armutsgrenze liegen. Wie soll das mit dem Bauen denn dann gehen? Irgendwie ist das Willkür, wenn man so „Subventionen“ verteilt. Hast du Glück, rutscht du ins Programm. Liegen deine Kinder immer einige Jahre auseinander, dann gibt es nie den richtigen Moment zur Antragsstellung.**

Ich erinnere mich da an einen Kollegen, dessen 4 Kinder jeweils im Abstand von über 4 Jahren kamen (insgesamt waren da 17 Jahre dazwischen). So zahlte er für jedes seiner 4 Kinder seinen vollen Kindergartenbeitrag. Wer alle 4 Kinder auf einem Haufen bekam, zahlte im Kindergarten nur für eines von ihnen. Bist

du von eh und je ohne (offizielle) Arbeit, zahlst du ohnehin absolut nichts.

Mithin meine Forderung für so ziemlich alle Dinge dieser Welt:

Nichts für niemanden, oder aber Leistungen des Staates ohne Differenzierungen für jeden.

Alleine der Behördenaufwand zum Auseinanderklamüsern kostet oft mehr, als man einspart. Die Ungerechtigkeiten an den Schnittstellen oder durch zufällige zeitliche Situationen wären so ausgeschlossen.

- Reißt endlich mal all die Schrottimmobilien ab! (Prima Konjunkturprogramm ohne Auslandsrisiko.)
- Seid flexibel bei Gewerbeleerständen! Fallen die unter „Schrott", siehe oben, weg damit.
- Warum aber nicht viele der Leerstände umwidmen zu Wohnungen? Früher schickte man die Alten ins Exil in Altenheime am Stadtrand. Wer will denn da hin, bevor er wirklich schon „Scheintot" ist?
- Kurze Wege in den Stadtkernen können durchaus etwas für sich haben. Die Versorgung klappt aber umso besser, je weniger wir gewaltig überdimensionierte Einkaufszentren, Outlets etc. zulassen. Wir sind hier ja schon umzingelt mit diesen Wahnsinnsbauten und jede Stadt plant ständig neue.

Wie war das noch einmal mit dem Turmbau zu Babel? Zumindest weiß ich jetzt, was real existierende wirtschaftliche und politische Unvernunft ist.

- Und noch eine Kleinigkeit: Wir brauchen viel mehr Parkraum an und in den Wohnsiedlungen, EFH und ETWs. Ändert die Mindestbedingungen zu den Stellplätzen/Garagen!
- Wir brauchen viel mehr Parkraum in den Stadtzentren. Vielleicht sollten die Städte einmal die Millionen, die sie als „Ablöse" von privaten Bauherren erhielten, endlich auch mal in Parkraum umsetzen. Die Verödung der Innenstädte liegt <u>auch</u> am Motto „autofrei" respektive „parkplatzfrei".
- Wir brauchen an Haltestellen und Bahnhöfen Parkraum, verstärkt natürlich auch genügende verschlossene „Behälter" für Fahrräder und Pedelecs. „Parken und Öffi-Fahren" muss auch möglich sein, ohne dass die umliegenden Straßen für die dortigen Anwohner praktisch „dicht" sind.
- Öffentliche „Ladestationen" für E-Mobilität (speziell zweirädrig) könnte in den Städten schon etwas bringen. Meines Erachtens mehr als Kaufprämien für PKWs = Mitnahmeeffekte. Und wenn Kaufprämien, dann eher noch für Pedelecs, die den zweifachen Vorteil haben, weniger Fläche zu benötigen als Autos und zudem die körperliche und geistige Gesundheit der Benutzer fördern.
- Um wieviel breiter sollen Autos in den letzten Jahren geworden sein? 15 cm? Seit wann bitte?

Ich erinnere mich noch sehr gut an meine Isetta, meinen Prinz III, meinen Käfer etc., meine NSU 1000 und 1200. Ich meine, keines von denen war breiter als 140 cm oder 150 cm. Heute sind PKWs mitsamt Spiegel eher 210 cm und mehr. Statt 380 cm Länge stehen da eher 480 cm und beliebig mehr in den Papieren.

- Also neue und zutreffende Richtlinien für Parkraum auf Plätzen, in Parkhäusern, Tiefgaragen und Pri-vatgaragen. Breitenzuwachs eher 50 cm oder sogar 70 cm und Längenzuwachs um 1 Meter. Gilt auch für den Rangierraum. Dass Garagentore ebenfalls deutlich breiter und auch höher sein sollten, ist für mich klar. Für weltfremde Gesetzgeber offensichtlich nicht.
- Keine Übergangsvorschriften – Umsetzungen sofort. Es war bisher Zeit genug, auch für Investoren mit Hirn statt ausschließlich Registrierkasse, selbst angemessenen Maße anzuwenden.
- Ich schrieb es wohl schon, reißt auch öffentliche Gebäude nach einer gewissen Nutzungsdauer einfach mal ab und baut neu. Schulen, Kliniken, Kindergärten, Bürobauten können so sachgerechter von Anfang an geplant und gebaut werden. Oft ist Neubau billiger als Sanierung und diese Gebäude sind (hoffentlich) gesünder, hygienischer und riechen besser, wenn man nicht wieder alles mit Giftstoffen zukleistert und ausschließlich mit Klimaanlagen baut.

X. Rechtssystem

Unser Rechtssystem sollte ganz viel zu tun haben mit Recht und Gerechtigkeit, wie sie sich auch die Bevölkerung vorstellt. Immerhin sind wir eine Demokratie und das Volk ist dabei der Souverän.*

- **Und nun komme mir bitte keiner mit dem Totschlagargument „aha, der meint gesundes Volksempfinden". Sowohl die Nazis, als auch die DDR mit ihren „Volksrichtern" haben das Recht schamlos gebeugt und deformiert nach ihren eigenen ideologischen Interessen.**

Weniger aber sollte dieses System zu tun haben mit Paragrafenreitereien, Haarspaltereien und der (für Juristen erfreulichen) Tatsache, dass man für alles einen Rechtsanwalt benötigt*, dass man gegen alles zuerst einmal Einspruch oder Widerspruch einlegen muss, dass man kostenpflichtig klagen muss.

- **Man könnte meinen, Juristen machten die Gesetze bewusst so, dass immer genug Arbeit für ihren Berufsstand übrigbleibt. Witze über 30jährige Zivilstreitereien gibt es genügend.**

(Kein Witz, keine Karikatur und keine Parodie kann den Irrsinn der realen Wirklichkeit in allen Bereichen der Gesellschaft auch nur annähernd wiedergeben.)

Dieses jetzige System nach Paragrafen – in angelsächsischen Ländern nach Präzedenzfällen – hat weder eine Klageflut durch Querulanten und Abzocker verhindert, noch konnte sie bisher dem kleinen Normalbürger zu seinem Recht verhelfen. Der muss derzeit aber noch länger warten, da Zehntausende, wenn nicht Hunderttausende Prozesse die Gerichte blockieren von Menschen, die meiner Meinung nicht das Recht dazu hätten.

Hierzu nun einige Fragen, die sich mir dabei auftun und einige Vorschläge:

- **Wieso können Firmen, Ärzte, Behörden, Finanzämter etc. dir sehr kurze Fristen für alles Mögliche vorschreiben, du selbst darfst aber Monate oder Jahre auf Antworten, Genehmigungen oder Leistungen warten?**
- **Wieso musst du nach abgewiesenen Einsprüchen klagen, bzw. wenigstens erklären, dass du bereit bist zu warten, bis eine andere Person im gleichen Falle bis durch alle Instanzen zu einem Ergebnis (= Urteil, nicht Recht) kommt?**
- **Wieso bekommt dann im günstigem Falle zwar der auf der Warteliste sein Geld, aber alle anderen – und dies dürften oft 80 bis 90 % der Betroffenen sein – gehen leer aus?**
- **Wieso ist der ganze Klageweg und das System so kompliziert, dass sogar Dutzende NRW-Gemeinden mitsamt ihren Rechtsämtern ein „falsches" Gesetz**

beklagen konnten und so halt gegen das Land verloren?

- **Was macht da unsereiner rechtlicher Einfallspinsel und sein möglicherweise auch nicht so fitter Rechtsanwalt?**

- **Vielleicht sollten wir für Zivilstreitigkeiten oder Verwaltungsprozesse das US-System wählen. Der Anwalt bekommt 35 % Erfolgshonorar und übernimmt so nur Dinge mit Aussicht. Ergäbe so weniger Prozesse und weniger Enttäuschungen bei den Klägern bei uns, die jetzt auch noch Geld zusätzlich verloren haben.**

- **Es lohnt sich offensichtlich sowohl für Behörden und auch für (Groß)firmen, sich eher verklagen zu lassen, dadurch aber eine Menge Geld zu sparen, da die große Mehrzahl eben nicht klagt!**

- **Wieso geht ein Minister straffrei aus, der eine Anordnung erlässt, dass selbst ein „Obergerichtliches Urteil“ für die weitere Arbeit keinerlei Bedeutung hätte? <u>Also weiter so entgegen der Rechtslage</u>.**

- **Wieso hat der Staat noch keinerlei wirksame Handhabe geschaffen gegen die „Telefonbetrüger“ (gibt es ja schon länger) und nun auch schon seit Jahren die Internetbetrüger? Handhabe heißt überwachen, überführen und wirklich schmerzhaft* bestrafen – und zwar immer sehr zeitnah. Da sollten auch keine Staatsgrenzen ein Hemmnis sein.**

*** Mit schmerzhaft meine ich, da treffen, wo es am meisten wehtut: Gelder einziehen und das „Betrü-**

gerpack" einer geregelten Arbeit zuführen, statt sie im Gefängnis zu verwöhnen.

- Bei **Mobiltelefonen** und im **Internetz** sollte es möglich sein, alles zu unterbinden, was durch bloßes – oft versehentliches – Anclicken oder einem eher versehentlichen „Ja" zu geldlichen oder sonstigen Verpflichtungen führt. Nur um ein Programm oder Angebot ans Laufen zu bringen, muss man – auch als DAU oder im „Fachenglischen" nicht bewanderte Person häufig Seiten über Seiten Dinge akzeptieren, die eher zum Nutzen des Anbieters sind. Schon das seitenlange unverständliche Gelaber auf „Deutsch" kann da zur Überforderung führen und zum einfachen Click ohne zu lesen. Auf Englisch geht das meines Erachtens überhaupt nicht. Stoppt diesen Wahnsinn. Keinerlei Geschäftsbedingungen für Privatkunden sollte mehr als eine Seite DIN A 4 umfassen (Schriftgröße 12 fett als Minimum).

  - Und da wir gerade bei überflüssiger scheinjuristischer Laberei sind: Ich hasse **Warnhinweise** etc. in Art der amerikanischen Variante, man müsse jeden Vollidioten auf jede irgendwie vielleicht vorkommende Situation hinweisen und sei sie noch so extrem.

  - Warnhinweis im Wohnmobil/Reisemobil: „Den Fahrersitz während der Fahrt nicht verlassen!" – nur, weil einmal ein Idiot während der Fahrt zum Kaffeekochen nach hinten gegangen war.

  - Jedes Fahrzeug oder Gerät ist beklebt mit diesen idiotischen Warnaufklebern. Meist würde man sagen, wer das nicht vorher gelernt hatte, gehört nicht in den Nutzungsbesitz dieses Fahrzeuges / Gerätes.

- Lesen Sie noch Bedienungsanleitungen? Wenn man die Seiten mit den Hinweisen in den anderen 18 Sprachen herausgerissen hat, dann bleiben von dem Kilopaket mit 770 Seiten deutlich weniger übrig. Aber immer noch zu viel, denn jede Seite wird wieder dominiert von... Sie ahnen es schon und Sie wissen es auch: Es wimmelt von Warnhinweisen teils blödester Art. Nach wirklich wichtigen Merkmalen und Angaben sucht man mit vielen unnützen Querverweisen. Bisweilen sogar völlig vergeblich. Ich brauche die Angaben zum Reifendruck, zur Ölsorte und die Angaben zum Anzugsdrehmoment für die Radschrauben beim zweimaligen Räderwechsel (Ostern / Oktober). Da verlangt der Hinweis, du mögest nach 50 Kilometern die Schrauben kontrollieren. Der Wert steht nicht im Handbuch, der Servicemeister fragt in der Werkstatt nach!!! Wie blöd ist das denn?

- Da wird mit angeblich ellenlangen Wartungsintervallen geworben. In der Wirklichkeit springt der Computer im PKW seltsamer Weise immer schon nach 12.000 Kilometern auf „Werkstatt". Ein Normalauto mit ca. 20.000 Kilometern Jahresleistung (= Kurzstreckenfahrzeug???) sollte doch wohl mit einer Inspektion im Jahr auskommen, besonders, wenn man mit Intervallen von 30.000 oder sogar 50.000 Kilometern wirbt.

- Halte dich also an die Anzeige bei 12.000, sonst erlischt jeder Garantieanspruch.

- Aber die Möglichkeiten für die Hersteller oder Händler Garantieansprüche oder Gewährleistungen abzuwehren, sind eher vielfältig. Die Möglichkeiten des Verbrauchers eher dürftig.
- Ich schlage vor, wie ich es auch beim Thema Nachhaltigkeit und Qualitätssicherung aufweisen werde, die Mindestgarantien für technische Geräte auf 10 Jahre zu erhöhen. (Beim Häuserbau und einfachste Teile auf 20 Jahre.)
- Die Ausnahmeregelungen sind deutlich einzuschränken. Was da so alles „Verschleißteil" ist. Wenn man damit wirbt, das teures Xenonlicht und nun halt die teuren LED-Leuchten ein Fahrzeugleben lang funktionstüchtig bleiben, dann sollte dies auch so sein. Lohnkosten und auch Materialkosten dürften bei Leuchtmittelaustausch auch nach Ablauf der 10 Jahre nicht anfallen. Baut halt die Fahrzeuge so, dass man mit einem Griff da drankommt. Bei meinem alten „Taxidiesel" war das so.
- Beim **Familienrecht** sollte eine Scheidung im Regelfalle von der gleichen Behörde beurkundet werden wie bei der Trauung, also beim Standesamt. Ist doch meist schlimm genug und teuer genug. Was braucht es da noch Juristen und Gerichte?
- Jegliche Art von Prozessen muss deutlich schneller beginnen und schneller rechtskräftig beendet werden. Dafür braucht es Personal, aber auch den Verzicht auf Klagegründe, Befangenheitsanträge und ähnlichem widerlichen Schnick-

schnack oder halt auf unnötige weitere Rechtswege.*

- **Dass sich ein „Miststück" wie die Zschäpe - auf Kosten des Steuerzahlers - nun schon fast 4 Jahre sonnen kann in der Aufmerksamkeit der ganzen Welt, bei bester Rundumversorgung, finde sicherlich nicht nur ich empörend. Ich finde es auch empörend, wenn Verbrecher dann für Interviews oder Bücher Honorare erhalten, die nicht sofort an die Opfer gehen, bzw. halt an den Staat, der doch die Kostenlast trug. Durch weitere Ausnutzung des Rechtsweges wird sich Madame auch noch mindestens bis ins nächste Jahrzehnt verwöhnen lassen können.**

Unser Strafrecht sollte eine totale Umkehr von der bisherigen Gewichtung bekommen.

- **Nicht der Täter und seine mööööglicherweise gelingende Resozialisierung sollten das Maß aller Dinge sein.**

- **Im Mittelpunkt stünden zuerst die Opfer, deren Betreuung und der Versuch, deren körperliche, seelischen und finanziellen Schäden zu mindern. Weg geht das eh nie wieder. Die Angst oder auch nur die hilflose Wut bleiben dem Opfer ewig erhalten.**

- **Weiterhin hätte auch „die Gesellschaft als Ganzes" Vorrang vor dem Wohl des Täters. Die Bevölkerung (und damit meine ich alle, die hier wohnen) hat ein Anrecht auf Schutz, ein Anrecht auf Schutz vor Wiederholung und ein Anrecht auf Abschreckung – <u>aber nicht auf bloße Rache oder Selbstjustiz</u>.***

** „Selbstjustiz" wird und wurde doch oft von Menschen ausgeführt, die es „gerade nötig hätten" sich zu empören.*

- **Wer als (möglichst noch „arbeitsscheuer") Deutscher ein Flüchtlingslager stürmt (egal, wer sich darin auch befinden mag), Menschen prügelt oder Feuer legt, ist genauso ein Schwein, wie derjenige, der die „Gunst der Stunde" am 09.11.1938 bei der offiziellen „Reichskristallnacht" = Pogrom seinen jüdischen Nachbarn prügelte und dessen Wohnung oder Geschäft zerstörte und plünderte.**

- **Der Einfluss von diversen psychologischen Gutachtern sollte überprüft werden. Vor allem aber die Zielrichtung solcher Gutachten. (Manche Leute sprechen da auch von „Schlechtachten" und „Schlechtachtern".) Es ist ja wohl tatsächlich so, dass man mit einem „Jagdschein" - früher auch Paragraf 51 - so ziemlich alles machen darf. Man ist dann halt – und wenn auch nur zur Tatzeit – „nicht zurechnungsfähig". Man muss nur in eine Klinik und dies möglichst noch mit Ausgang oder Freigang, obwohl dieser Täter doch gerade erst bestätigt bekommen hat, dass man bei ihm „mit allem rechnen müsse, da seine Steuerungsfähigkeit völlig fehlt".**

- **Für mich wird aus solch einer Feststellung genau anders herum ein Schuh daraus. Wer sich selbst nicht im Griff hat – und sei es „nur" unter Alkohol- oder Drogeneinfluss - ist die absolut größte Gefahr von allen Verbrechern bzw. Tätern. Und so wäre er auch entsprechend lange oder für immer „wegzuschließen". Aber die Psychodoktores**

halten sich ja noch mehr für allmächtige Herrgötter als alle anderen Menschen. Sie behaupten ja unverfroren, sie könnten solche geistigen Deformationen heilen, bzw. sofort erkennen, wenn ihnen solch ein Täter eine Einsicht oder Heilung nur vorspielt.

- **Für mich bliebe lieber ein angeblich „wirklich Geheilter" (?) noch weiter im Knast / in der Klinik, als dass noch einmal ein Mensch, ein Kind sogar zu schaden käme. ***

**** Ich lese bisher immer wieder nur von Wiederholungstätern und sah auch diese beim Landgericht immer wieder. Aber vielleicht können Menschen anderer Meinung Beispiele gelungener „Heilung" beibringen. Damit meine ich nicht den Erfolg für 3 – 6 Monate, sondern langfristig. Die Abnehmindustrie zeigt uns ja täglich selbst krasseste Beispiele vom „Porky Pick" in Wochen zur Magersucht. Die Opfer des JoJo-Effektes – also die Rückschläge – versteckt man aus gutem Grunde. Ich denke, die Rückfallquote liegt leider deutlich höher als das „Rausstrampeln".***

- **Ich stelle mir auch beim Thema „Menschenwürde" immer die Frage der Reihenfolge und für wen zuerst und vorrangig. Jeder hat es selbst zuerst einmal in der Hand und in seiner eigenen Verantwortlichkeit, auf welche Stufe er sich selbst stellt oder er dann von der Gesellschaft zum Eigenschutz gestellt werden muss. Blöde gesagt, aber er hat sich doch selbst dahin bugsiert, wieso also das Wehklagen anderer * darüber?**

* Jeder kennt solche Kümmertanten oder Kümmerheinis aus vielen Bereichen.

- Und schon sind wir bei der „schlechten Kindheit“, die alles entschuldigt. Was habe ich in den 8 Jahren an der großen Strafkammer alles gehört, bis ich dann freiwillig auf die weiteren 4 Jahre verzichtete. Eine schlechte, mindestens aber schwere Kindheit hatten generationenlang bestimmt 2/3 der Bevölkerung. Seltsamer Weise wurden aber nur sehr wenige kriminell und bewusst arbeitsscheu - was irgendwie zusammenhängt. Man will haben, aber nichts dafür tun wie Karl Marx, der Verschwender und Schmarotzer. Und wenn du selbst zu blöde bist, dann bringt dir ein geschickter Anwalt bei, was du für Märchen aus 1001 Nacht zerknirscht vortragen musst. Und wenn du selbst dafür zu blöde und/oder unglaubwürdig bist (Zschäpe), dann tragen Anwälte deine „angeblich eigenen Einlassungen“ vor.
- Im Strafrecht wären besonders die Mindeststrafen zu erhöhen, aber auch Höchststrafen.
- Die Regel, dass ein „Normalfall“ eines Verbrechens mit lediglich einem Drittel der Höchststrafe zu ahnden ist, ist wenig zielführend. Was da so alles als eher leichter Normalfall einzustufen war, hat mich immer wieder verwundert, bzw. erschreckt. Die Höchststrafe für ein Delikt scheint in der Realität eine absolute Ausnahme zu sein.
- Wozu hat man Schöffen, wenn deren Möglichkeit, ein Schuldig oder Nichtschuldig durchzusetzen

nahe Null liegen? (Bei der großen Strafkammer müssen 4 : 1 Stimmen für schuldig sein.)

- Wozu hat man Schöffen*, deren Möglichkeiten auch beim Strafmaß eher marginal sind? (Beim Strafmaß entscheiden 3 : 2 Stimmen (= 3 Richter / 2 Schöffen).

  - Da Schöffen meist durch gesellschaftlich relevante Gruppen benannt werden, ist da allerdings eher mit weniger Kritikfreude zu rechnen. Man passt sich an, bisweilen ist man eh überfordert.

- Bei beiden Entscheidungen stimmt jeweils der jüngste Schöffe zuerst ab, danach der ältere Schöffe, dann der „berichterstattende Richter", der beisitzende Richter und zum Schluss der Vorsitzende (wenn ich es richtig in Erinnerung habe). So gibt es diverse diffizile Möglichkeiten der „Steuerung".

Vor Gericht ist der Bürger – wie auf hoher See – allein in Gottes Hand.

Aber für den einzelnen Richter galt und gilt schon immer: **Ein Richter ist nur dann unabhängig, wenn er auf Karriere verzichtet, oder diese bereits hinter sich hat.** (Gilt auch für Politik und viele andere Berufskarrieren.) **Also pass auf, dass du keinen Fehler machst!** Und ein Fehler ist es schon, wenn gegen deine Urteile zu oft Berufung oder Revision eingelegt wird. Das macht Arbeit. Und wenn du dann – wie so oft – noch (nach unten) korrigiert wirst, ist es ganz übel.

- Wieso darf ein Urteil bei Anfechtung nur durch den Täter lediglich „verbessert“ werden, nicht aber „verschlechtert“?

- So wird langsam klar, was passiert, wenn Schöffen eine Angelegenheit deutlich heftiger beurteilen. Jungen Richtern werden da schon mal kleine dezente Hinweise gegeben. Da meinte doch einmal ein Kammervorsitzender, der den Fall nicht selbst leitete, aber immer im Zuschauerraum mithörte, vor den Ausführungen der jungen „Berichterstatterin“ bei der Beratung: „Sie meinen doch ...“

  (So wie ich den Laden in diesem unseren Lande hier kenne, wird man versuchen, mir aus dieser Aussage noch so etwas wie Geheimnisverrat anzuhängen.)

- Dann kann es natürlich immer passieren, dass einfach ein klitzekleiner Formfehler dazu führen kann, dass die Verteidigung so die Möglichkeit für einen weiteren Rechtsweg erhält. Nochmal zum Mitschreiben: Inhaltlich alles korrekt, aber vielleicht war die Unterschrift nicht so deutlich oder sonstiger „Fliegenschiß“.

- Jugendstrafrecht? Ok, brauchen wir, aber in anderer Ausprägung.

- Beginn der Strafmündigkeit bereits mit 10 Jahren wobei dann auch das tatsächliche Alter in Zweifelsfällen zu ermitteln wäre. Dazu muss ich wohl nichts schreiben, denn der Missbrauch mit falschen Altersangaben dürfte heute jedem bekannt sein.

- Das Jugendstrafrecht endete definitiv nach meiner Vorstellung mit 18 Jahren. Wenn da bisher noch Täter mit 20 Jahren und 11 Monaten wie ein „Kiddie" beurteilt wurden wegen „fehlender Reife", dann stelle ich dem das gleiche Argument entgegen, wie bei angeblich psychisch gestörten Tätern. „Bist du etwas sehr zurück, bist du gestört = krank, dann bist du eine noch größere Gefahr als jeder andere „Normalo"-Täter."

- Wieso verhandelt eine „Jugendstrafkammer" über den mittlerweile 40jährigen Täter, nur, weil er seine Tat als Jugendlicher beging? Er hatte doch schon den unschätzbaren Vorteil, dass er jahrelang ohne Behelligung durch die Justiz einfach so weiterleben konnte. Auf die Idee, sich selbst zu stellen und Verantwortung zu übernehmen, war er ja bisher nie gekommen. Schlimm genug. Aber nach bisherigem Rechtsgebrauch wird man ihm sicherlich dafür noch eine gute Sozialprognose bestätigen. Wie blöd ist das denn?

- Die Begrenzung der Strafhöhe per se im Jugendstrafrecht ist abzuschaffen. Wieso darf ein sadistischer Mörder oder Brandstifter nach wenigen Jahren wieder in die Freiheit, nur, weil er zur Tatzeit (vorgebliche) 17 oder 21/11 Jahre war?

- Wer zum Beispiel Wohngebäude nachts anzündet, der sei (~~selbst des Todes~~) oder zumindest tatsächlich und auch wirklich lebenslang weggesperrt – ohne Ausgang, Freigang und auch ohne Hoffnung.

- Die (türkischen) Brandopfer (auch und gerade Kinder bzw. Jugendliche) vom 29. Mai 1993 in Solingen sind immer noch tot bzw. entstellt. Sie hatten keinerlei Chance auf ein Leben in Freiheit und Würde. Die damals 16 bis 23jährigen (deutschen) Täter sind sicherlich alle seit Jahrzehnten wieder in Freiheit. Das ist vermutlich nicht das Gerechtigkeitsempfinden der Mehrheit der Bevölkerung.

  (Im Übrigen würde ich gerne einmal die deutsche Staatsbürgerin Mevlüde Genc – über ihren Dolmetscher – fragen, ob sich jemals die erwachsenen Männer der Familie, die sich damals nachts „außerhalb" befanden, dafür entschuldigt hätten, dass selbst sie, als die damals älteste (49) Frau im Hause keinen Schlüssel haben durfte. Wird diese menschen- bzw. frauenverachtende Haltung in dieser Familie immer noch so praktiziert? Für mich sind diese Männer irgendwie <u>mit</u>schuldig an der Heftigkeit und dem Ausmaß dieser Brandstiftung, ohne dass ich dies als Milderungsgrund für die Brandstifter selbst gelten ließe.)

- Ich finde die neueste juristische Entwicklung sehr interessant, durch die man nun endlich bei gemeinsam begangenen Verbrechen auch <u>mit belangt</u> werden kann. Ich meine hier die Prozesse gegen die Greise, die vor über 72 Jahren – also selbst oft fast noch als Jugendliche – in KZs Dienst taten. Ja, sie sind Mittäter, wenn auch in Einzelfällen auch Mitopfer. Sie haben sich der Verantwortung zu stellen. Auch für sie gilt, du hast noch ein ganzes Leben lang leben können, deine Opfer nicht, oder nur unter lebenslangen Alpträumen.

Ich verlange diese Maxime aber auch als Grundlage für jegliche Verbrechen heute in oder durch Gruppen oder Banden. Nur so kann man das „Wegsehen“ wirksam bekämpfen. Mensch, steh auf, auch wenn du gerade mit beiden Beinen mitten in der Scheiße stehst!

- In vieler Hinsicht ist unsere Republik ein „Absurdistan“, dass sich veralbern lässt und damit den Unwillen vieler Menschen erst hervorruft. Es ist diese unfähige Schwäche unseres Rechtsstaates, die gerade die Krawalldemonstrationen von extremen Rechten, von extremen Linken oder lediglich von Berufsverbrechern wie dem „Schwarzen Block“ befeuern und möglich machen. Diese Schwäche zeigt sich ja auch im Umgang mit gewaltbereiten Hooligans, gerade aktuell am Wochenende beim Spiel Dortmund 1: 0 Leipzig. Was geht in solchen „Hirnen“ vor, oder gibt es dieser Stelle nur gequirlte S..... jeweils in den Vereinsfarben?
- Hat schon mal jemand darüber nachgedacht, unseren Polizisten mit den Tausenden übelster Einsatzüberstunden hintendran so etwa 5 Jahre Arbeit vor der Rente zu erlassen? (Bei vollem Gehalt, es soll ja keine Strafe werden.) Da gibt es doch den blöden Witz mit dem Handwerker, der schon mit 59 „nach oben“ abberufen wurde und sich darüber bei Petrus beschwerte. „Mein Sohn, nach Addition deiner Arbeitsstunden laut

Rechnungen für die Kunden bist du schon 96, das passt schon!“

- Gesetze, die nicht überwacht, verfolgt und Zeit nah geahndet werden, sind das Papier nicht wert, auf dem sie stehen. *

  - „Wer ein Vergehen übergeht, lädt zu neuen Fehltritten ein.“ (Publilius Syrus)

- Eine Tat ist eine Tat. Bei Gericht zählen heute aber auch 50 Einbrüche rechtlich als eine Tat. Mit der Folge, dass Mitnichten 50 Mal die Mindeststrafe addiert wird (gibt es aber in anderen Staaten). Es lohnt sich also, bei uns „Berufsverbrecher“ zu sein. Deshalb kommen solche ja auch freiwillig und sehr gerne noch zusätzlich zu uns. Als wenn unser eigenes Gesindel nicht schon reichen würde.

- Ja, wenn man denn bei Berufsverbrechern dafür halt auch andere Maßstäbe ansetzen würde – halt strengere. Keine Fluchtgefahr wegen irgendeiner „Meldeadresse“? So gerissen sind bereits reisende Täter, sich eine (oder mehrere) Scheinadresse zuzulegen (geht ja sogar mit einem Dutzend Identitäten…). Keine U-Haft, dafür die Möglichkeit zu weiteren – oft nicht zuzuordnenden – Straftaten.

- Wieso bekommt der Staat nicht endlich die Möglichkeit, von jeder Person, die sich hier – auch nur zeitweise - aufhält, alle Daten zu haben und zu sichern? Bild, Fingerabdruck, Blutgruppe, Irisbild, genetischer Abdruck etc. Wäre sogar sehr hilfreich bei der medizinisch begründeten Suche nach Knochenmarksspendern oder Organspendern.

- Ein Knopfdruck und man kennt die möglichen Spender.
- Ein Knopfdruck und man kennt das unbekannte Opfer.
- Ein Knopfdruck und man wüsste, wer der Täter ist. Noch hätte man ihn nicht, aber sehr viel schneller.
- Auch **Videoüberwachung** kann nicht immer Straftaten verhindern (wer behauptet denn auch so etwas), aber zu ihren schnellen Aufklärung beitragen.

Nach meinen Erfahrungen bei Gericht wäre mir auch ein gestochen klarer Videobeweis sehr viel lieber und eindeutiger als die widersprüchlichen Aussagen von „Knallzeugen“ *, oder von eingeschüchterten Zeugen.

* Einfach mal googeln zu Knallzeugen!

- Zur desolaten „**Zusammenarbeit**“ der Behörden bereits innerhalb Deutschlands muss ich nichts schreiben. Kann jeder täglich lesen und hören. Und europaweit hakt es noch mehr. Ich schrieb schon von meiner gewünschten Abschaffung der 16 Bundesländer und aller Doppelorganisationen. Es wäre in vielen Dingen und Problemfeldern sehr viel einfacher, sachgerechte und zeitnahe Lösungen zu finden.
- **Und das die EU in allen relevanten Bereichen auf die gleiche Hardware und Software zu setzen hätte, wäre für mich**

immer klar. Welches wirklich treffende Argument gibt es denn dagegen?

- Datenschutz ist zuerst einmal Täterschutz! Ich wiederhole mich gern, denn viele haben ein kurzes Gedächtnis wie ein Ringelschwänzchen.

- Was erlauben sich eigentlich diverse Pfarrer mit dem „Kirchenasyl"? Leben wir hier in einem Unrechtsstaat mit lauter Raubrittern? Man kann nicht lauthals nach dem „Rechtsstaat" schreien und ihn gleichzeitig aushebeln.

- Und noch eine Umkehrung der Beweislast würde ich gerne haben: Nicht der Staat muss einem Verbrecher nachweisen, dass dessen Millionen aus einem – nein, genau aus diesem gerade angeklagten - Verbrechen herrühren. Der müsste nachweisen, woher das Geld legal stammt. Ansonsten Beschlagnahme. So konnte man 1933 dem Herrn Al Capone zwar die Morde nicht nachweisen, ihn aber wegen der Steuerhinterziehung – trotz Waschsalontricks – zu 12 Jahren Zuchthaus verurteilen. Die sind ihm nicht gut bekommen, er wurde nicht sehr alt.

- „Zuchthaus", was war eigentlich so diskriminierend an diesem Begriff? Auch heute gibt es Gefängnisse, in denen eher Schwerverbrecher sitzen.

- Wenn ich gerade wieder lese, wie es dem Besitzer diverser „Problemhäuser" = Schrottimmobilien am Selbigen vorbei geht, wenn ihm die Stadt Duisburg mal wieder ein Haus „entmietet", dann packt mich die Wut. Dieser Herr soll ja auch Sozialmittelbetrüger im gewerblichen Stil sein. Gerade in solchen Fällen sollte es möglich sein, diese Art Personen sofort zu inhaftieren und sowohl seine Immobilien, Fahrzeuge und sonstige Vermögenswerte inclusive Konten, Bargeld und Schmuck zu Gunsten des Staates einzuziehen. Dies sollte man auch durch entsprechende Abkommen mit anderen Staaten oder noch besser als EU-Regelung so überall durchsetzen können. Ansonsten treten solche „Unternehmer“ dann nach Jahren der illegalen Kapitalbeschaffung anschließend als ehrbare Kaufleute auf.

- „Ehrbare Kaufleute“ oder „ehrbare Schlechtanwälte“ verdienen bisweilen auch ihr Geld mit so genannten Abmahnungen im großen Stil, zum Teil für Nichtigkeiten oder sogar völlig unberechtigt. Müssen wir uns das gefallen lassen?

- So, wie ich gegen jede Art von Doppelzuständigkeiten oder Doppelorganisationen bin, so bin ich auch ganz besonders gegen jegliche Art von Doppelzahlungen an irgendwelche Leute für irgendwelche „Leistungen“. Dazu fallen mir speziell 3 Organisationen ein: Die GEZ, die Gema und die Gesellschaft für Bildrechte. (So ähnlich heißen die wohl.)

- Jeder Haushalt (bis auf die nicht offiziell erfassten) zahlt nun „Rundfunk- und Fernsehgebühren“. Wieso muss ich für die gebotene und teilweise eher dürftige Ware dann laut Gesetz mehrfach zahlen? Fahre ich mit einem Mietwagen oder Firmenwagen mit Radio, so wird auch hierfür zusätzlich die Gebühr fällig. Übernachte ich in einem Hotel, einer Pension etc. mit einem Empfangsgerät, so werden auch dort nochmals die Gebühren fällig. Warum eigentlich? Geht doch alles wieder in die Preise über, damit sich ein „Goldlockiger Pudel“ über sein Millionenhonorar ohne Gegenleistung freuen kann.

- Wieso kann ein Sänger für ein einziges Lied alleine in der BRD monatlich 8.000 € von der GEMA bekommen? Da wird ebenfalls überall, zu jedem Anlass und auch gerne doppelt und dreifach kassiert. Klar, dass ein Künstler für seine Auftritte Honorar bekommt. Und wenn seine Fans – natürlich nur die – bereit sind, für die Eintrittskarten unglaubliche Beträge zu bezahlen, dann ist das in Ordnung. Jeder wie er denn möchte. Es ist ebenfalls in Ordnung, wenn auf Tonträger eine GEMA-Gebühr zu entrichten ist. Es ist für meine Begriffe aber reine Abzocke, wenn jeder kleine Verein beim Abspielen von Musik bei ihrem Sommerfest etc. auch noch Gebühren zahlen muss. So macht man das Vereinsleben kaputt und ebenso durch teilweise zu hohe Gebühren an die Gemeinden. Ich selbst bin kein Vereinsmeier oder Besucher jeglicher Feste. Manchmal sind diese Vereinsveranstaltungen aber so ziemlich das Einzige, was diese Gemeinden wirklich zu bieten haben.

Das Abspielen von Musik, ob von der Platte / CD oder live durch die Dorfband ist doch zuerst einmal kostenlose Reklame für eben diesen Künstlerdödel und sein Originalstück.

Noch mehr Gratiswerbung erhält eben jener Künstler, wenn im Radio oder in Fernsehsendungen seine Musik gespielt wird. Wofür verlangen dann er und die GEMA hierfür auch noch saftige Gebühren?

Für mich ist dies völlig unmoralisch und führt nur dazu, dass Lieder im Radio und im FS nur (kostengünstig oder frei?) angespielt werden, dafür aber irgendwelche Laberköppe aus der Mottenkiste über das Lied reden, den Sänger, ihre eigenen Empfindungen damals und heute. Bullshit für viele Hörer. Dafür habe ich nicht schon die GEZ bezahlt. Unter Hörgenuss verstehe ich persönlich etwas Anderes.

Wenn mal wieder gleichzeitig auf allen Kanälen das gleiche - aber eher dürftige – Stück voll gespielt wird, dann kommen mir dabei merkwürdige Gedanken. Man muss ja sparen, deshalb dürfen halt je Sendestunde nicht die möglichen 10 Stücke voll ausgespielt werden, sondern lieber weniger Stücke. Das führt dann zum Auftrag, dass der Laberonkel oder die Labertante für diese Sendezeit eben genau dieses tun müssen – lange und Sinn frei labern. Das spart halt Gebühren an die GEMA. Und wenn dann so zufällig das gleiche nicht gerade berauschende Stück auf allen Sendern brummt, dann vermute ich dahinter die GEMA-Gebührenkostenübernahme durch die Musikfirma, als nochmaligen Anstoß für den verstaubten Ladenhüter.

Es gab und gibt zu allen Zeiten wirklich interessante Filme und wirklich hörbare Musik. Manches kommt einfach nie mehr.

Da scheint einfach das „Sponsoring“ zu fehlen.

Die Bildrechte sind mir ebenso ein Dorn im Auge. Die Laufzeiten von 70 Jahren (wie lange es bei Musik ist, weiß ich nicht, ich vermute ebenfalls 70 Jahre) sind doch eher ätzend.

Wie lange gilt ein Patent? Waren doch nur 20 Jahre und dies nur für das Land, in dem man es angemeldet hatte.

So zählt also etwas Produktives deutlich weniger als etwas „lediglich“ Erbauendes und mehr oder weniger Schönes.

Und schon sind wir auch wieder bei Abmahnvereinen, die schon das eingebaute Bild auf einer Einladung zur Abifeier oder ähnliche Kleinigkeiten nicht als willkommene kostenlose Werbung für das Produkt klassifiziert, sondern dafür sofort Geld haben will. Viel Geld, denn zur Gebühr für das Bild kommt ja noch der Reibach für die Firma „Abzock GmbH und Co KG“.

XI. Qualitätssicherung und Nachhaltigkeit

Ich war noch niemals in New York, noch niemals in Shanghai, Mumbai oder Mexico-City. Ich lege auch wenig Wert darauf, in „Megastädten" Beklemmungen und Herzrasen zu bekommen.

„An einem kalten Tag entwickelt eine Gruppe von Stachelschweinen ein allen gemeinsames Wärmebedürfnis...doch je näher sie zusammenrücken, desto stärker schmerzen ihre Stacheln." Kurzfassung von Arthur Schopenhauers „Parabel von den Stachelschweinen".

Unter „Menschsein" verstehe ich persönlich etwas Anderes als Massenaufläufe, Hektik, Platzangst, Großstadtmoral und Großstadtkriminalität.

Ich halte aber auch nichts von falscher Romantik von glücklichen und ehrlichen Naturvölkern ohne unsere „Erbsünden" der Habsucht, Gier und dem Höher und Weiter. (Milch von glücklichen Kühen.)

Da haben „träumende" Kollegen mit den Schülern das Fantasieprodukt „Der Papalangi" (die Zivilisationskritik eines Südseehäuptlings) gelesen und sogar für wahr und authentisch gehalten und so verkauft. So halten immer noch einige Träumer die Rede eines Indianerhäuptlings von 1898 an die Weißen in allen gängigen Punkten für authentisch.

Oft werden eigene Ansichten auf andere projiziert. So wie „Gott/Allah/ etc." vermutlich lediglich eine Projektion des Menschen seiner selbst auf ein „Höheres Wesen" ist.

Zivilisationskritik ist chic und in, besonders bei den Nutznießern der schönen Seiten dieser menschlichen Entwicklung.

Der ärmere Teil der Gesellschaft hat da eher wie der strampelnden Frosch in der Milchkanne zu kämpfen, damit er nicht ertrinkt.

Ich spreche gerne bei vielen Dingen vom Pendel. Es sollte alles ein Maß und eine Mitte haben.

Was heißt also für mich „Qualitätssicherung", „Nachhaltigkeit" oder „Öko"?

Nein, nicht zurück in die Steinzeit oder das Mittelalter. Die glorreiche Antike war zuerst einmal eine Hochzeit der Sklavenhaltung.

Es gibt kein „Goldenes Zeitalter" und es hat immer nur in der Fantasie und im Wunschdenken der Menschen existiert.

Und die Jugend von früher war keinen Deut besser als die von heute!

Was wir brauchen, ist Moral, Anstand, Verstand, Eigenverantwortlichkeit, Respekt vor anderen und Respekt vor der Meinung anderer sowie Öffentlichkeit!

Wenn immer nur der Klügere nachgäbe, würden wir (werden wir?) immer von den Dümmsten regiert.

Wenn wir immer nur das (wirklich ehrlich verdiente!) Geld anderer verteilen wollen auf eigene Interessengruppen oder auf andere angeblich bedürftige Gruppen, dann hat man Grundprinzipien nicht verstanden.

- **Der Mensch ist zuerst einmal faul.**
- **Der Antrieb seines wirtschaftlichen Handelns ist der Eigennutz.**
- **Der Mensch an sich ist feige. (Hildegard Knef)**
- **Trotzdem ist der Mensch zu guten und edlen Taten fähig.**
- **Auch zu „Heldentaten" und damit meine ich eben fast nie den Krieg. Es gibt eben neben „Lebensrettern" ganz viele kleine Helden des Alltags. (Denkt an die Pfadfinderparole, die habe ich nie vergessen.)**
- **Es ist meist eine Frage der Moral, der Verantwortung und der inneren Haltung und die kann in Menschen jeglicher Bildungs- und Besitzstufe vorhanden sein, man muss sie wecken.**
- **Wenn Religionen sich auf die Vermittlung solcher Tugenden beschränken würden, wären sie endlich wieder für mich akzeptabel.**
- **(Aber jetzt wurden ja sogar die absolut undemokratischen „Jehovas Zeugen" eine „Körperschaft des öffentlichen Rechts" in NRW. Selten solch einen <u>Freude feindlichen</u> Verein gesehen. Und Freude ist Leben.)**

Also hätte ich gerne eine Welt unter diesen Prämissen, die aber frei wäre von eher irrealem Wunschdenken.

Es kann nicht jeder Bio-Bauer und autarker Selbstversorger werden. So ein klein wenig von der modernen Technik und Entwicklung braucht auch der Einöd-Landwirt / Viehzüchter in den Weiten Australiens, fernab von der Infrastruktur großer Städte. Und wenn es die „Flying Doctors“ sind.

Wir könnten aber in der Landwirtschaft ff. sehr deutlich auf gesunde Herstellung achten und auch auf „würdige“ Tierhaltung. Nein, nicht „menschenwürdig“, denn manchmal hat man den Eindruck, Tier zählt mehr als Mensch.

Ich verstehe nur in seltenen Fällen „Penner“ und deren Motivation und würde diese zuerst einmal durch Gewöhnung an Arbeit wieder zurückführen zu eigener Menschenwürde und zum Kopf hoch. Aber ich halte es für einen Skandal, dass so manches Haustier weit besseres Essen, Wohnen, Kleidung, Arztbesuch und sogar besseren Haarschnitt mit Shampoonieren und Massage erhält. Es gibt für mich da Grenzen des „Normalen“.

Ich sage ja oft, wenn so einige Tierfreunde sich so viel Mühe im Umgang mit anderen Menschen machten, wie mit ihren Tieren, dann kämen sie möglicherweise auch besser mit den Mitmenschen aus.

Zurück zu unserer Nahrung. Statt oft sinnloser Subventionen, die meist nur von Großfirmen abgeschöpft werden, würde ich Verstöße gegen die Qualität unserer Nahrung heftig und nachhaltig bestrafen.

Können Sie sich noch an den Film „Brust oder Keule“ mit dem Hysteriker Louis de Funes und dem Komödianten Coluche erinnern? War die Szene nicht herrlich, in der die zwei den Herrn Tricatel, den Hersteller dieser „Pampe für jegliches Nahrungsmittel“ zwingen, sein eigenes Kunstprodukt runter zu würgen?

Geht so ja nur im Film, aber so eine kleine Enteignung als Entschädigung für uns Opfer wäre doch auch nicht schlecht. Nicht schlecht auch, wenn alle Strafen, Strafsteuern oder sogar Enteignungen im Bereich „Gesundheitsschädigung“ immer und im jedem Falle der Krankenkasse oder anderen Sozialkassen zugutekämen.

Ich hätte gerne auch Kleidung und Schuhe, die nicht voller Giftstoffe sind. Wenn eine deutsche (frühere) Qualitätsfirma nun ihre Motorradlederklamotten in Südostasien produzieren lässt und ich monatelang Ausschläge an den Beinen hatte, wenn ich nicht eine <u>lange</u> Unterbüx darunterzog, dann halte ich das schon für Körperverletzung.

Ich habe das Teil dann ausrangiert und mir eine Lederlatzhose eines deutschen – wirklichen – Qualitätsherstellers gekauft. Kostete echt mehr als bei Tante Louise, bei Prolo oder Konsorten. Aber deren Produkte passten eh nicht. Ich habe doch keine Ostasiatenspargelfigur und zudem auch noch männliche Körperteile.

Das Qualitätsprodukt aus D hält. Auch meine Lewis Leathers Jacke aus GB von 1978 hängt immer noch gut im Schuss bei mir. Leider gibt es da die „Kölner Heinzelmännchen“, die nach ihrer Vertreibung aus Köln nur noch Schabernack betreiben und anständigen Essern nachts heimlich Jahr für Jahr die Kleidung stückweise enger nähen. Auch meine Latzhose von 2001 geht halt nur noch ohne Einatmung, obwohl sie fast Neuwert hat.

Meines Erachtens geht es auch gar nicht, wenn ankommende verschimmelte <u>Kinder</u>schuhe vom Personal abgewaschen werden mussten. Trotz Handschuhen etc. musste die Verkäuferin abends mehrfach „kotzen“ – heftig sogar.

Welche Folgen haben derartige Schuhe danach dann bei Kindern?

Gehen Sie mal in Billigläden. Der penetrante Geruch von Giftstoffen macht allein schon krank.

Weg den Dreck!

Wenn es wirklich eine Hölle gäbe, sollten da die Streber nach dem absoluten Mammon als erste hingelangen, denn diese verursachen im Prinzip sämtliche Folgeverbrechen.

Fahrzeuge, Haushaltsgeräte, sämtliche Elektronikteile etc. sollten eine sehr strenge und rigide Garantie von mindestens 10 Jahren haben, einfachste Teile eher von 20 Jahren.

Zurzeit ist es doch so, dass merkwürdigerweise Geräte sehr oft nach genau 25 Monaten defekt werden. Und die Reparatur lohnt immer nicht!

Wenn die Erstausstatter-Autobatterie mit 3 Jahren Garantie nach 2 ½ Jahren hinüber ist, gilt angeblich für die <u>neue</u> Batterie nur noch die Restgarantie von 6 Monaten.

Die Werkstatt weigerte sich auch, eine größere Batterie einzubauen bei Zahlung der Differenz durch den Autohalter. Ginge nicht!

Natürlich war die 55er Batterie nach weiteren unter 3 Jahren ebenfalls überfordert und hinüber. Die daraufhin auf eigene Kosten angeschaffte 72er Batterie hielt dann doch so einiges länger. Schon der Ersteinsatz der „Billigbatterie“ beim Neuwagen riecht nach Betrug am Kunden. Der Kunde fühlt sich verscheissert und das „Recht“ ist auch noch gegen ihn, bzw. er kann es oft nicht durchsetzen aus Kostengründen.

Wie finden Sie es denn, wenn eine Waschmaschine auch eine Schleuderstufe mit 1400 Umdrehungen hat, das Hauptlager der Trommel aber nur bis 1000 Umdrehungen zugelassen ist? Ich halte so etwas für vorsätzlichen Betrug zum Zwecke der Umsatzsteigerung. Natürlich war auch diese Maschine nach 3 Jahren defekt.

Wenn sich die 10-Jahresgarantie voll umfassend sowohl auf Material als auch Lohnkosten (eventuell sogar neue Prüfkosten) erstreckte, wäre eventuell die Motivation völlig hin, ganze Anlieferteile am Stück ins Auto zu pappen, so dass beim Exitus einer simplen Kontrolllampe möglicherweise das komplette Armaturenbrett (auf Kosten des Kunden natürlich) ausgewechselt werden muss. Im Garantiefalle dann eben auf Kosten der Firma. Nur am eigenen Geld kann man solche Leute packen.

Wieso bekommt ein Kunde nach 8 Jahren nicht mehr den (defekten) Bolzen für sein Klappverdeck neu und soll deshalb für mehrere Tausend € ein komplett neues Verdeck für sein gebrauchtes Auto kaufen? Es wurden bei diesem Beispiel dann nur 500 € dank eines guten Schlossers und der „Bereitschaft“ der Werkstatt.

Es hätte den Kunden nichts kosten dürfen! Und wenn die 10 Jahre um gewesen wären, käme für mich dann immer noch eine Materialgarantie von 20 Jahren für einfache Gegenstände in Frage. Um was, bitte, handelt es sich denn bei einem einzelnen Metallbolzen?

Das sind die Dinge, die ich unter **Nachhaltigkeit** verstehe.

Wir sollten Gegenstände für die Ewigkeit bauen – *natürlich nicht* – aber für einen sehr langen Nutzungszeitraum und so die Ressourcen dieser Welt schonen.

Dann muss allerdings halt auch einmal der Staat (die Politiker natürlich) innehalten mit ständigen Änderungen bei den Vorschriften. Diese fördern ja auch mit dieses Hauptübel des „I like Genuss sofort“ (was für ein Idiotensatz!), des „Must have“ und der Tatsache, dass nichts ein Auto (etc.) schneller altern lässt, als das neue Auto (etc.) des Nachbarn.

Qualitätssicherung heißt für mich auch, prompte Nachlieferung von Ersatzteilen jeglicher Art innerhalb von 24 oder 48 Stunden (ohne Flugzeug).

Garantie für 10 Jahre heißt für mich auch, dass es eben nach 10 Jahren noch eine liquide Firma vor Ort geben muss, oder einen Importeur, der Unsummen für die Garantieabwicklung hinterlegt hat bei unser allem Vater, dem Staate, oder ein Riesenersatzteillager hat. Natürlich für alle 199 Modell der Baureihe.

Das meine ich ehrlich so. Das muss ja nicht darauf hinauslaufen, wie es ein Herr Mielke meinte:

„Der Trabbi reicht doch für die Werktätigen.“ (Oder halt die MZ, die es in mehreren Varianten gab als 125er, 175er und 250er. Jeweils in den Designvarianten von hässlich bis potthässlich.)

Die kleinen Bonzen fuhren aber Wartburg oder Skoda, die großen halt einen großen Volvo in Extraausstattung.

Real vegetierender Sozialismus ist gut, er reichte nur nie für alle!

Und mit Qualität war es oft auch nicht weit her, da hielten Kapitalismusprodukte durchaus länger, trotz eher komplizierterer Technik und Gewinnmaximierung. Immerhin lernte ich so das Basteln mit meinen Jawas und MZs.

Es ist ja nicht so, dass wir schlechte Produkte hätten. Unsere Motoren halten deutlich länger als vor 50 Jahren. Ob das mit all dem neuesten Schnickschnack weiter so sein wird, werden wir sehen. Gerade die Elektronik (und die neuen „Superfilter" mit Urat und sonstigem Pipi) sind doch eher anfällig. Bei kaum einem anderen Produkt nehmen wir die überhäufigen Fehler so gelassen hin wie bei all den IT-Produkten.

Hauptprobleme bei heutigen Produkten sind die Pfennigfuchsereien an Einzelteilen und die Unmöglichkeit einer schnellen und günstigen Reparatur.

Das wäre ein Auto!

Die Materialkenntnisse von heute und wirkliche nützliche Technologien und die Einfachheit meines alten „Taxidiesels" von 1993/94.

Ökologie, Nachhaltigkeit und überhaupt Menschlichkeit hieße für mich auch, ein absolutes Einfuhrverbot für Waren minderer Qualität, gesundheitsschädlicher Waren oder Waren aus Ländern, in denen bei der Produktion derselben die grundlegenden Bedingungen für die Arbeiter und für die Umwelt nur einen Scheißdreck wert wären.

Ich möchte nicht, dass für meinen „günstigen" Einkauf Menschen der 3. Welt zu Hungerlöhnen arbeiten müssen, in Fabriken krank werden oder sogar verbrennen.

Durch Kauf dort schaffen wir zwar vordergründig Arbeitsplätze dort. Aber hilft dies den einfachen Menschen dort wirklich? Doch nur den ortsansässigen Milliardären. Was schreibe ich gerade für einen Blödsinn, die leben doch fast ausschließlich in deutlich besseren Wohngegenden oder in Spitzenwohngebieten des Auslands. Schon der Massenmörder Adi Amin aus Uganda hatte sein Schloss an der Loire im schönen Frankreich.

Ich schrieb es schon einmal, tut etwas gegen die Luft- und Umweltverschmutzung in China (Banghla Desh oder sonst wo). Kauft nichts mehr bei denen.

Nur der völlige Entzug unserer Aufträge (möglichst EU-weit) würde dort zum Umdenken und zu Verbesserungen führen und die Produktion auch bei uns wieder lohnend. Und dann machen wir das halt wieder selber. Dann hätten wir wieder Arbeitsplätze im Überfluss und kaum einer der 6 bis 8 Millionen „Transfergeldbezieher" könnte mehr so locker flockig sagen, mich will doch keiner, für mich gibt es nichts.

Es dürfte bei uns – bei durchgreifenden Gesetzen – doch kaum noch wirklich unzumutbare Arbeitsplätze geben. Und die Löhne sollten dann auch ein menschenwürdiges Leben ermöglichen.

Ich finde, dass es neben der verbrecherischen Raffsucht zwei wirklich schlimme Dinge beim Menschen gibt:

- **Das Gefühl, man würde nicht mehr gebraucht, obwohl man Talente hat und arbeitsbereit ist.**
- **Noch schlimmer finde ich das Gefühl von Schmarotzern, die aus vollster Überzeugung glauben, das lebenslange Ausschlafen und Nichtstun bei gleichzeitiger „Rundum-Alimentierung“ durch uns andere sei ihr persönliches Menschenrecht.**

Noch ein paar Sätze zu den schönen Begriffen Nachhaltigkeit und Öko.

Zu beiden Dingen, wenn man sie wirklich mit Leben erfüllen will, braucht man zuerst einmal Verstand und die Begrenzung auf die wichtigsten Dinge statt jede Kleinigkeit sofort ändern zu wollen. Besonders sollte man jegliche Folgen von Veränderungen mit Bedenken.

Ich nannte schon das Beispiel mit dem Verbot des Tropenholzes.

Zur gleichen Zeit forderten hier die Grünen, dass man Erdaushub bei Baumaßnahmen auf dem Grundstück selbst zu verteilen hätte!

Bei unserer Selbstbaumaßnahme 1986 konnten wir auf das halbe Grundstück der Schwiegermutter zurückgreifen, immerhin 360 m2. Reihenhausgrundstücke sind ja bisweilen nur 200 oder gar nur 180 m2 groß. Und es soll noch enger gebaut werden.

Da wir auch einen Keller haben wollten, sogar in normaler Geschoßhöhe, wurden da außer den aufgeschichteten Hügeln auf dem Grundstück noch 32 große Kipper-LKW-Fuhren abgefahren. Ich habe selbst gestaunt, welche Volumenmenge beim Aushub entsteht. Es ist deutlich mehr, als die Baugrube rein rechnerisch ausmacht. Natürlich wurden später noch einige Fuhren wieder zum Auffüllen benötigt, da der aufgetürmte Rest nicht reichte.

Das ist halt so beim Bauen. Aber das können Menschen, die selbst noch nicht einmal im Leben einen Hammer oder eine Schaufel in die Hand genommen haben, halt nicht nachvollziehen.

Vielleicht hatten sie in der Schule auch nur „Singen und Klatschen“ und können ihren Namen tanzen. Aber da komme ich im nächsten Kapitel noch drauf.

Mein Argument gegenüber den „lieben“ Koalitionspartnern war da stets die Frage, was ist denn daran umweltschädlich, wenn ich Erdaushub – bei uns war das ganz einfach Lehm – in Solingen-Wald entnehme und dann zum Beispiel als Lärmschutzwall entlang der A 3 in der Ohligser Heide aufschütte? Klar, die Fahrt mit dem LKW, aber sonst noch was?

Die technische Undurchführbarkeit der Verteilung auf dem Baugrundstück selbst spielt bei verbohrten Ideologen eh nie eine Rolle.

In den 50er Jahren hatten in dieser Siedlung mein Schwiegervater und andere – z. B. mein „Vorbildnachbar“ – die Baugruben noch per Hand ausgehoben, ganz ohne Bagger. Der Aushub wurde dann einfach auf

Loren transportiert und 100 Meter weiter in das Krausener Bachtal geschüttet.

Selbst die Steine hatte man selbst gebacken. Die Lavasche kam aus der Eifel bis zum Gleisanschluss der Firma Kronprinz. Na, die 700 - 1000 Meter schaffte man dann halt auch mit großen Handkarren, die man bis zu den Baustellen zog, als sei man ein chinesischer Kuli des 19. Jahrhunderts.

„Beneidenswerte" ökologisch korrekte Zeit im „Goldenen Zeitalter" ?

Sie kennen alle selbst ihre ortsansässigen Grünen oder die auf Bundes- und Landesebene. Lassen Sie mal den Fernseher aus und stellen sich in Ihrer Fantasie eben diese, oft arbeits- und berufsfernen Personen bei solcher „Schufterei" vor. Göttlich, dazu eine Havanna-Zigarre und einen guten Cognac oder einen trockenen Roten. Viel schöner als Weihnachten!

XII. Schulsystem

Das ~~Beste~~ Schlimmste kommt zum Schluss.

Manche Menschen mögen keine Politessen, Polizisten, Finanzbeamte oder Gerichtsvollzieher.

Aber wer hat denn wirklich öfters damit negative Erfahrungen gemacht?

Mit Lehrern hatte jeder so seine traumatischen Erlebnisse. Da war doch dieses Ekel, das einen immer auf dem Kieker hatte. Nur wegen dieses Kerls ... (vielleicht lag es ja auch an einem selbst, aber wer gibt das denn zu)?

Und wenn alles vorbei ist, wird man wegen der eigenen Sprösslinge in die Schule zitiert. Dem werde ich es mal zeigen, denn von Schule versteht jeder noch mehr als von Krankheiten und für das Fehlverhalten von Kindern ist grundsätzlich die Schule zuständig und nicht mehr die Eltern.

Ich selbst hatte ganz hervorragende und vorbildhafte Lehrer, ich hatte merkwürdige Lehrer, die im Gedächtnis blieben und ich hatte ebenfalls absolute Ekel.

So ist „Lebben“ und so wird es immer sein.

Übung und Training für das reale Leben nach der Schule.

Als Schüler war ich ein ausnehmend liebes und nettes Kind, aber, um es mit einem Spruch von Graf Bobby zu sagen, irgendwann muss man mich vertauscht haben.

(Wer keine Ironie versteht, hat eh nicht bis hierhin gelesen.)

Als Lehrer war ich hart, dafür zum Ausgleich aber ungerecht.

Sagen wir es so, ich war halt kein Naturtalent wie meine Kollegen Georg M. oder Rosi T. und es war auch nicht mein Wunschberuf gewesen (siehe Lebenslauf). So wird man bei den Tausenden Schülern in über 38 Lehrerjahren auch ebenso viele Einschätzungen über mich finden. Aber ich habe versucht, es ordentlich zu machen und mitzuhelfen, dass Kinder einen Abschluss bekamen und eine realistische Sicht der Dinge.

So hat man manchmal das Gefühl, dass Schüler die Straßenseite wechseln, während „Mann“ (und auch meine 2 Frauen) sich andererseits auch schon mal wunderten, wenn der alte Pauker von früheren „Problemschülern“ ausgesprochen freundlich und höflich begrüßt wurde. Mein alter Spruch dazu:

Kinder werden trotz Schule meist anständige Menschen!

Aber zurück zu den Lehrern.

Warum darf bei uns fast jeder Lehrer werden? Für jeden simplen Lehrberuf gibt es schriftliche und mündliche Eignungsfeststellungen. Oft sogar unter Beteiligung von Betriebs- bzw. Berufspsychologen.

Bei uns können aber teilweise absolut ungeeignete Personen ein Lehramtsstudium beginnen und auch nach vielen langen mühseligen Jahren auch beenden. Bisweilen sind sogar Gestörte dabei. All dies kostet den Staat viel Geld. Und wenn dann Mann/Frau so irgendwann jenseits der 35 endlich eine Prüfung geschafft haben, dann kann man diese doch nicht auf der Straße stehen lassen.

Ich denke, man sollte Bewerber für ein Lehramt vor Aufnahme des Studiums einer mindestens einwöchigen Überprüfung unterwerfen, ob sie denn geeignet sein könnten und welche Motivation sie denn antrieb. Nur wegen der Ferien? Nur, weil man Angst vor dem Leben hat und glaubt, mit den „lieben Kinderlein“ sei alles leichter?

Kinder können stressiger (und gemeiner) als Arbeitskollegen sein, denn Kollegen müssen sich an Regeln halten und mit „Antworten“ rechnen.

Ansonsten wären diese Bewerber nach erfolgreicher Einstellungsprüfung vom Staat einzustellen und zu bezahlen. (Eine alte Forderung von mir von 1970, als ich für den ASTA in Köln kandidierte.)

Dies hätte den Vorteil, dass niemand irgendwelche Larifari-Entschuldigungen vorbringen könnte, warum das Studium denn dreifach so lang war, wie vorgesehen.

Dies hätte auch den enormen Vorteil, dass der Dienstherr bestimmte Fächerkombinationen anbieten könnte, da er ja auch bezahlt.

Dann werden eben 1000 Studienstellen angeboten mit der Kombination Mathematik und Physik oder auch Informatik. Nur so mal als Beispiel. Die Kombination von zwei eher „gesellschaftlich relevanter“ Laberfächer, oft Nebenfächer ohne Korrekturen, gäbe es bei mir absolut nicht. Wenn wir bei der Lehrereinstellung nach der 2. Staatsprüfung dann den Stapel der Bewerbungen durchsahen, kamen immer wieder diese Kombinationen vor. Einigen dieser Bewerber hätte man dann tatsächlich beim Laufen die Schuhe besohlen können.

Warum wollen immer weniger Männer diesen Beruf ergreifen? Es gibt viele Gründe. Speziell in Berufen, die in der Industrie, in der Wirtschaft etc. stark gefragt sind, kann man eben mit deutlich weniger Arbeit (ja, trotz der Ferien), mit deutlich weniger Stress erheblich mehr verdienen und mehr Ansehen haben. So bleiben halt nur die Bewerber mit Religion und Pädagogik etc. gerne beim Staat.

Ich habe es immer sehr vereinfacht dargestellt. Das Gehalt des Lehrers besteht aus mindestens 5 Teilen:

Dem Grundgehalt, der Lärmzulage, der Schmutz- und Kältezulage und dem Schmerzensgeld.

(Das liegt teilweise auch an den Gemeinden.)

Dies möchte sich nicht jeder erwachsene Mann freiwillig so zumuten. Was ist schon ein Lehrer? Ein Dr. bei Bayer verdient deutlich mehr und hat ein höheres Ansehen als ein Direktor einer großen Schule.

Und wie sagte vor langer Zeit zu meinem Vater und mir ein Fachschulingenieur, der sich mittlerweile Dipl. Ing. ohne Zusatz! nennt und „Unternehmer“:

„Ihr seid ja beide nur Lehrer, aber vielleicht versteht Ihr es trotzdem.“ Das war tatsächlich ernstgemeint.

Real sind aber auch die mehrfachen Konkurse dieses „genialen“ Menschen.

Leider kein Einzelfall.

Hoffentlich gehen meine 5 Enkel alle in einen „richtigen“ Beruf.

Was soll nun aber Schule für die Schüler leisten und wie sollte sie organisiert sein?

Der Mensch ist ja (oft) von Natur aus faul und gerade während der Pubertät eher aufsässig und wenig einsichtsfähig.

„Wozu muss ich denn wissen, wo Australien liegt? Wenn ich aus dem Flugzeug steige und da steht „Sydney“, dann bin ich doch da.“

Dies sagte ein Schüler von mir in den 70er Jahren. Heute ist er Sozialarbeiter und Museumspädagoge.

Ja, und sogar ein Kollege von mir meinte einmal anlässlich seines anstehenden Australienaufenthalts, er wolle auch einen Tagesausflug mit der Fähre nach Tasmanien machen. Au, weia!

Ich sage, wir brauchen junge Menschen, die zuhause und in der Schule (und im Verein) gelernt haben, Verantwortung für sich selbst zu übernehmen. Und wenn es dann noch für andere zusätzlich ist, umso besser.

Dazu gehören zuerst einmal Selbstdisziplin und die sogenannten Sekundärtugenden.

Als der Herr Lafontaine noch Juso-Vorsitzender war, meinte er in etwa, mit den Sekundärtugenden des Genossen Helmut Schmidt könne man ein KZ aufmachen. Das habe ich ihm bis heute nicht vergessen. Das war dumpfes Geblubber, um sich selbst wichtig zu machen.

Tabubrüche, um Aufmerksamkeit zu erregen gab es immer wieder, siehe den Herrn Mißfelder zu den Leistungen für Rentner.

Kinder sollten im Kindergarten und in der Schule neben den Sekundärtugenden vor allem Grundfertigkeiten erlernen. Dazu gehören neben (sinnentnehmendem) Lesen, richtigem und lesbarem Schreiben, das Rechnen – auch im Kopf und Pi-mal-Daumen - und mittlerweile auch andere (moderne) Techniken.

Dazu gehörte auch schon immer die Fähigkeit, etwas zu finden, was man bisher nicht gelernt hatte oder mittlerweile in unserem persönlichen Speicher halt ganz weit hinten abgelegt haben.

Das ist heute – Dank des Internets – eher schwieriger geworden, denn das Netz ist ein unüberschaubarer Wust von Informationen geworden, die nur zum Teil echt und „wahr" sind.

Nach vorne platzierte (gekaufte) Werbeeinträge im Dutzend und mehr zum gleichen Thema. Einträge diverser „Spinnergruppen", bewusster „Falschinformierer" oder auch nur Wichtigtuer.

Da gehörten klare Regeln hin und jährliche „Aufräumaktionen".

Ich hatte schon vor 40 Jahren meinen Schülern immer wieder gesagt, wenn ihr Artikel seht, vielleicht noch mit Zitaten oder Statistiken, dann passt auf! Schaut genau hin! Fragt nach, von wem dieser Artikel stammt und welchen Zweck er haben könnte! Lasst euch nicht für dumm verkaufen!

Das war und ist wichtig, nicht all die zusätzlichen Dinge, mit denen man Schule überfrachten will.

So brauchen laut einer Studie eines niedersächsischen Mathematikprofessors gut 80 % der Menschen in ihrem späteren Berufsleben lediglich die Mathematikkenntnisse, die man eigentlich so bis zum 7. bis 8. Schuljahr erworben haben sollte. Aber die halt richtig.

Die beliebten Oberstufenfächer – möglichst noch als „soften" Leistungskurs – für ein gutes Abi sind heute Pädagogik, Kunst, Sozialwissenschaften und bei den Naturwissenschaften halt das „leichtere" Fach Biologie, in dem man so schön über Umweltschutz labern kann. (Und im Studium dieses Faches bemerkt man dann, dass da mehr gefordert wird.)

Ich frage mich da immer, ob die alle Lehrer oder Sozialfuzzi werden wollen.

Ein Ingenieurstudium lediglich mit einem Mathematik-Grundkurs oder Abwahl von Mathe in der 13 ist schon eher merkwürdig.

Schon bin ich wieder beim Abi und beim Studium, wie die Eltern, die bei der Anmeldung zur Klasse 5 bereits nur danach fragen, obwohl sie selbst und auch ihr Kind einen eher retardierten Eindruck hinterließen.

Ich versuchte diesen Eltern immer klar zu machen, dass es erst einmal darum ginge, dass ihr Kind an der neuen Schule (Gesamtschule) klarkommt. Dass man sehen müsse, welche Stärken (und auch Schwächen) es hätte und dass es einen Abschluss bekäme.

Im Übrigen fände ich es oft besser, wenn ein Jugendlicher einen ordentlichen Lehrberuf absolvierte, der ihm gefiele, den er bewältigen könne, der ihn ernährte und mit dem er lange Zeit glücklich sein könne.

Besser als so mancher Dr. arbeitslos oder

Dipl. arbeitslos Ü 40!

Leider fördert die Politik – getrieben durch die OECD – dieses idiotische Streben nach immer höheren Abschlüssen mit immer dünneren Inhalten. Da gibt es doch in Osteuropa Staaten, in denen 88 % eines Jahrgangs so etwas wie ein Abitur hätten. Und wir?

In der Ukraine sollen sogar schon Kosmetikerinnen an der Uni ausgebildet werden.

Es hat halt kaum ein Land ein so gutes „Duales Ausbildungssystem", das wir so nun aber ad absurdum führen wollen. Tatsächlich? Muss man sich dem Schlechterem anpassen?

Wenn alles nach Bestnoten schreit, wenn diese an Gesamtschulen tatsächlich leichter zu erhalten sind (ich habe extra nicht erwerben geschrieben), dann muss halt auch das Gymnasium im Stadtteil so verfahren. Leichtere Kursangebote, bessere Noten geben, sonst könnten mittelmäßige Gesamtschüler die Numerus-Clausus-Fächer an der Uni belegen, während bessere Gymnasiasten keinen Platz bekämen.

Und als mir näselnd der Leiter eines örtlichen Gymnasiums sagte: „Herr Wahl, ans Gymnasium gehören höchstens 22 % eines Jahrgangs", da erwiderte ich ihm, „und warum nehmen Sie dann über 45 % auf?"

Natürlich war die Jugend schon vor 2000 Jahren faul und frech, aber können unsere Jugendlichen heute dafür, dass man ihnen das Wichtigste vorenthält aber dafür jede Menge überflüssigen Killefitz in die Schulen dirigiert?

Es muss feste Quotierungen für einzelne Schulformen in den Gemeinden geben und für jede einzelne Schule. Die Schulen suchen aus nach bestandener Aufnahmeprüfung.

Der unantastbare Elternwille bei der Schulwahl ist ein absoluter Blödsinn.

Natürlich wollen bisweilen Vater und Mutter „Dumpfbacke" für ihr eben solches Kind das beste „Gümmünason" vor Ort, oder halt im nächsten Stadtteil oder ansonsten im Nachbarort.

Nein, verdammt noch mal, ich mache mich nicht lustig über Menschen mit geringeren Geistesgaben etc.

Ich könnte manchmal heulen, wenn ich sehe, dass Kinder zu Dingen getrieben werden sollen, die sie einfach überfordern (und die sie dann aggressiv machen).

Da werden Hoffnungen und Wünsche geweckt, die unerfüllbar und unerreichbar sind.

Daran zerbrechen Menschen.

Das ist ja ähnlich im Sport oder in der Musik etc., wenn man die „Wunderkinder" eben genau ihrer Kindheit beraubt, damit Mutti ihre Eisprinzessin bekommt oder ähnliches.

Warum, zum Teufel, muss ein Kind an 8 bis 10 funktionierenden Schulen der SI vorbeifahren, um genau eine ganz besondere Schule zu besuchen. Was haben die Eltern uns da manchmal erzählt! Meist war ein Haken dabei.

Kinder gehören in eine Schule ihres Bezirks mit kurzen Wegen, besonders aber Grundschulkinder. Da werden kleine Grundschulen aufgelöst, die Kinder kommen an die Nachbarschule, bei der danach angebaut wird.

Geht es noch? Wo ist da die Pädagogik, wenn ihr nicht einmal der Schulleiterin einer kleinen Grundschule das mickrige Gehalt gönnt?

Verantwortung gehört ganz nach unten vor Ort und nicht, wie es ein fantastisches* Gutachten der Fa. Kienbaum vor Jahrzehnten forderte: Abschaffung der Grundschulleitungen und Leitung von jeweils 9 – 10 Grundschulen durch einen Schulrat/rätin.

- *OK, solche „Schlechtachten" haben schon manche Firmen ruiniert, für Schulen halte ich so etwas für katastrophal.

Wenn also der Schulbesuch durch den Wohnort/ -bezirk vorgegeben wäre und durch eine Prüfung plus Auswahl <u>durch die Schule</u>, dann bräuchten Schulen nicht so viel Zeit für die vielen Werbevorführungen und deren Vorbereitung verschwenden. Es bliebe Zeit für kontinuierliches Arbeiten an den Unterrichtsinhalten und der Menschenbildung.

Wenn es richtig ist, dass etwa 22 % der Bevölkerung die „Reisser" in einer Gesellschaft sind und diese natürlich nicht ausschließlich vom Gymnasium kommen, dann dürfte sich die Zahl der Gymnasiasten eines Jahrgangs so auf etwa 15 % einpendeln. Je nach Stadt und Bezirk auch schon einmal mehr oder weniger.

Wenn es gesellschaftlich anerkannt ist, dass es „betreutes Arbeiten“ gibt und „betreutes Wohnen“, warum verlangt man dann von den schwächsten Kindern, dass sich diese messen müssen mit den allerbesten.

Inklusion!!!

Fängt mit I an wie idiotisch!

Ich war ein knüppelharter Verteidiger im Fußball und konnte laufen, auch noch in der Verlängerung. Aber meine spielerischen Fähigkeiten reichten halt nur für die untersten Spielklassen.

Nach der Ideologie der „Inklusionsbefürworter“ hätte ich also ein allgemeines Menschenrecht gehabt, zumindest mit der 1. Mannschaft von Union Ohligs (damals 2. Liga), oder besser noch bei Mönchengladbach mit zu trainieren.

Jeder hätte mich für verrückt und anmaßend gehalten.

Warum unterzieht man Sonderschüler solchem Stress?

Warum müssen die Schüler in den anderen Schulen nun ebenfalls unter dieser Situation leiden?

Wieso überfordert man Lehrer mit solchen Situationen?

Es ist doch nicht damit getan, dass man irgendwelche unausgebildeten „Bufdis“ neben ein gestörtes Kind setzt und gut ist es.

Dass es hier nicht nur um Ideologie geht, sondern auch um Geld, sieht man daran, wie schnell sich einige Gemeinden von ihren Sonderschulgebäuden trennten.

Wenn man sparen will, dann verkürzt die Schulverweildauer erheblich. Wäre auch gut für die Rente! Ich würde allerdings das gesparte Geld zur Qualitätsverbesserung insgesamt einsetzen. Neue Gebäude, kleinere Klassen.

Abi nach 8 Jahren ist Quatsch. Wichtig wäre, dass geeignete Schüler mit spätestens 20 ihr Abi hätten.

Fachabis an den vielen Berufskollegs weit über dem 20. hinaus sind wenig zielführend. Denkt auch mal wieder an die Rente.

Getretener Quark wird breit, nicht stark.

Leistung hat auch etwas damit zu tun, in welcher Zeit man sie erbringt.

Früher konnte ein Volksschüler mit Lehre Generaldirektor bei VW werden. Ein Realschüler mit Banklehre auch Bankvorstand. Glaubt heute jemand tatsächlich, dass diesen Personen irgendetwas fehlte? Jedenfalls waren diese echten „Leistungsträger" keine Schaumschläger, keine Windeier oder reines Quotenpersonal.

Die Summe der Intelligenz einer Bevölkerung bleibt immer gleich, nur die Bevölkerung wächst*. (*Am falschen Ende natürlich.)

Schimpft nicht über fehlende Ausbildungsstellen, wenn ihr selbst kaum schreiben und lesen könnt, rechnen schon gar nicht, aber trotzdem einen „Weiße-Kragen-Beruf" haben wollt, bzw. eure Eltern dies so wünschen, wie oft erlebt.

Vor gut 30 Jahren bot die Firma Kronprinz 3 Lehrstellen im Büro an und 17 im technischen Bereich.

Für die 3 Bürostellen seien 100 Bewerbungen eingegangen, teils mit Abi bzw. HöHa erzählte mir der Ausbildungsleiter.

Von den 17 technischen Berufen konnten sie 14 besetzen. Davon waren einige Sonderschüler, andere Ausländer mit noch geringen Sprachkenntnissen.

Dabei wäre doch die Chance, nach der Ausbildung gutes Geld zu verdienen im Technikbereich deutlich besser, so etwa um 1000 DM im Monat mehr.

Nun also meine Übersicht über ein Schulsystem, dass ich für besser hielte, als das bisherige:

- Mindestens bis zum 3. oder sogar 4. Lebensjahr sollte ein Kind im Regelfall von seiner Mutter und auch von seinem Vater aufgezogen werden. Großeltern können sehr hilfreich sein. Wenig hilfreich sind aber ständig wechselnde Bezugspersonen. Dumpftussen, die irgendwie nebenbei lustlos den Kinderwagen schieben, während sie gleichzeitig endlos ins Mobiltelefon quatschen, vielleicht noch eine Kippe derweil im Mund haben und dazu noch 1 oder zwei Hunde an der Leine führen *, aber nie und nimmer bis zum Auszug des Kindes so in 20 Jahren (mehr oder weniger) ein Wort zuviel mit dem Kind sprechen, sind mir ein absolutes Grauen.
- Ich zitiere da mal Brecht aus dem „~~Kaukasischen~~ Augsburger Kreidekreis“: „Nehmt der Schlampe das Kind weg!“

- **War meine Aufzählung übertrieben, oder kam Sie Ihnen bekannt vor?**

- Ab 3 oder 4 Jahren Kindergarten, auf Wunsch auch ganztägig mit Essen. Kostenfrei, denn es gäbe keinerlei Kindergeld etc. als Zuwendung, nur halt diese Sachleistungen zum Beispiel.

- Ab 6 Jahren eine vierjährige Grundschule im Wohnbezirk. Es würde mit Schreibschrift begonnen, langsam und gediegen. Sorgfalt und Ausdauer wären da die ersten „Tugenden".

- Der Unterricht in den Jahrgängen 1 bis 6 würde in der Regel um 9 Uhr beginnen, damit ein (freiwilliges und kostenfreies) gemeinsames Frühstück von 8 bis 8.45 Uhr vorangehen könnte.

- Auch bereits ab 6 Jahren der Besuch einer Sonderschule/Förderschule möglich. Entweder auf Wunsch der Eltern, aber auch gegen deren Wunsch, wenn dies sinnvoll sein sollte. Mit den Abwiegelungen mancher Schulräte sollte endlich Schluss sein („die Lehrer sind nur zu faul für Förderunterricht" sagte der unsrige). Sonderschulen sind halt Förderschulen. Was ist daran schlecht?

- Ab Klasse 5 dann Schulpflicht an einer weiterführenden Schule bis einschließlich 9. Schuljahr und längstens bis zum 16. Lebensjahr. Mittagessen gratis, sofern Nachmittagsbetreuung erwünscht ist. Denkt einmal an die Vereine, Musikschulen oder sonstige Aktivitäten. Die können ja durchaus in den Schulgebäuden stattfinden, müssen es aber nicht „per Ordre de Mufti".

- Darüber hinaus nur, wenn derjenige erkennbar die Chance hat, die „Mittlere Reife“ bis spätestens zum 17. oder ein Voll-Abitur bis zum 20. Lebensjahr zu erreichen.

- Wer seinen Abschluss 9 = den Hauptschulabschluss erworben hat oder nach 10 = die mittlere Reife, der geht in eine Lehre * über.

  - Da ich vorschreiben würde, dass für Fachartikel grundsätzlich auch Fachverkäufer zuständig wären, dürfte sich die Anzahl der Lehrstellen deutlich erhöhen. Auch die laufenden Absenkungen im Handwerk würde ich ins Gegenteil umkehren. Meister – möglichst noch besser qualifiziert als derzeit – wäre immer die Voraussetzung für eine Selbstständigkeit. Und den senilen „Lizenzträger“ für einen Laden gäbe es bei mir nicht. Selbst ist der Mann / die Frau. An die Tankstellen gehörte wieder ein Kfz-Meister und ein Tankwart statt der 480 € „Fachkräfte für nichts“.

- Wer in der Lehre ist, besucht zudem dazu die Teilzeitberufsschule oder den Blockunterricht.

- Wer keine Lehrstelle hat, geht in den Arbeitsdienst über und leistet dort gemeinnützige Arbeit an 30 Stunden in der Woche. Möglichst an der frischen

Luft und nicht als „Pseudobeschäftigung“. An wieteren 10 Stunden werden Ergänzungsunterrichte in seinen „Mangelfächern“ angeboten. Ohne Schwerpunktsetzung halt in Deutsch, Mathematik und Technik / Informatik oder Naturwissenschaften und Bewegungssport. Auch Hauswirtschaft kann sehr hilfreich für das spätere Leben sein – für alle Geschlechter.

- Wer nach 4 Jahren in diesem „Dualen System“ von Arbeit und Ergänzungsunterricht noch immer keinerlei Ausbildungsstelle oder Arbeitsstelle in Vollzeit hat, verbleibt mit 40 Arbeitsstunden je Woche im Arbeitsdienst.

Keine Leistungen des Staates ohne die Bereitschaft zu Gegenleistungen! Würde ich so auch für Zuwanderer ab dem 10. Anwesenheitstag hier einfordern. Gilt so für alle. Wer arbeitet, kommt weniger auf blöde Gedanken. Wer eine Leistung selbst erbringt, erwirbt dadurch Selbstvertrauen, Respekt und kann seinen Kopf höher tragen.

- Studienplätze werden rationiert und nach gesellschaftlicher Relevanz vergeben. Nur, was nicht relevant ist, kostet Studiengebühren. Und alles muss dabei kosten, was es kostet. Eine ganze Reihe von Vergünstigungen wären zu hinterfragen. Besonders Dauerstudenten etc. hätten keinerlei Vergünstigungen wie „Semesterticket“ oder „Krankenversicherung“ etc. zu erwarten.

- So wie der Staat die Lehramtsbewerber schon während des Studiums zu finanzieren hätte (und notfalls anzutreiben – sonst raus!), so sollten auch Handel, Industrie etc. ihren akademischen Nachwuchs selbst aussuchen, aber auch selbst dessen Studium finanzieren.

- So, wie es ein unschätzbarer Vorteil ist, einen Lehrling über 3 oder 3 ½ Jahre beobachten zu können und ihm eine Prognose zu geben, so sollte es doch gerade auch bei unserer „Leitungselite" sein. Schaumschläger und Dünnbrettbohrer gibt es auch in der „Freien Wirtschaft" genug.

- Die DDR verpflichtete ja die Lehrer dazu, dafür Sorge zu tragen, dass die Schüler ihr Ziel erreichten. Gilt ja bei uns irgendwie genauso.

- Warum können aber Schulaufsichtsbeamte – natürlich nur informell, nicht amtlich – Schulen rügen, weil diese nicht das angestrebte Ziel einer Menge X bei den Schulabschlüssen erreicht hätten. So waren eben 80 % (oder besser noch 90 %) des Jahrgangs mit einer Mittleren Reife = FOR (Fachoberschulreife) zu beglücken oder aber sogar mit einer FORQ = Fachoberschulreife mit Qualifikation für die Oberstufe. In einem 10. Jahrgang damals waren neben mir weitere eher „kernige" Hauptschullehrer als Klassenlehrer und Co-Klassenlehrer versammelt. Es muss wohl an unserer „minderen Qualifikation" gelegen haben, dass dieser „Ausreißerjahrgang" lediglich eine 70 % Quote als „Output" hatte.

Die Lehrer des folgenden Jahrgangs 11 allerdings erzählten uns, dass sie noch nie solch einen Jahrgang mit so vielen lern- und leistungsbereiten jungen Menschen gehabt hätten.

Fördern durch (Ein)fordern!

- Noch eine alte DDR-Schulvorschrift finde ich bemerkenswert. Wenn Schüler in der Schule nicht weiter gefördert werden konnten – eigentlich ja bis zur Klasse 12 – dann sollten diese Schüler zur „weiteren Förderung“ nach Klasse 8 den Betrieben übergeben werden. Und wenn da jemand nicht „spurte“, dann rückte der Betrieb auch den Eltern aufs Fell!

Selbst im Kommunismus hatte man einsehen müssen, dass eben nicht jeder Mensch nur „edel, hilfreich und gut“ ist und schon gar nicht das (freiwillig) an Leistung bringt, was er eigentlich könnte. Auf Deutsch: Manche sind eben unrettbar faul!

- Ich finde es nicht gut, wenn die Nichtversetzung so diskreditiert wird. Verlust von Lebenszeit etc. (Auch, wenn ich selbst so zwei Mal damit geschlagen war. In der 8 hatte ich absolut keinerlei Vokabeln gelernt und in der 11 erdreistete ich mich, den Lehrern anzubieten, bei der nächsten unberechtigten Ohrfeige einfach und sofort zurückzuschlagen. Das ging 1964 nun gar nicht. Üble Notenmanipulationen gingen aber.)
- Es ist natürlich schlecht, wenn man aus der Bezugsgruppe raus muss. Es ist aber weit schlechter, wenn Fehlverhalten oder Fehlleistungen völlig folgenlos bleiben. Fast ein Jahr hat so ein „Saison-

arbeiter“ Zeit, seine Fehlleistungen mal eben auszubügeln, dazu natürlich noch die Güte und Nachsicht seiner Lehrer eingerechnet. (Selbst ich „harter Knochen“ hatte als Lehrer in Einzelfällen ein bis zwei Augen dabei geschlossen, wenn ich dann doch noch ein „Ausreichend“ attestierte. Und wer Kinder nur wegen ihrer Schwächen ablehnt hat in der Schule nichts zu suchen.)

- Vielleicht sollte man jeweils von Halbjahr zu Halbjahr versetzen? So könnte man sich nicht so lange / zu lange zurücklehnen und größere Lücken aufkommen lassen.

- Vielleicht sollte man für jedes Fach tatsächlich einmal für jedes Halbjahr – bundesweit einheitlich bei meinem Staatsmodell – zu erwerbende Kenntnisse festlegen. Diese erwirbt man dann, oder nicht, oder aber halt auch mal später, wenn man in den anderen Fächern alles in „trockenen Tüchern“ hat.

- Es ist ein Unding, wenn heute Lehrer vor Gericht gezerrt werden wegen des Fehlverhaltens und der Faulheit von Schülern. Kein Mensch kann Unwillige zu etwas bringen / zwingen, wenn sämtliche Rechte auf Seiten der Unwilligen liegen. Dazu könnte man ganze tieftraurige Bücher schreiben, die auch davon handeln, warum Kollegen bereits mit 50 fix und alle waren und in Rente gingen. Dies waren oft diejenigen, deren Liebe zu den Kindern überdurchschnittlich hoch gewesen war.

- Deshalb fordere ich für alle pädagogischen Neuerer, für alle, die spätestens nach jeder Wahl eine neue pädagogische Idee als Sau durch das Dorf treiben ein **Mao-Jahr**.

- Schickt alle Schulpolitiker, alle Ministerialbeamten des Schulministeriums, alle Schulaufsichtsbeamten jeweils nach 4 Jahren für ein volles Jahr als „Schütze Arsch“ (also ohne Funktionen, Sonderrechte etc. mit der jeweils gültigen vollen Stundenzahl wieder in die Schulen als Klassenlehrer - natürlich mit Listenführung und Klassenfahrten.
- Beginnen sollte diese „Realitätsüberpüfung“ in einer Sonderschule für Erziehungsschwierige, beim zweiten Durchgangs wäre es dann zur Auswahl eine Hauptschule, Sekundarschule oder Gesamtschule in besonders beliebten „Problemwohngebieten“. (Ich wüsste da so einige.) Beim dritten Durchgang wäre dann eine ganz normale Schule in einem ländlich-gesittetem Bezirk denkbar. Sollte noch ein 4. Durchgang oder mehr notwendig sein – altersfrage, aber da Politiker ja schon mit 30 Minister sein können und auch eine Schulaufsichtsposition mit 35 Jahren und gerade 10 Jahren Schulpraxis möglich ist, kämen ja bis zu 6 Durchgänge in Frage, dann dürfte man an Schulen mit bestem Ruf „gastieren“. Vielleicht hätte derjenige dann aber auch bereits sein „Spezialgebiet“ gewechselt oder die Rente eingereicht.
- Dies wäre auch ein Traum von mir für „Rechtspolitiker“ und Richter. Ein Praktikums-Mao-Jahr bei der Polizei in No-Go-Areas, bei Bahnkontrolleuren, Politessen und Gerichtsvollziehern (auch in Schulen). Alles natürlich immer wieder im

Laufe ihrer Tätigkeit. Immerhin hätten diese den ganz großen Vorteil, dass sie diese Berufe nicht ohne Hoffnung auf Änderung noch Jahrzehnte lang ausüben müssten und gleichzeitig hätten diese „Praktikanten“ ja auch ein ausreichendes Gehalt, um die Mieten zu bezahlen. Fragen Sie mal einen jungen Familienvater bei der Polizei, wo er wohnt, während er einer Dienststelle einer (überteuerten) Großstadt zugewiesen wurde.

Ein Hauptübel unserer Gesellschaft ist die Folgenlosigkeit von Fehlverhalten in allen Bereichen. Und wenn dann „Folgen“ eintreten, dann oft viel zu spät und wenig wirkungsvoll.

Dies fördert geradezu den fehlenden Respekt vor anderen Menschen oder sogar vor Vertretern des Staates.

Das Hase und Igel Spiel und die Verhöhnung sind mittlerweile Standard geworden.

Gleichzeitig werden wir vom Staat, vor dem kein Gesetzesbrecher Angst haben muss, als Normalbürger getriezt und veräppelt.

Wieso unterscheidet man bei Angriffen auf einen Vollzugsbeamten noch nach Situationen, unter denen dies geschah? Es hat <u>nie und nimmer</u> so zu geschehen!

Das heißt doch nicht, dass der Bürger die Hacken zusammenschlagen muss. Das würde mir persönlich ebenfalls widerstreben. (Siehe Lebenslauf)

Nachsatz:

Vollabitur gäbe es grundsätzlich nur an Gymnasien (nach der 13. Klasse und mit maximal 20 Jahren).

An Gesamtschulen oder Kollegs könnte man nach der 12. Klasse ein Fachabitur erwerben, sofern man nicht älter als 19 Jahre alt ist. In ländlichen Gegenden sollte allerdings – bei einer einzigen weiterführenden Schule im Umkreis – auch die dortige Gesamtschule einen Vollabiturzweig haben.

XIII. Zusammenfassung

- Radikaler Abbau oder Stutzung aller Subventionen.
- Wegfall der 16 Bundesländer.
- Wegfall jeglicher Parteienfinanzierung.
- Steuerfreiheit für Arbeitseinkommen / Renten.
- Recht auf und Pflicht zur Arbeit.
- Wahrheit und Klarheit!
- Datenschutz ist zuerst einmal gut für alle, die etwas zu verbergen haben.
- Verlangt Öffentlichkeit bei allen Dingen von Belang.
- Verlangt Öffentlichkeit von allen öffentlich agierenden Personen.
- Verlangt verständliche Erläuterungen.
- Überlegt genau, wer was tatsächlich und zu wessen Nutzen will, besonders, wenn man Euch überzeugen will, diese Maßnahme sei genau und speziell gut für Euch.
- Hinterfragt auch Nachrichten etc. in den Medien. Auch die können nachlässig recherchiert worden sein. Selbst bei ARD oder ZDF können Menschen einfach nur schlecht gearbeitet oder aber einen ebensolchen Tag gehabt haben.

- **Verlangt nichts von anderen, vom Staat etc., wozu ihr nicht selbst bereit seid. Und seid anderen nicht böse, wenn diese eben anders denken oder nicht anders können.**
- **Nehmt andere einfach ernst, ohne gleich ein Feindbild aufzubauen.**
- **Sorgt zuerst einmal für Euch selbst.**
- **Setzt Euch selbst Ziele, bleibt dabei aber realistisch.**
- **Lasst Euren Kinder die Luft zum Leben, zum Spielen und sorgt für deren Kindheit. Überfordert die Kinder nicht, aber fordert deren möglichen Leistungen ein. Akzeptiert die Ungleichheit.**
- **Respekt und Anstand sind keine altmodischen Tugenden.**

Wahrheit und Klarheit

Nicht dass jemand behauptet, ich fordere dies nur von anderen. Anbei mein ziemlich vollständiger Lebenslauf. Weitere Angaben auf Nachfrage.

Lebenslauf

(Passfoto von 2014)

Name:	Manfred Wahl
Geboren:	24. März 1947 in Vieritz / Brandenburg
Schulbesuche:	1953 - 55 Lagerschule in Karlsruhe Klassen 1 - 2
	1955 – 57 Volksschule Karlsruhe-Daxlanden Klassen 3 – 4
	1957 – 24.03.1961 Gymnasium in Karlsruhe Klassen 5 – 8

	1961 – 30.09.65 Gymnasium in Solingen Klassen 8 – 11 im „Naturwissenschaftlichen Zweig“
Berufstätigkeit:	Sommer 63 - 3wöchiger Knochenjob je 45 Std./ 2 DM für eine olle Kreidler Bj. 58
	Sommer 65 – 3 ½ Wochen Lieferfahrer bei Hohmann
	01.10.1965 – 31.03.1966 Verkaufsfahrer auf Hanomag
Ausbildung:	01.04.1966 – 03.04.1968 Postassistentanwärter
Berufstätigkeiten:	04.04.1968 – 15.04.1969 Postassistent z. A.
	Während des Studiums pro Jahr gut 6 Monate als Postangestellter bzw. Messerpliester tätig bis zum 30.05.1972
Studium:	Dezember 1968 / Februar 1969 Begabtensonderprüfung an der PH Köln
	SS 1969 – WS 1971/72 Studium für das Lehramt Grund- und Hauptschule mit den Fächern D, Ge und WI

Schulische Tätigkeiten:	**01.06.1972 – 6/1973 LAA an der HS Wuppertal-Sonnborn** **8/1973 – 1/1984 Lehrer an der HS Zweigstraße in Solingen** **1981 Moderator (für 11 Mofakurslehrer)** **(bis 1981 nebenberufliches Studium der Geschichte und der Sozialwissenschaften an der Uni Köln bei Professor Hillgruber)** **2/1984 – 7/1985 Konrektor an der HS Rosenhügel in Remscheid** **Elektroschweißkurs für Lehrer in Remscheid** **8/1985 – 3/2010 Stellvertretender SL und Organisationsleiter an der Gesamtschule Ohligs** **31.03.2010 vorzeitiger Ruhestand mit 63** **Februar bis August 2016 als Mutterschaftsvertretung an einer Sekundarschule tätig** **Oktober 2016 Dozent für Migrantenkurse**

	seitdem „arbeitssuchend“
Personenstand:	10.12.1965 1. Heirat - zwei Söhne (5/1966 / 1/1972)
	29.01.2011 verwitwet
	25.09.2014 dann 2. Ehe nun mit 3 Söhnen, 2 Schwiegertöchtern und 5 Enkelsöhnen
Mitgliedschaften:	1963 – 1965 aktiver Jugendfußballer (Kreisklasse)
	Danach nur noch sporadisch
	1979 – 1981 „Alte Herren“ Fußball Union II
	Postgewerkschaft 1966 – 1972 (?)
	GEW ab 1972 bis (?)
	Später VBE von ? bis ?
	Schulleitervereinigung von ? bis ?
	SPD von 4/1966 bis 10/1990
	Bezirksvertretungen Solingen-Mitte bzw. Solingen-Wald 1975 bis 1981

Ratsmitglied 1981 – 1986
Schöffe beim Landgericht Wuppertal 1976/80 – 1980/84

Weitere Fähigkeiten: Elektroschweißkurs 1984

1986/87 Schweißerpass Gasschweißen Fachschule Solingen

diverse Führerscheine

Komplettaufbau eines Motorrads aus einem Rahmen

1983 Bau einer Doppelgarage mit Keller am Hang neben unserer ETW incl. Wasser + Strom + Fassade

1986 – 1987 (fast) kompletter Eigenbau unseres Hauses (mit guter Familienhilfe)

Mithilfe bei den Generalsanierungen der ETWs meiner Kinder

GdB: 100 % nach Krebs-OP 11/2009, jetzt 70 %

Solingen, den 11.02.2017 Manfred Wahl

Ich habe mich jahrzehntelang, naiv wie ich bin, öfter ausnutzen lassen und austrick-sen. Auch den Spruch „Feind – Erbfeind – Parteifreund“ kann ich aus Erfahrung verifizieren. Irgendwann meinten dann mehrere gutmeinende Freunde, ich solle doch mehr an mich selbst denken bzw. Egoismus praktizieren. Damit tut man sich schwer nach der eigenen Sozialisation. Aber nun habe ich einen Gegenentwurf zum allein moralisch-naiven „Gutsein“ niedergeschrieben. Ich bin gespannt auf die Reaktionen der Leser. Ich vermute nur eines: Leute, die lediglich einige aus dem Zusammenhang gerissene Sätze des Buches kennen, werden am heftigsten stänkern, bzw. haben bereits nach Kenntnis des Covers übelst in die Schmutzkiste gegriffen.

AM ENDE WERDEN WIR UNS NICHT AN DIE WORTE UNSERER FEINDE ERINNERN, SONDERN AN DAS SCHWEIGEN UNSERER FREUNDE.

(MARTIN LUTHER KING)

ZUM SCHLUSS MÖCHTE ICH MICH BEDANKEN BEI MEINER LIEBEN FRAU, DIE MICH ÜBER 4 MONATE LANG TAGTÄGLICH AM PC VERSORGTE UND MIR JEDE ARBEIT ABNAHM.

MEINEN DANK AUCH AN DIE NETTE MITARBEITERIN DES VERLAGES, DIE MIR MIT ENGELSGEDULD LANGE TELEFONBERATUNGEN NACH MEINEN MISSGLÜCKTEN FORMATIERUNGSVERSUCHEN GAB.

Nichts für Niemanden

Polemisches Pamphlet von Max vom Orlandshof

- **Radikaler Abbau / Stutzung aller Subventionen**
- **Soziale Leistungen nie als „Geldleistungen" und wenn Leistungen überhaupt, dann ausnahmslos für alle, denn jede Sonderregelung schafft weitere Ungerechtigkeiten und verursacht Verwaltungskosten und Prozesse**
- **„Öffentlichkeit" und „Wahrheit und Klarheit" in der Politik und in der Wirtschaft und in möglichst vielen Bereichen**
- **Ein verständliches Rechtssystem, das dem Rechtsgefühl der Menschen entspricht und nicht Paragrafenreiterei bedeutet**
- **Ein Schulsystem, das der real vorhandenen „Ungleichheit" der Menschen Rechnung trägt und gerade dadurch Chancen eröffnet**
- **Deutschland ohne Bundesländer aber mit Mehrheitswahlrecht**
- **Recht auf und Pflicht zur Arbeit**
- **Steuerfreiheit für Gehälter und Renten**
- **Vererbbare Renten auf Kapitalbasis**
- **Nur Politiker mit Berufs- und Lebenserfahrung**
- **Keine (verbale, finanzielle oder kriegerische) Einmischung in die Belange anderer Länder**
- **„Deutliche Aussprache" und „aufrechter Gang**